公共経営学入門

松永佳甫 編

大阪大学出版会

はじめに

　この入門書は初めて公共経営学について学ぶ読者の皆さんを対象に書かれています。したがって、あまり公共経営学に関する詳細をあれこれと紹介するのではなく、ポイントを絞り、できるだけ平易な言葉で公共経営学のエッセンスのみを説明するよう心がけました。一見するとなじみの薄い公共経営学も、実はすでに私たちの生活に溶け込んでいる身近な学問であるということを効果的に読者の皆さんに伝えるために、理論編（第1章～第10章）と事例編（第11章～第15章）を設けました。なおこの入門書は、大学の公共経営に関する科目の教科書としても使用できるように、半期15コマの授業に対応させて構成しています。

　理論編では、まず公共経営学の定義を行うことから始まっています。そして公共経営を担うさまざまなプレーヤー（国・地方自治体、非営利組織、営利組織、社会的企業など）について、それぞれの社会的役割が詳しく解説されています。特に私たちが認識を新たにしなければならないことは、国・地方自治体だけでなく、民間組織や私たち一人ひとりも公共経営の一翼を担っているということです。当事者意識をもって私たちが公共経営に携わらなければならないことは、世界的潮流といっていいでしょう。それに加えて、そうならざるを得ない日本特有の事情もあります。それは継続的な景気の低迷が原因で日本が長く苦しんできた財政赤字の存在です。社会問題を解決するには多くの財政支出を必要とするからです。それだけではありません。国・地方自治体と民間組織が一丸となって、社会問題の解決に挑まなければならないほど、日本の社会問題は多岐にわたり複雑化しています。このような状況下にあり、私たちは公共をどうやって経営したらいいのでしょうか。この入門書では私たちが公共経営をより有効的かつ効率的に運営するための一つの手法である新公共経営論（NPM：New Public Management）のエッセンスについても解説されています。

　さらにこの入門書では、私たちが有効的に公共経営を行っていく上で重要なソーシャル・キャピタル（社会関係資本）についても解説しています。ソーシャル・キャピタルは急激に失われつつあるということが世界中の多くの学

i

者によって報告されています。本当にそうでしょうか。東日本大震災からの復興に向けて活動するなかで、私たちは「絆」というキーワードを大切にしてきました。絆もソーシャル・キャピタルの一つです。絆があって初めて私たちは他人のことを思いやりながら、震災のような困難に一丸となって立ち向かい、それを克服することができるのです。公共経営の神髄はこの「絆」といっても過言ではありません。またグローバル化が進む現在、公共を地球規模でとらえる必要が出てきました。理論編の最後では、現代のグローバル化の潮流にしたがい、「地球規模の公共」について詳しく解説されています。

　次に事例編では、文化、スポーツ、社会保障、環境、災害という5つの公共領域に焦点をあて、それぞれの領域における公共経営の取り組みについて詳しく紹介しています。これら5つの公共領域は、日本において特になじみの深い、身近な領域だといえます。少子高齢化が進むわが国では、年金などの社会保障問題に取り組み、誰もが安心して老後を暮らせる国づくりをすることが喫緊の課題です。一方、スポーツの公益に資する役割は、今後ますます重要視されてくることが予測されます。日本は1964年の東京オリンピックを契機に、めざましい経済発展を遂げ、戦後からの復興を世界にアピールしました。そして、新型コロナウイルス感染症の影響で、1年間開催が延びましたが、東京2020オリンピック・パラリンピックにおいて日本は、東日本大震災からの復興を世界に強烈にアピールすることができました。この二つのオリンピックを誘致する際になされたプレゼンテーションには、どちらも「オリンピックを日本で開催し、地球規模の公共の利益に資する役割を担いたい」という心からの訴えを垣間見ることができます。

　最後に、読者の皆さんの「これまでとても身近であるにもかかわらず、なんとなくよくわからない公共」というイメージをこの入門書が払拭できれば、私たち執筆者一同も公益に寄与したことになります。さらにこの入門書をきっかけに、読者の皆さんが「自分も公共のためになにかできないかな」と思っていただけるなら、執筆者としてはこれ以上の喜びはありません。そうなることを願いつつ…。

2022年夏

編者　枩永佳甫

目 次

はじめに　i

理論編

第1章　公共経営学とは………………………………………3
1　公共経営学とは　3
2　日本人の公共の起源　4
3　近代日本の公共―近江商人に学ぶ　9
4　公益に資する行動とは　12
5　公共経営学の核心にせまる前に　16

第2章　政府のしくみと役割……………………………………18
1　政府とは何か　18
2　中央政府（日本国政府）の仕組み　18
3　中央政府の役割　19
4　中央政府が早急に取り組むべき課題　21
5　地方政府（地方自治体）の仕組み　25
6　地方政府（地方自治体）の役割　26
7　中央政府と地方政府との関係　29

第3章　市民社会と地方自治体…………………………………34
1　市民社会の成立と進化　34
2　地方自治体と住民　36
3　市民社会と地方自治体との協働社会の構築　38
4　官民協働による共助型社会の到来　40
5　官民協働活動の主な事例　41
6　地方自治体とコミュニティビジネス　43
7　地方自治体と地縁組織　45

第 4 章　日本の社会問題と経済……………………………………………………47
　1　岐路に立つ日本の社会　47
　2　日本経済の歩み　48
　3　国民生活を取り巻く経済社会問題　50
　4　地域を取り巻く経済格差　54
　5　経済活動のグローバリゼーション　61
　6　加速する少子高齢化と財政赤字　63
　7　日本経済の現状・課題と公共経営　66
　8　公共経営の実践へ向けて　69

第 5 章　新しい公共経営………………………………………………………………72
　1　新公共経営論と日本の財政　72
　2　新公共経営論の三つの特色　83
　3　新しい公共を担う NPO 法人　86
　4　公共経営学の守備範囲　89

第 6 章　公共経営の戦略マネジメントモデル……………………………………90
　1　公共経営戦略マネジメントの理論モデル　90
　2　SWOT 分析　92
　3　SWOT マトリックスの公共経営への応用　96
　4　政策を評価する　98

第 7 章　新しい公共の担い手
　　　　──NPO とソーシャルビジネス……………………………………116
　1　NPO とソーシャルビジネスへの期待　116
　2　ソーシャルビジネスとは何か？　118
　3　ソーシャルビジネスの特性　122
　4　ソーシャルビジネスの成長支援　127
　5　公共の担い手として　131

第 8 章　CSR（企業の社会的責任）と持続可能性……………………134

1　世界で高まる CSR の要請　134
2　日本の CSR の歩み　137
3　投資を通じた市場の評価　138
4　サプライチェーンにおける CSR　139
5　CSR のルールづくり　141
6　CSR の原則と中核となるテーマ（ISO 26000 を参考に）　144
7　企業と人権　145
8　企業経営への CSR の統合　147
9　NGO による CSR 推進に向けた働きかけ　148
10　持続可能な発展に向けて　151

第 9 章　公共経営とソーシャル・キャピタル
　　　　　── 人と地域社会をつなぐ絆……………………………………154

1　ソーシャル・キャピタルとは？　154
2　公共経営でソーシャル・キャピタルに注目する理由　156
3　ソーシャル・キャピタルのとらえ方　161
4　データと事例でみるソーシャル・キャピタルと公共経営　166
5　ソーシャル・キャピタルを重視したこれからの公共経営　170

第 10 章　グローバル化と新しい公共……………………………………174

1　グローバル化とは何か　174
2　国際公共財「地球環境」の危機　175
3　「温室効果ガス」の急増と気候変動　175
4　地球温暖化を止めるための国際連合の活動　178
5　グローバル化社会の国際公共財としての規範　180
6　メガコンペティションの影響　180
7　国際公共財としての規範システム　182
8　グローバルな規範づくりの長い道のり　183

事例編

第 11 章　文化による地域づくり ………………………………………… 187
　1　文化と地域　187
　2　政府による文化振興　191
　3　企業の芸術・文化支援　198
　4　市民が主役の文化活動　201
　5　文化が地域をつくる　203

第 12 章　スポーツ振興と地域づくり ………………………………… 206
　1　スポーツのもつ公共性を入口として　206
　2　東京オリンピックとスポーツ基本法　207
　3　生涯スポーツの推進　210
　4　総合型地域スポーツクラブの推進　212
　5　スポーツ立国戦略と今後の地域スポーツ振興　215
　6　大学による地域スポーツ振興　218

第 13 章　高齢社会と社会保障 ………………………………………… 221
　1　日本の高齢化　221
　2　高齢者福祉の発展過程　223
　3　社会福祉の公民関係　229
　4　高齢者福祉の今日的課題　235

第 14 章　環境問題と公共経営
　　　　——持続可能な発展に向けた環境ガバナンス …………………… 239
　1　環境分野における公共経営　239
　2　環境問題の内容と構造　240
　3　持続可能な発展（sustainable development）　245
　4　環境問題と公共経営　246
　5　持続可能な発展に向けた環境ガバナンス—まとめと振り返り　256

第 15 章　被災地支援の取り組み
　　　　——阪神・淡路大震災と東日本大震災から学ぶ …………………… 257
　1　災害と市民活動　257
　2　阪神・淡路大震災における市民活動　258
　3　東日本大震災における市民活動　264
　4　大震災の教訓と今後の防災に向けた市民活動　272

索引　277
執筆者一覧　282

理論編

第1章

公共経営学とは

1　公共経営学とは

　公共経営学は大学の講義で初めてお目見えする学問ですので、ほとんどの読者は、馴染が薄いと思います。そこで、公共経営学とは何かを定義するところから始めてみましょう。

> 公共経営学とは、「官と民の両者が公共経営の主体であるという共通認識のもと、両者が協力しながら、私たちがもつさまざまな共有資源を有効活用し、あまねく人々に対して効率的に公共性の高いサービスを供給するための考え方やノウハウを学ぶ学問」です。

　ここでいう共有資源とは、ヒト、モノ、カネ、技術、天然資源、自然環境、社会環境、情報ネットワークから人と人との絆に至るまで、公共の利益の向上に寄与するすべてのものを指しています。そして、共有資源の有効活用と効率的使用のために、民間組織が育んできた経営に関する考え方やノウハウのうち、公共経営に取り入れられるものは積極的に取り入れたり、公共性の高いサービスを民間組織と協力して供給したり、その供給を民間組織に任せたりするといったアプローチをとります。またこのアプローチは、文化、スポーツ、社会保障など、その他多くの公共の分野に応用されます。

　この定義を読んでも「なんだかよくわからない」と思う読者は多いと思います。特に公共経営学は、公務員が実践する国・地方自治体の経営方法に関する学問だと誤って理解している読者には、なおさらよくわからない定義に

思えるでしょう。では、なぜそう思えるのでしょうか。「公共」を定義することなしに「公共経営学」の定義を理解しようとしたことに一因があるように思います。では「公共」とはいったい何でしょうか。

　英語の辞書を見ると、「公共」は「Public」と訳されています。Public の語源は、ラテン語でいうところの People（ひと）です。しかしこれが本当に日本の公共を正しく表現した訳かどうか慎重に吟味する必要があります。確かに欧米で誕生し発展してきた公共経営学（Public Management）の概念や手法は、現在の日本の公共経営の問題点を明確化したり、より有効的で効率的な公共経営につながる手法を提示してくれたりします。しかし、もし日本の「公共」が欧米の「Public」と完全に一致しない概念だとすれば、どうでしょうか。「Public Management」の考え方や手法をそっくりそのまま日本の公共経営に取り入れることが、日本にとって最も望ましい公共経営のカタチになるとは思えません。まずは日本の「公共」に関する考え方を理解することが必要です。その後で初めて日本の公共経営の新しいカタチをあれこれ考えることができるのです。

2　日本人の公共の起源

　公共の交通機関や公共料金、公共放送など、公共という言葉は、私たちの毎日の生活に浸透しているにもかかわらず、公共経営学は、初めて学ぶものにとって学びやすい学問というわけではありません。いきなり「公共」を説明してくださいといわれても誰もがとまどうと思います。公共経営学を学ぶとき、まずは日本人の考える「公共」についてしっかり理解していないと、なんだかよくわからない学問だなという印象だけが残ってしまいます。この入門書では、日本人の「公共」に対する考え方を正しく理解するために、これまで日本で教育を受けてきた私たちにとって最も馴染み深い国語と歴史の視点から日本人の公共に関する考え方を探ってみたいと思います。

　まず、公共を「公」と「共」に分けてみましょう。「公」は、どんな意味をもつ漢字でしょうか。それを探るために、まずは「公」の反対の意味をもつ「私」という漢字の語源を調べてみましょう。私の左側の「禾（のぎ）」

は「いね」とも呼び、稲穂が実ってこうべを垂れている様子を表しています。一方、右側の「ム」は、草を刈り、田を耕す耜（すき）のかたちが変化したものです。つまり、耜で耕した人の稲が実った

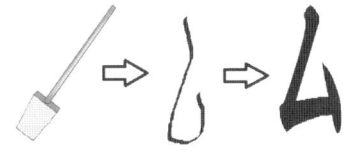

様子を表したのが「私」ということになります。自分で汗水流して耕し、栽培した結果実った稲ですから、本来それは自分だけのものです。自分だけのものという意味からムに「囲い込む」という意味が生まれました。

　他方、「公」の上側の八は「左右二つに分けたさま」を表し、「分かち合う」という意味があります。八の下にはムがあります。つまり、自分だけのものとして囲い込んだものを分かち合うという意味をもつのが「公」ということになります。

　自分が苦労して実らせた稲を、他人と分かち合うことになるわけですから、そこには何らかの強制的な力が働くことになります。そこで、そのような力をもっている人、つまりその地域を支配している人そのもののことを「公」と呼ぶようになりました。公家などがよい例です。また家康公のように名前の後に「公」を付けるのも同じような意味からです。ちなみに、主人公といえば、物語の中心人物（ヒーローやヒロイン）などを思い起こしますが、店の主人（店主）のことを敬って「主人公」と呼んでいた時代があったそうです。

　また道路には、私道と公道の区別があります。私道とは、個人や企業の所有する道路で、公道とは、誰でも通行することができ、通常、国や地方自治体が所有・管理する道路です。

　このように書くと公私の区別は歴然としているようにみえますが、たとえ私道であっても、他人がその土地を通行しなければ公道に出られない場合は、勝手にその私道に家を建てたりできないよう国や地方自治体が規制します。英国の田舎に行くと、フットパスというものがありますが、これはもともと個人所有地を通る道路を、コミュニティーの住民や観光客の利用のために、自由に通行できるようにしたものです。強制力をもって「私」による囲

い込みを阻止する国や地方自治体は「公」であるといえます。

　今度は、「共」です。これは左右の手を合わせて、うやうやしく神様に捧げものをする手のかたちを表したものです。左図を見ながら、想像力を働かせると、その形がなんとなく「共」に見えてくると思います。さらにこの図が示すように「共」は、左右の手を合わせるさまから次第に「いっしょ」という意味に変化していきました。

　このように漢字の語源から考えると、「公共」は「何かを独り占めせずいっしょに分かち合うこと」を意味していることがわかります。この意味が転じて、「国・地方自治体が取り組む社会全体に関わること」、あるいは「社会一般に関すること」という意味になりました。

　ここで、「公共」の文字を使ったさまざまな語句を筆者が思い起こせるだけリストアップしてみましょう。

> （ア）公共料金、公共交通機関、公共放送、公共図書館、公共工事、公共建築、公共サービス、公共財、公共事業、公共施設、公共の福祉、公共投資、公共職業安定所、地方公共団体、公共企業体、公共劇場、公共組合、公共緑地、公共政策…
> （イ）公共倫理、公共哲学、公共性、公共精神、公共奉仕、公共経済学、公共経営学…

　このように、公共にもさまざまな意味がありますが、リストアップされたものをよく見てみると、（ア）「国・地方自治体が取り組む社会全体にかかわること」と（イ）「社会一般に関すること」を意味する語句の二つに大別できると思います。

　まず、（ア）の意味として「公共」をとらえてみましょう。このとき、国・地方自治体が社会全体にかかわる政策（政治を行う上での方針や方策のこと）を実施する主体は公務員、あるいは官（官僚）[1]と呼ばれる人たちです。

　𦣞（タイ）は地位の高い人（公）に徴用された軍人たちが神にささげる肉

（祭肉）のことを表しています。軍は㠯を携えて侵攻します。そして駐留地には㠯を保管するために設けた屋舎（ヤシャ）が建てられます。㠯の上に宀（ウ冠は屋根を表しています）をのせて官という漢字ができあがりました。これが、「公」に徴用された軍人が隊をなしている屋舎を表すようになりました。さらに変化して、官は役所、政府（公）に徴用された人物、つまり公務員を表す言葉になりました。

しかし、現代の日本の公共を考えるとき、（ア）のように「公共」をとらえるのは、時代遅れといってもいいでしょう。かつては公共経営といった場合、「公務員が行う国や地方自治体の運営方法」という意味にとらえられていました。しかし今は、公務員が公共経営のすべてを担うのではなく、NPO（非営利組織）や NGO（非政府組織）[2]、株式会社などの民間組織も、公共政策の立案から国・地方自治体の経営に至るまで深く関与するケースが多くみられるようになりました。これからこの本を使って公共経営について学んでいく私たちは、まず公共の経営主体は、公務員に限定されず、民間組織もまた公共経営を担う主体であることを認識する必要があります。そして民間組織が公共経営の一部を担うということは、すなわち、公共経営に関する良い結果も悪い結果もその責任の一端が民間組織にもあるということに注意が必要です。

ここで、民間組織を構成する私たち「民」の語源について触れておきたいと思います。少し怖い話です。「民」という漢字は右図のように、奴隷の目

---

1) 一般的に官（官僚）という場合、霞ヶ関の中央省庁で働く公務員のことを指します。地方自治体で働く公務員は官（官僚）と呼ばれることは少ないですが、ここでは最も広い意味で「官」をとらえ、公務員全般を指す言葉として考えます。
2) NPO は Nonprofit Organization の略で、非営利組織と訳されます。一方 NGO は Non-Governmental Organization の略で、非政府組織と訳されます。NPO も NGO も自分たちの利潤を追求することを第一の活動目的とするのではなく、経済・社会問題を解決することを第一の活動目的としているという点では同じです。NPO と NGO の違いは、「利潤を追求することを第一の活動目的にしていない」ことを強調するか、「政府の一部でない」ことを強調するかにあります。なお、国連では NGO という用語を一般的に使っています。

を針などの鋭いもので突いて目を見えなくした状態を表しているといわれています。これが変化して、「物事を考える能力のない人々」、「権力者に支配されている人々」という意味になりました。したがって、官が民を正しく導くことが必要だという理屈が成り立っていたわけです。しかし、民主主義のもと高度な教育を受けてきた今の私たちは、物事を考える力のない人々でも、権力者に支配されている人々でもありません。つまり、今の私たちは、民の漢字の由来のような状態にはありません。実際はどうでしょうか。これまで、私たち民は、公共経営を官だけの仕事と認識し、自分たちにかかわりのないことだと考えてはいなかったでしょうか。公共のことをあれこれ考えるより、官から与えられた公共財・サービスを享受する方が楽だというように考えてはいなかったでしょうか。官は、「自分たちが民のためによいと思った公共財・サービスを黙って享受していればいい」といわんばかりの態度で民に接することはなかったでしょうか。もしそうであるなら、公共経営に関しては、実質上、民の漢字由来の状況そのものが今も体現されているといわれても仕方ありません。

　公共の意味は（ア）よりむしろ（イ）へと変化し、私たちの公共に向き合う姿勢も変化しています。社会全体にかかわるのは国や地方自治体に限定されません。いまや社会全体にかかわる問題について、国や地方自治体だけではその対策を思いついたり対応したりできないほど、社会は複雑化し経済・社会問題そのものも山積しているからです。それに、もし社会全体にかかわることすべてを国や地方自治体だけで処理しようとするならば、莫大な費用がかかってしまいます。大きな財政赤字に苦しむ今の日本の国・地方自治体がすべてに対処することは不可能です。

　したがって、「公共」の意味を（ア）ではなく（イ）ととらえる方が、民が当事者意識をもって公共に深く関与することが求められる現代社会に上手く馴染んでいるといえそうです。

　民を用いた漢字を考えるとき、すぐ思いつくのは人民、国民、市民、公民です。これらの漢字のもつ意味には違いがありますので、ここで少し触れておきたいと思います。人民はふつうの人（人たち）を指しています。国民は

その国に国籍をもった人です。市民はある都市に住む人を指すこともありますが、公民と同じような意味で使われることもあります。公民の意味を辞書で調べると、「選挙権を持ち、政治に参加することのできる人」と書かれています。しかし（イ）の意味で公共をとらえるなら、この本ではもう少し現代社会の現状を考慮に入れて、市民を「公共経営について当事者意識をもち、積極的にそれにかかわろうとする人」と定義した方が、より現実を反映していると思います。

3　近代日本の公共──近江商人に学ぶ

　公共にかかわる仕事のすべてを官が独占していた時代が終わりに向かい始めたのは、明治維新以降だといわれています。しかし明治維新以前であっても、民は公共のことを何も考えてこなかったわけではありません。政治の世界だけでなく、商いの世界にも「公共」の概念は存在していました。それは近江商人の経営哲学に垣間見ることができます。

　江戸時代から明治時代にかけて、当時近江と呼ばれていた地域（今の滋賀県）に近江商人は誕生しました。近江商人には大きく二つの特色があります。一つは滋賀県近辺だけで商いをしていたのではなく、商売を日本中で行っていたということです。つまり近江地方に留まり商売をした人たちを近江商人とは呼びません。近江商人は、地域で仕入れた商品を大坂や京都で売るという手法（持ち下り商い、ノコギリ方式、諸国物産回しなどといわれています）で、日本全土に販路を広げていきました。日本全体が市場といわんばかりに商売を広域展開していったのです。近江商人の商売のやり方は現代でいうところの商社[3]に近いものがあります。当然さまざまな地域の人たちの異なる価値観を理解し、それを受け入れつつ、彼らから信頼を得ないと、近江商人スタイルの商売はできません。日本全体を市場にしていたということ

---

[3]　伊藤忠商事という商社がありますが、この企業を立ち上げたのは、伊藤忠兵衛という近江商人です。伊藤忠兵衛は丸紅の創始者でもあります。他にも近江商人がたくさんいます。NPO法人三方よし研究所『Q&Aでわかる近江商人』サンライズ出版や末永國紀著『近江商人学入門』サンライズ出版を参照して探してみてください。

は、裏を返せば近江商人は多様な価値観を受け入れるだけの度量の大きさを持ち合わせていたといえると思います。近江商人は、その商売のスタイル（行商）のため、商売に訪れる地域で地縁や商縁を育み、高品質の品物を低価格で売るという誠実な商売により買い手の信頼を勝ち取り、その地での商売で得た利益の一部を地域貢献活動のために還元することにより地域コミュニティーの信頼を勝ち取っていきました。

　このようにして商売の機会を拡大していった近江商人だからこそ身についた経営に関する教え（経営哲学）があります。それが「三方よし」[4]という近江商人の商売気質を端的に表した言葉であり、もう一つの近江商人の特色です。三方とは、「売り手」、「買い手」、「世間」のことです。「売り手の自分たちだけが儲かる（私益のみを追求する）商売ではなく、買い手、ひいては世間全体も得（公共の利益：公益）になるような商売をしなさい、そうしないと商売は長続きしません」という趣旨の経営哲学です。近江商人は、質の高い商品を「売って悔やむ」くらいの低価格で売り、買い手に得をもたらすような商売を実践していました。たとえ災害や飢饉などで物不足に陥ったときも、商品の価格をむやみに引き上げることはなかったといわれています。近江商人も商売人ですから、利益の重要性は当然認識していました。しかし、近江商人は「利真於勤（りはつとむるにおいてしんなり）」という言葉を大切にし、利益そのものより、その利益をどのようにして得たのかということに、大きなこだわりをもっていました。「利真於勤」とは、私利私益のことばかり考えて、価格を本来より高く設定したり、粗悪な品を売ったり、買い占めをしたりなどして、不誠実な商売により得た利益は真の意味で利益とは言わない」という意味です。このような考え方には、近江地方に古くからたくさんのお寺があり、近江商人が信仰を重んじる人々であったことが大きく影響していると思います。また、近江商人は陰徳善事（いんとくぜんじ）という言葉を大切にしました。これは、「見返りを求めず人の役に立つ行いをしなさい」という意味で

---

4)「三方よし」は近江商人の商売気質を端的に表した言葉ですが、家訓などのなかには出現しません。近江商人の研究者が彼らの商売気質を「三方よし」という言葉で端的に表現し、それが新聞などに取り上げられ広まったといわれています。

す。近江商人は、「三方よし」の精神のもと、利益を公共工事、環境問題の改善、教育問題に取り組んだり、若者に起業資金を貸し出したりして[5]、公益に尽くしてきました。

近江商人の商売に関するポリシーは、「正直」、「勤勉」、「堅実」、「倹約（始末）」などといわれています。買い手の利益のために価格を抑えているわけですから、ぜいたくな生活することなく倹約しなければ、商売は長続きしません。倹約はケチとは違います。近江商人は価値あるものと価値のないものを見分ける目に優れていて、価値あるものには支出を惜しまないといわれていました。また積極的に地域や社会に貢献する活動（世間よし）を実践していたことからも、節約したお金を自分のために使うケチとは違います。

近江商人は、持ち下り商いを実践するなかで、私益と公益の両方を追求する商売が持続可能な商売であることを経験上学んだのだと考えられます。第8章は企業の社会的責任（CSR：Corporate Social Responsibility）について書かれた章です。企業の社会的責任をごく簡単に説明すると、「企業は自分たちの商品を作ったり販売したりといった企業活動が企業自身だけでなく、企業活動から影響をうけるさまざまな人々や社会全般にとっても利益となるようにする責任がある」という意味です。たとえば、自分たちが儲かりさえすればよいという考えのもとで、商品を作ったり売る過程で水を汚したり空気を汚したり、犯罪の温床を作ったり、人間の健康を害したり、貧困や戦争、経済恐慌を招いたり、人間だけでなく動物や植物、ひいては地球全体に悪影響を及ぼすようなことをする企業は社会的責任を果たしている企業とはいえません。企業の社会的責任を果たせない企業は、たとえ短期的には儲かっても、長期的には人々の信頼を失い、大損するかつぶれてしまいます。

この企業の社会的責任に関する考え方は、近江商人の「三方よし」と大き

---

[5] 今も昔も若者がベンチャー企業を立ち上げるときの大きな壁は、起業のための資金集めです。近江商人たちが残した商売に関するさまざまな資料のなかに、「出世証文」というのがあります。出世証文は、商売が成功した時は必ず借りたお金を返済することが記された借用書です。一般的に起業してまもない時期には、なかなか利益は得られないものです。しかし、借金の返済日は容赦なく迫ってきます。そこで、近江商人は商売人の厳しい目で、起業家のアイディアを審査して、これは成功しそうだと思えば、将来の成功を見込んで資金を貸し出していました。

くは変わりません。アメリカでは、1990年代の後半から企業の社会的責任が問われるようになり、社会的責任を果たしていない企業の株価や顧客信頼度が下がるなどの傾向が見受けられるようになりました。日本でもアメリカに追従するかのように、企業の社会的責任が問われるようになりましたが、近江商人は表現こそ違え、江戸時代から企業の社会的責任を果たし、その重要性を家訓として子孫に伝えてきたといえます。ただ「三方よし」にみられるような公共を意識した経営哲学が常に日本の公共を常に支えてきたかといえばそうではありません。私益のみを追求するあまり、人権問題や公害問題などを引き起こし、公益を損ねた悲しい歴史もあります。また現在に至ってもなお、消費期限や内容物の偽装問題、ブラック企業の横行、違法行為や倫理的に問題のある行為など、企業不祥事が後を絶ちません。いま一度、私たちは近江商人の「三方よし」の経営哲学を見直す必要があるのではないかと思います。

官と民、政策立案者（政治家）それぞれが公益の追求を念頭に、それぞれの社会的役割を全うし、一方でそれぞれが当事者意識と責任を担って公共経営に関与し、議論を交わしながら国が進むべき最善の道を探っていく、そんな時代が到来しています。「三人よれば文殊の知恵」ということわざがあります。一人で考えてはわからない難題も、三人で考えれば、あたかも「知恵の象徴である剣」をもった文殊菩薩（左上写真）のように、素晴らしい考えが生まれるという意味です。官、民、政策立案者の三者がそれぞれの社会的役割を果たしながらお互いの利益（私益）も尊重しつつ、公益も最大化する術を備えた社会を構築していくことが、これからを生きる私たちの役割であり、多くの人を幸せにする公共領域づくりのポイントであるといえそうです。

4　公益に資する行動とは

「公共の利益（公益）」のために私たち民ができることは何でしょうか。「私

たちも、これからは責任ある市民として、当事者意識をもって公共経営に関与しなければならない」といわれても具体的に何をすればいいかよくわかりません。この入門書を読んで公共経営についての理解を深めたあと、私たちは公益のために、いったい何ができるのでしょうか。

この本の読者には選挙権がある人とまだない人とがいると思います。「公民」という言葉の意味を思い起こしてください。公民とは、「選挙権をもち、政治に参加することのできる人（たち）」のことでした。したがって公民にとっての公益に資する行為のひとつは、投票を行うことです。平成24年12月16日に実施された第46回衆議院議員総選挙での投票率は59.32％でした。この時の有権者数は1億395万9866人でしたから、投票者数は6166万9475人だったということになります。そして棄権者数は4229万391人でした。図1は衆議院議員選挙の投票率のグラフです。これをみると、若い年代の投票率が低い傾向が続いていることがわかります。

しかし、日本の選挙権についての歴史を振り返ってみると、4千万人以上

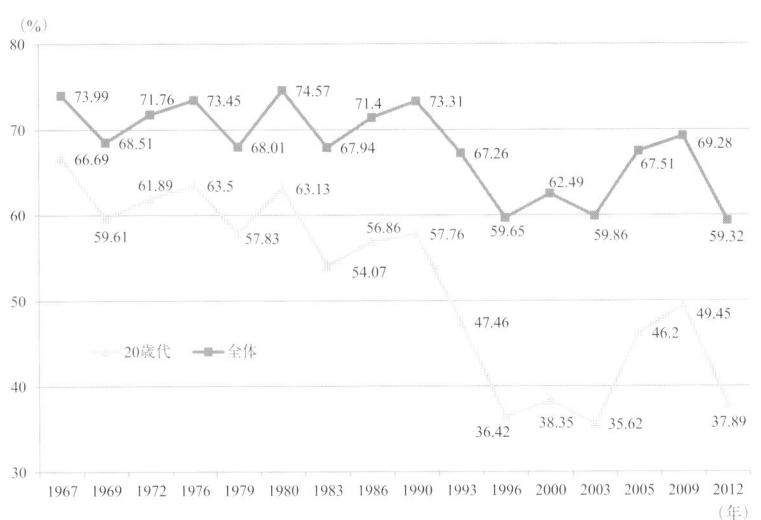

図1　衆議院議員総選挙における投票率
出典：総務省選挙部によるデータを参考に執筆者が作成

もの有権者が棄権するほど、たやすく選挙権を手に入れたわけではありません。日本人が選挙権を獲得した当初は、選挙権をもつことのできるものは、一定の納税ができる裕福な男子だけでした。女子の選挙権獲得は男子の選挙権獲得から遅れること46年、日本が第二次世界大戦に負けてポツダム宣言を受諾した1945年からです。このときようやく現在のように20歳以上のすべての男女に選挙権が認められました。婦人参政権獲得に尽力した平塚雷鳥や市川房江の活動はあまりにも有名です。自分の一票くらいでは社会は変わらないと思う気持ちもわかりますが、選挙権に関する日本の歴史をみると、私たち一人ひとりがもつ1票は、簡単に棄権できる1票ではありません。多くの先人たちが、政治に意見を言えるような世の中へと変えたい一心で闘い、命懸けで勝ち取った、とても重い1票なのです。

　一方、選挙権をもっていない20歳未満の若者たちは、どうやって公共にかかわることができるでしょうか。たとえば、国・地方自治体と同じように、さまざまな経済・社会問題の解決に取り組むNPO（非営利組織）を応援するのはどうでしょうか。1995年の阪神・淡路大震災では国・地方自治体に比べ機動性に富むNPOの目覚ましい活動が、頻繁にマスコミや新聞等で取り上げられました。NPOを応援する典型的な方法は、NPOに寄付することやNPOでボランティアをすることです。NPOにとって寄付とボランティアはそれぞれ、重要な活動資源と労働力であり、そのNPOの活動がどれだけ多くの市民に支持され、社会にとって重要な存在であるかを示す証拠でもあるといわれています。しかしながら実際のところ多くのNPOが寄付を重要な収入源としつつも、寄付だけに頼ることができない状況にあります。図2を見てください。これは日本の一世帯当たりの平均寄付額を表したグラフです。阪神・淡路大震災、新潟県中越地震、東日本大震災など、災害の発生した年とそうでない年の寄付額を比較すると、日本人の寄付行為の特色がみて取れます。すなわち災害が発生した年は寄付にかなりの勢いがありますが、その熱はすぐにさめ、速いスピードで平時の寄付額に戻ってしまいます。この平時の額はアメリカの一世帯当たりの年間平均寄付額の10％程度にしかすぎません。もっと多くの人々が寄付をしたくなるように、納税の面で優遇

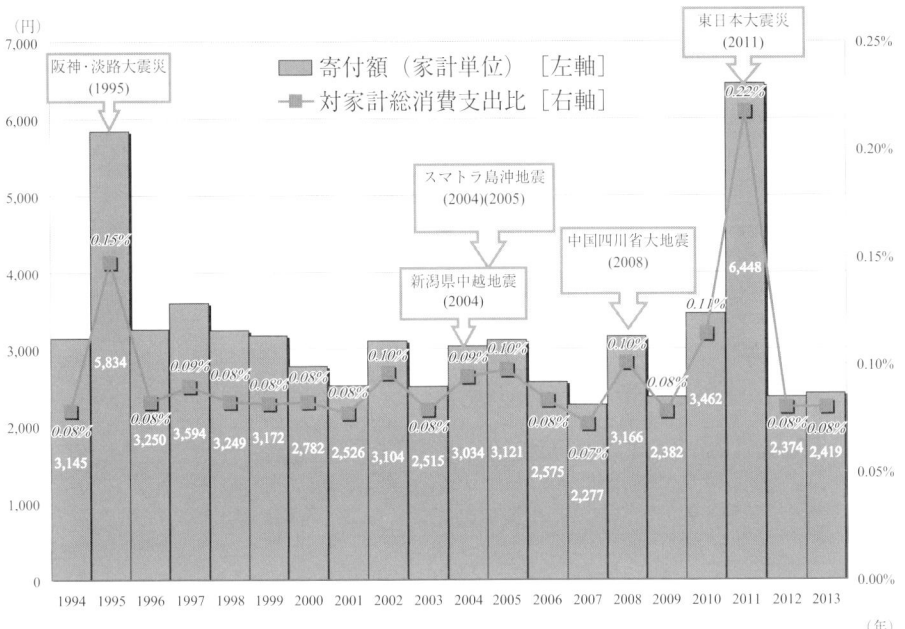

図2　家計消費に占める寄付額

出典：総務省統計局による各年の家計調査をもとに執筆者が作成

する寄付税制をもっと魅力的なものにすることが望まれます。一方、寄付したお金がどのように使われているのかはっきりさせて寄付の透明性を増すなど、NPO自身が取り組まなければならない課題もあると思いますが、国・地方自治体と協力したり競争したりしながら、より質の高い公共サービスを供給しようと頑張っているNPOをもっと応援してもよいのではないかと思います。寄付やボランティア活動は、選挙権をもたない若者が簡単にできる「世間よし」のための一つの手段です。

そのほかにも公益に資する行動があります。たとえば、お年寄りや身体障がい者、妊婦などに席を譲るなど、ちょっとした他者を思いやる行動をとることです。多くの人がこれを行えば、社会にとって大きな公益となり、人にやさしい社会ができあがります。また、健康を意識した生活をおくり、生活

習慣を改善することにより、健康寿命を全うし、医療費削減に寄与することも公益に資する行動といえるでしょう。ハーバード大学のイチロー・カワチ教授によると、格差社会をなくし、人と人との絆を大切にする社会を築くことで、人々は健康で長生きすることができるそうです。阪神・淡路大震災や東日本大震災の際に日本人の助け合いの心や誠実な態度、整然とした行動が世界中の人々から称賛され、そのことを日本人は誇りに思っています。学生の間だけでなく社会に出てからも、皆が自分の能力の向上のための努力を継続し、エンプロイアビリティ（雇われる力）を培うことも、国全体の生産性を高めると同時に、失業率の低下につながると思います。小さな子供であっても、社会のルールをしっかり守り、他者に迷惑をかけない行動をとることはできます。これも立派な公益に資する行動です。「お互い様」や「情けは人の為ならず（人に情けを掛けておくと，巡り巡って結局は自分のためになる）」といった気持ちをもって、他人と接することのできる子供たちを育てることもまた公益に資することになります。

5　公共経営学の核心にせまる前に

　この章では公共経営学とは何かということについて、まずは定義づけを行うことから始めました。そして、日本人の公共に関する独特な考え方の起源をみていくことで、この定義の意味を理解する助けとしました。この章の大きなポイントは、公共経営を担う主体は官だけではなく、私たち民と、民が構成するさまざまな民間組織だということです。そして、一人であってもできる公益に資する行動もあるということです。

　最後にもう一度、公共経営学の定義を再掲します。

> 公共経営学とは、「官と民の両者が公共経営の主体であるという共通認識のもと、両者が協力しながら、私たちがもつさまざまな共有資源を有効活用し、あまねく人々に対して効率的に公共性の高いサービスを供給するための考え方やノウハウを学ぶ学問」です。

この定義をもう一度しっかり考え、今度はこの定義を自分の言葉に変えて表現してみることをお勧めします。これによりこの定義がしっかり理解できているか、確認することができます。また、公共経営学とは何かということについて、他人に上手に伝えることができるか試してみることも、公共経営への理解を深める一助となると思います。

　第2章以降からは、公共経営学の核心をなす考え方や理論、さまざまな公共領域で実践されている公共経営の新しいカタチについて解説したいと思います。

（松永佳甫・山内直人）

第2章
政府のしくみと役割

1　政府とは何か

　一般に、「政府」と呼ばれるのは、国家を統治する機構で「中央政府」といいます。日本の中央政府は日本国政府です。一方、地方の各エリアを統治する機構を「地方政府」（あるいは自治体）とも呼びます。日本の地方政府は都道府県や市区町村です。ここではまず、中央政府が統治する国家とはどのようなものかを簡単に述べます。まず、「国家」として成立するためには、三つの条件、すなわち「領域」「国民」「主権」が必要とされています。

　「領域」とは、その国家の主権（統治権）の及ぶ範囲であり、領土、領海、領空からなっています。「国民」とは、国家という統治組織のなかで生活する人間の集団を指します。「主権」とは、国家の最高意思で、政治のあり方を最終的に決定しうる力のことです。民主主義を掲げるわが国では、われわれ国民が主権者とされています。また、対内的には統治権・国権などを意味し、主権者たる国民から選ばれた国会議員の集合体である国会が国権の最高機関であると憲法41条に規定されています。

2　中央政府（日本国政府）の仕組み

　中央政府は、日本国の全体を統治し、国民に公共サービスを行う機構として存在しますが、その構成は内閣と省庁などの行政機関からなっています。内閣は、国会議員の中から議会の選挙で選ばれた総理大臣（首相ともいう）が国務大臣を選び組織します。内閣は各大臣の指揮下に入る行政組織（財務省、文部科学省など多数）の最高機関として国政の指揮をとります。内閣を

構成する各担当大臣の指揮下にある省庁も、中央政府の構成員として内閣の方針に従って国民に対して公共サービスを供給します。また、各省庁はそれぞれの所管分野（たとえば教育、福祉、防衛、財政など）について実態調査や政策（政治を行う上での方針や方策のこと）の企画・検討などを経て公共サービスを供給します。

3　中央政府の役割

中央政府の役割は基本的には全国的な規模や視点に立って政策を実施することです。実際の行政は中央政府の指示により実施機関である各省庁が行います。以下に、中央政府の主な役割をいくつか簡略に述べます。

3.1　国民の生命や財産を守る

自然災害や犯罪などから国民の命や財産を守るために装備や要員配置などを行います。また、犯罪を防ぐため、司法制度（裁判制度、警察制度など）を活用して犯罪のない安全・安心な社会を構築します。さらに、国際社会で日本が諸外国と安全で友好的な立場を維持できるよう外交活動も行っています。

自然災害などから国民の生命や財産を守るために、政府が行っていることとして、国土交通省管轄の気象庁などを中心とした迅速で正確な気象予報や火山噴火予知などがあります。また、その他にも洪水を防ぐ堤防の整備、土砂災害を防ぐ砂防ダムの設置、地震等における避難場所の設置など「災害大国」と呼ばれるわが国には中央政府や地方政府の行うべき課題が山積しています。

一方、国民の生命や健康を守るため、疫病等への対策として厚生労働省を中心に、各地方政府と共同で、有効な予防薬の開発・認定や予防接種などを実施しています。

3.2　公共サービスの供給

一概に「公共サービス」といっても多種、多様ですが、たとえば、諸々の

福祉や衛生の充実などに努め、国民の貧困や疫病などをできるだけ改善するための施策を行います。また、文化や学術を発展させるための学校・研究施設などを運営し国民の学問や教養などのレベル向上に努めます。そのほか社会的弱者のための介護施設や保育施設の運営など福祉政策を実施します。

以下では、中央政府が供給する公共サービスのうち代表的なもの三つについて説明します。

（1）経済の安定

市場に投入する通貨の量の調整などの方法により通貨を安定させ、経済活動を円滑に行えるように条件を整えます。また、その時々の経済情勢を判断し、通貨の量の調整によりデフレあるいはインフレの悪化を食い止めます。さらに日本経済を強力なものにするための技術の開発・高度化へ向けて日本企業等に積極的な援助を行い、新規産業を育成し日本経済の成長を促進します。また、日本経済や国民の日常生活に大きな影響を与える外国との貿易政策についても条約や協定などを駆使して、安定的な貿易を維持できるように努めるのも中央政府の役目です。

（2）社会資本の整備

次に社会資本の整備です。一般に社会資本は、道路、港、鉄道、空港、上下水道、教育サービス、堤防やダムなどの社会の共有資産のことを指します。

国土を災害から守り国民の安全を確保するための堤防、防潮堤、避難施設、救助施設等の整備を進めます。わが国は、国土の構造上災害に見舞われやすい国家といわれています。その理由は、地球全体を覆っている10数個のプレート（地底や海底を覆っている巨大な岩盤）のうち4つのプレートが日本列島の下や近くで押し合っており一方が他の岩盤の下に潜りその岩盤がスライドし、その力が大きな地震につながるといわれています。そのために日本は地震大国と呼ばれているのです。それ以外にも火山の噴火、四方を海に囲まれていることによる豪雨・豪雪、台風の被害など多くの自然災害に見舞われる国土構造になっています。したがって、日本国政府（日本政府）は常に防

災のための施設を整備しなければならない宿命を負っています。また、自然災害以外にも、わが国は世界からも注目されるほどの急速な高齢化社会を迎えつつあり、そのための安全・安心な施設等の充実を図る必要もあるのです。

(3) 所得の再配分

中央政府は税制の改革による低所得者層への減税措置や生活保護制度の適正な運営を行います。生活保護制度とは憲法25条で「①すべて国民は健康で文化的な最低限度の生活を営む権利を有する。②国は、すべての生活部面について、社会福祉、社会保障及び公衆衛生の向上及び増進に努めなければならない。」と規定されており、生活保護制度の責任者として地方自治体の協力を得ながらこの制度を施行しています。つまり、憲法で保障された①と②を担保するために必要な財源を確保するという目的で、税の徴収がされています。したがって、税の機能のひとつは実質的には高所得者層から低所得者層への所得の再分配といえるでしょう。

4 中央政府が早急に取り組むべき課題

わが国には、今後中央政府が取り組まなければならない重要な課題が山積しています。ここでは、そのなかで国の根幹にかかわる主なものを5項目だけ取り上げ、簡単に説明します。

4.1 急速な少子化による人口減少対策

日本は今、世界の歴史に例をみない速度で少子高齢化が進んでいるといわれており、世界の注目を集めています。国立社会保障・人口問題研究所の2012年の調査によると、人口の減少は止まらず、「合計特殊出生率」(1人の女性が生涯に産むだろうと想定される子供の数)は1.41で、このままでいけば2060年には日本の人口は現在の約1億2800万人から約4100万人余り減少し、約8700万人になると予測されています。このように、現状から30%余りも人口が減っていくという状況は、国の経済力や科学技術、文化レベルなどの衰退にもつながり、国全体の活力が低下することが懸念されます。

現在の日本では、仕事をもつ女性たちが子どもを産み育てるのを支援する社会制度がまだ不十分であり少子化の進展に歯止めがかかっていません。日本政府は早急に抜本的少子化対策を講じるべき時にきているといえます。

　さらに、少子化の原因の一つとしてわが国の雇用制度も挙げられます。現在、わが国の勤労者の約40％が「非正規雇用者」といわれています。かつて、日本が経済成長を遂げていた時代には、大半の就業者には決められた年齢までの雇用が保障されていました。しかし、グローバル化が進み、諸外国の効率性の高い企業群との厳しい競争に勝たなければならないために、わが国でも長期雇用が保障されない時代になりつつあるのです。そのような情勢の下、若い世代では、将来の生活設計が立てられないために、結婚をためらったり、子どもの数も減らさざるを得なかったりする傾向もあり、少子化が急速に進みつつあります。政府も、非正規雇用者の比率を下げるよう経済界にも働きかけていますが、今のところ、明らかな成果はみられていません。

4.2　社会保障と税の一体改革

　前述の国立社会保障・人口問題研究所の推計によると、65歳以上の高齢者の総人口に占める比率は2010年現在の23％から2060年には総人口の約40％に上昇することが予測されています。わが国では、このような急速な高齢化に起因する社会保障費の急増による財政圧迫が明らかです。社会保障費とは、医療や介護サービスを受けるときの自己負担分以外の費用や年金の受給額など、社会保障制度を維持するために国・地方自治体が負担する費用の合計です。また一方では少子化の進展により毎年現役の勤労者数が大幅に減少しています。国の収入には勤労者が給料などから収める所得税、企業などが利益の一定部分を収める法人税などがあります。このように少子高齢化が著しい国の財政収支は、支出が増える一方で収入が減っていくという構図になっています。このような厳しい財政状況のなかで、今後増える一方の社会保障費をまかなうためには政府の税収を増やす、すなわち増税をせざるを得なくなります。しかし税金を増やすということは国民の生活を圧迫し、また企業も国民の消費活動の低下、法人税の増加などで活力を失い日本経済全体

が衰退していく恐れがあります。日本政府には社会保障をきちんと果たしながら、国民生活や経済活動に支障をきたさないように、厳しい制度改革が求められています。

4.3　人口の首都圏への一極集中と地方の衰退

国全体の人口減少が急速に進むなかで、若者をはじめとして職を求める多くの人々が東京都を中心とする首都圏に移住し、人口過密によるさまざまな弊害が起こっています。一方、地方では人口減少と住民の高齢化が急速に進み、地域での活動力と経済力が大幅に衰退しています。児童の減少により小学校の廃校が相次いだり、地域の祭りや行事が次々と廃止になったり、地域の活力が徐々に失われつつあります。

そのような状況のなかで、2014年5月に、民間研究機関『日本創生会議』（座長・増田寛也元総務相）が衝撃的な報告書を発表しました。その内容は、わが国の約1,800の自治体のうち約900の自治体では、20～39歳の女性の数が2040年までに半減すると試算され、それらの自治体は、介護保険や医療保険などの社会保障の維持が困難で、雇用も確保しづらい「消滅可能性自治体」になるというもので、日本政府をはじめ指摘された地方自治体にも衝撃を与えました。日本政府は早急に「地方創生」を政権の重点政策とし、「地方創生大臣」を任命して、地方自治体（特に小規模の地方自治体）ごとの支援策を検討しています。一方では、「消滅可能性自治体」の対象に挙げられた自治体でも、今後の自らがなすべき政策と中央政府に要望すべき支援策の立案に早速取り掛かっています。

4.4　グローバル化が急速に進むなかでの雇用の変化

グローバル化により地球規模で人々が容易に交流することができる一方、メガコンペティション（詳しくは第10章7参照）という厳しい競争社会が待っています。世界中の企業や資本が世界を駆け巡り各地の企業と激しい競争をしています。関税や外国資本規制などの制約が、グローバル化の進展に伴い緩和され、企業間競争で勝つためには徹底した効率化と豊富な資本、高

度の技術などを保持しなければなりません。グローバル化が進む以前の日本では企業の雇用形態は定年まで就業するという終身雇用制度が大半を占めていました。しかし、日本の企業も世界中の優秀な企業と厳しい競争をしなければならなくなり、やむを得ず欧米型の臨機応変に解雇できる非正規雇用制度を一部採り入れて企業の競争力を維持することになりました。日本の労働者にとっては、将来設計が立てにくい不安定な生活を強いられることになります。前述のとおり、2013年現在、日本の労働者のうち約40％が非正規労働者であり、このことは少子化を一層助長する要因ともなるので、日本政府としては早急に雇用制度の見直しなどに取り組まざるを得なくなっています。

■ 4.5　長期にわたる日本のエネルギー政策の確立

　日本は今、将来にわたってどのようなエネルギー構造を確立して国民の生活や経済活動などを安全で効率のよい充実したものにしていくべきか重要な岐路に立っています。そのきっかけは2011年に起こった東日本大震災の際、東京電力の福島第一原子力発電所が破壊され大量の放射線が飛散し、周辺の地域に多大の被害を与えたことでした。また、大量の放射性物質が含まれる使用済み核燃料の処理場が十分確保できていないこと、日本列島は北から南まで頻繁に地震に見舞われる構造であることなどを理由に「原発廃止」の声が一気に高まりました。しかし、厳重な安全装置を施した原子力発電所は初期投資こそ膨大になりますが、稼働を開始するとその発電コストは他の火力発電などよりもはるかに安いのです。かつての日本の高度成長期に経済を安いエネルギーコストで支えたのも50基に近い原子力発電所でした。経済界からは世界規模の経済競争に打ち勝つためには製造コストを下げる原子力発電を残すよう強い要望が出ています。日本政府は原発を残すのか、廃止するのかまたは原発依存を大幅に減らしながらも原発の稼働を残すのか重要な決断を迫られています。

　一方では近年、新たなエネルギー源として再生可能エネルギーが脚光を浴びています。これは、太陽光、風力、地熱、水力、潮流など自然の力を電力

などのエネルギーに変え日本国内での経済活動や国民生活などに供給するというシステムです。これらは地球温暖化の元凶となっている CO_2 を排出することなく、化石燃料（石炭、石油、天然ガスなど）の資源枯渇などの心配もいらないので理想的なエネルギー資源といえます。政府もこのシステムの普及に力を入れ、再生可能エネルギーにより作られた電力を既存の電力会社が一定の価格で買い取ることを義務づけるなど、再生可能エネルギー産業の育成に力を入れています。今後のわが国のエネルギー体制はどのような構成になるのが一番国益にかなうのか、政府は早急に決断を下す必要に迫られているのです。

5 地方政府（地方自治体）の仕組み

5.1 二元代表制（首長制）

　わが国の地方政府（地方自治体。単に自治体ともいう）自治体の組織の特徴として二元代表制が挙げられます。二元代表制とは、自治体の行政を行う地方政府（役所）の長（首長＝知事、市長、区長、町長、村長など）と、住民の代表者としての地方議会の議員を住民が直接選挙で選び、首長と地方議会はそれぞれ独立対等の機関として、相互に抑制・けん制し、一定の緊張感を保ちながら自治体の政策形成や公共経営を行うことをいいます。ここでは最も基本的な制度のみを紹介します。自治体の二元代表制は地方行政府のトップ（首長）と地方議会の議員の選任に住民の意思を反映させることによって民主的な政治、行政を行わせるという目的を有しています。地方議会の意思と首長の意思が異なり、最後まで調整がつかない場合、議会は議員の3分の2以上の出席のもとに、出席議員の4分の3以上の同意があれば、首長の不信任を決定することができます。議会によって首長の不信任が決定された場合には、首長は10日以内にその職を辞任するか、辞任しないで議会を解散するかの二者択一をしなければなりません。また、首長が辞めず議会を解散した後の議員選挙で当選した新議員たちが前と同じような規約に則って首長の不信任決議をした場合、首長は失職することになります。

5.2 地方議会

　地方議会は、住民の直接選挙で選ばれた議員（任期4年）によって構成されます。議員数はその自治体の人口規模によって上限が決められています。ただし、地方議会の議決により議員の定員数を減らすことはできます。また、地方議会の役割は主に二つに分けられます。一つは、予算の議決や決算の承認、条例（その自治体の内部にだけ適用される規則）の制定・改定・廃止などです。また、副市長など役所の特別職員の承認などを行います。基本的には、住民の意思を代行して地方行政機関へのチェック機能を担うということです。

　二つ目の役割は、政策立案による自治体改革です。議員は積極的に地域を回り、住民の要望等を汲み取るとともに政策能力を高め、自治体（役所）に対して提言を行ったり、議会に条例案を提出したりして、地域の改善や活性化に貢献することが求められているのです。首長と地方議会は、ともに住民の直接選挙で選ばれ、それぞれ独立した意思と権限をもっており、両者は相互に協力とけん制の関係にあるといえます。

6　地方政府（地方自治体）の役割

　地方政府（地方自治体）の多くは、その地方自治体の将来像、理念、目的などを明記した基本構想を策定しています。基本構想は、たとえば、「希望に満ちて安心して暮らせる緑豊かなまち」のように、その地方自治体が何を目指し、どこへ向かおうとしているか、大まかに表現したものです。そして、基本構想を具現化するために立てられた計画のことを総合計画といいます。この総合計画には、地方自治体の政策が明示されています。総合計画はいくつかの基本計画によって構成されています。基本計画は、地方自治体が行う施策（政策を実現するための取り組み方針）を示したもので、教育やまちづくり、福祉や環境保全などの施策分野ごとに示されています。それぞれの基本計画をどういう事業内容で、いつまでに実現するのかといった施策の具体的な実施方法を示した実施計画は事務事業と呼ばれています。

6.1 広域自治体と基礎自治体の役割

　地方自治体は広域自治体と基礎自治体の二つに分けることができます。広域自治体とは都道府県のことで、基礎自治体は市区町村のことです。

　広域自治体（都道府県）は多数の市町村からなる広い地域を管轄し、主に個々の基礎自治体（市区町村）では難しい治水事業や広域道路の建設、府民・県民などの地域住民の安全のための警察業務などを行います。広域自治体の職員が直接住民に接することは、基礎自治体の職員に比べかなり少ないといえます。彼らの主な職務は中央政府との交渉、地域自治体間の調整などが多いのです。主な職務としては、県民の安全を守る警察業務や、広域（複数の基礎自治体）にわたる水道・下水道などの建設、さらには県立の学校や病院、養護施設などの設置・運営などがあります。また、自然災害を防ぐための大規模工事や広域にわたる地場産業の活性化策の推進なども広域自治体の仕事です。

　一方、日常、私たちが接する身近な公共サービスを提供しているのは主に基礎自治体です。基礎自治体には基本的に二つの役割があります。一つは、住民に安定的な公共サービスを提供する役割です。地域の住民に対して、安心で安全な暮らしができるようさまざまな公共サービスを提供する役割を担っています。たとえば、高齢者・障がい者などの生活困窮者への生活保護や介護のための福祉施設の設置管理など住民への福祉を供与することです。また、教育、文化振興などの面でも、学校教育、社会教育、生涯教育のためのサービス提供と学校、図書館、公民館などの施設の設置・管理を行います。さらには、ゴミの収集・処分、伝染病や非衛生環境への対策、住民の健康増進のための諸施策の実施と施設の運営など健康・衛生、環境改善などの分野でも活動しています。また、消防署などによる住民安全の確保、防災計画の実施と防災諸施設の設置・管理なども行っています。

　基礎自治体の二つ目の大きな役割としては、「地域経営の実施と魅力的なまちづくり」が挙げられます。上記の種々の公共サービスと違い地域の活性化を推進するためのハード、ソフト両面での活動が求められています。ま

ず、まちづくりの基礎になる業務として道路や河川建設・管理、上下水道の建設・管理、都市計画の立案・実施などが挙げられます。また、ソフトの面では、商店街の活性化、地域産業の振興など地域活性化を実現するための産業経済施策が実施されています。

6.2 地方自治体業務の法的区別

　地方自治体は長い間、国の下請け機関のような状態でした。しかし、2000年度の「地方分権一括法」（総称）の施行からは、国と自治体の関係は法制上対等になり、これまで国の管理監督の下にあった業務（「機関委任事務」という）は、国と自治体が対等な立場で契約を結ぶ「法定受託事務」に変わりました。したがって、現在、自治体が行っている業務は日常、自治体が自分たちの判断で自由に行う「自治事務」と国から委託を受けて契約に従って行う「法定受託事務」の二つに分けられています。いくつかの例を下に示してみましょう。

【自治事務と法定受託事務の例示】

自治事務	法定受託事務
・都市計画の決定	・国政選挙
・学校の設置管理	・旅券の交付
・小中学校の学級編成や教科書の選定など	・国の指定統計
・病院・薬局の開設許可	・国道の管理
・飲食店の営業許可	・生活保護の決定
・上下水道事業	・学校法人の認可
・警察・消防など	・戸籍・外国人登録など

　法定受託事務には国が直接公共サービスを供給するより地域のことをよく知っている地方自治体に委託したほうが効率的なものがあります。

7　中央政府と地方政府との関係

7.1　わが国の統治構造

　ここで、本章で述べたことを少しまとめてみましょう。わが国の統治構造は、国（中央政府）・都道府県（広域地方自治体）・市町村（基礎自治体）の三つの層に分かれています。

　国（中央政府）は主に国全体にかかわる事項、たとえば、防衛、外交、通貨政策などの業務を行います。都道府県（広域地方自治体）は地方の広域的な交通網整備や治水事業、経済対策、さらには警察業務などを主に行います。また、管轄エリア内の市町村間の調整、補助、指導なども行いますが、基本的には都道府県（広域地方自治体）と市区町村（基礎自治体）の関係は対等なのです。また、例外的に市でありながら、都道府県のかなりの部分の仕事を自分たちの判断で独自に行える政令指定都市等もあります。

　市町村（基礎自治体）は主に地域住民の生活に密着した福祉、教育、衛生、安全施策などの公共サービスを行います。さらに、地域の経済活性化や住みやすく魅力あるまちづくりなどに向けて、住民との協働活動も行っています。

7.2　歴史的経緯

　1868年の明治維新以来、日本国は天皇を中心とする中央集権体制の下で発展を遂げてきました。この体制下では、地方行政機関は国（中央政府）の出先機関であり、国から派遣された知事（官選知事）が、地方行政を指揮・監督しました。しかし、1945年にわが国が第二次世界大戦で敗れ、それまでの天皇主権の下の中央政府による中央集権体制が改変され、国民主権の『民主憲法』が発布されました。ここでは、地方分権もうたわれています。すなわち、日本は欧米型の「民主国家であり、かつ分権国家である」という国家像を目指すことになったわけです。

　しかし、実体は、かつての戦争遂行のための「国を挙げての中央集権体制」

が、今度はわが国の戦災復興や高度成長のための実質上の中央集権体制に形を変えて存続し続けました。この体制は、「先進国に追いつき追い越せ」を目指していた「開発途上国型の日本」の時代には効果を発揮しました。これにより、戦後20年近く経った1970年代までにわが国は著しい経済成長を続け、世界の経済大国の仲間入りをしたのです。しかし、依然として西洋先進諸国には例をみない国（中央政府）による事実上の中央集権的行政が続き、自治体や住民たちの政府依存体質がますます強まってきました。しかし、実質上の中央集権的体制で戦後復興を果たし、経済的にも豊かになってきた1960年代後半からは、わが国が欧米先進諸国に比べて福祉の面で立ち遅れていることが浮き彫りになり、先進国の仲間入りをするためにも「福祉国家の建設」を「戦後復興」の次の目標に掲げました。福祉のための行政の役割はさらに拡大し、国民生活のすみずみまで国および地方自治体が関与する「大きな政府」ができあがり、官僚組織はさらに肥大化したのです。このような状況が20年以上続き1980年代になると、タテ割り行政の非効率化や財政支出の膨張などが原因で国の財政が悪化しました。また、中央政府による画一的な行政サービスとそれを忠実に実施する地方政府のサービスが、国民や地域住民のニーズに合わなくなってきて、「官僚主導国家の限界」が多方面から指摘され始めました。一方、すでに財政悪化の克服に取り組んできた英米をはじめとする先進諸国では「大きな政府から小さな政府へ」というかけ声のもとに、国や地方自治体が担っていた業務の民営化が進みました。この運動は大きな成果を上げ、財政の立て直しに貢献しました。このころから、わが国でも「小さな政府」化に向けた行政改革の試みが始まりました。巨大化した行政機構をできるだけスリムにして、行政は行政でなければできない仕事にのみ専念し、その他の肥大化した業務は可能な限り民間部門に任せて、市場原理の下で効率的な公共サービスを提供するという方向です。

　この流れは、「民ができることは民に」をスローガンに徹底した構造改革を唱えて2001年に誕生した小泉政権の下で5年余りさまざまな施策に反映されましたが、この構造改革は未完成のままに終わり、多くの課題を残したまま次の政権に移行して現在に至っています。

2000年4月から施行されたいわゆる「地方分権一括法」によりやっと国と自治体の関係が「主従関係」を解かれ、法的に対等の関係になりました。それまでは、自治体の多くの事務が包括的に国の指揮監督の下に置かれ、それらの事務については自治体の職員は国の職員から指示、命令などを受けて、自らの判断で活動することはできなかったのです。これらの「機関委任事務」は廃止され、地方自治体の処理する事務は、自治事務と、国と自治体の合意による法定受託事務に再構成され、両者は法的に対等な立場に立つことになりました。この両者が法的に対等であることを担保するためにいくつかの原則が設定されました。たとえば、国が自治体の仕事に何らかの関与をしようとする時には、法律やこれに基づく政令に根拠がなければならないことなどが義務づけられています。また、公正で透明な関与を示すため、関与の手続きとして「書面の交付」「許可・認可等の明確な審査基準を示して公表する」などの手順をとることなどが決められています。

　ここに、各自治体の職員が地域の実情に合わせて、自らの頭で考えて施策を立てるという創意工夫を発揮する場が生まれたのです。おりしも、各自治体では少子高齢化の進行により、高齢者向けのさまざまな扶助費が増加する一方で、市民税等の納税者である現役の勤労者数が減少し、さらに地域の経済状況も衰退傾向にあり自治体の年間収支が悪化の一途をたどっています。

　このような状況のなかで、各自治体はこれまでの財務状況を見直し、「新しい公共」の名の下に、「民ができることは民間に」をスローガンとして、業務の一部を民間企業（営利組織）や民間組織などに委託したり、防災・防犯体制を地域住民団体と消防・警察署などと構築したりすることにより文字どおりの「官民協働社会」を築きつつあります。地方公共団体の職員も、積極的に市民活動に参加し市民感覚や営業感覚を身につけることが求められています。地方行政は今大きな変革期に入っているといっても過言ではありません。

7.3　国の活力を支えるのは各地域の活性化

　活力に満ちた国とはどのような国を指すのでしょうか。国全体が安定した

経済力をもち、国民あるいは住民たちが積極的に公共的課題に取り組み、国としても各地方の自治体としても明確な目標と意思をもって、その実現のためにまい進している国を意味すると考えてよいでしょう。本来、国の活力は、各地域や住民たちが自立心をもち、自らの創意工夫で経済力を高め、自己責任で地域経営を行って、中央政府からの援助はできるだけ受け取らないという自立した地域力の集合体によって培われるのだといえます。一つの例を挙げてみましょう。「自由」と「自立」「自己責任」を建国以来の基本理念とする米国民の大半は国、地方を問わず、政府からの援助を受けることに対して、「政府から守られるということは政府から管理されるということだ」という強い反発心をもっており、できるだけ自分たちでやっていこうという気質があります。グローバル化の時代に突入し、地域と地域、個人と個人が直接交流し競い合う時代に、彼らのような考え方が地域活性化に大きな力を発揮するといっても過言ではありません。その意味で、わが国の地方自治体を概観すると、欧米先進諸国に比べて行政機関、住民ともに自立、自助努力、自己責任の意識に乏しく、また、地域の経済活動も中央政府頼みのもの（公共事業など）が多く、地方独自の経済活力が弱い地域が多いことを痛感せざるを得ません。

　これは、明治維新（1868年）以来140年以上も続いてきた「事実上の中央集権体制」に、行政機関も地域住民も慣れ親しんでおり、地方政府は中央政府に、また、地域住民は地方政府に依存するという体質ができあがってきたことが大きな要因だと思われます。もちろん、行政による公共サービスが行き届かない時代には、国民・住民たちはお互いに助け合って「公共」を担ってきました。都市部では「隣組」や「町内会」など、地方部では「青年団」や「消防団」など、無数の住民組織が「公共サービス」の仕事の一部を果たしてきたのです。

　しかし、社会の近代化が進むにつれ、また、国・地方の政府の組織が拡大するにつれて、公共サービスの分野も次々と官僚が独占的に供給するようになってきました。それに伴い、国民・地域住民のなかにも「官僚機構（役所）が公共サービスを遂行してくれた方が、公平で質の高いサービスが受けられ

る」といった意識が芽生え、「お上頼み」の傾向が強まりました。このような意識の浸透が、結局のところ国と地方の両方で官僚組織の肥大化を助長したといえます。

(宇都弘道)

第3章

市民社会と地方自治体

1 市民社会の成立と進化

　行政と住民との協働がうまく行くには、行政の積極的な働きかけに対して市民の側がしっかりした意識と行動力をもっていなければ官民協働社会は成立しません。しっかりとした「市民社会」が成立していることが必須条件なのです。

1.1 市民社会とは何か

　「市民社会」の概念については一概に明確な規定はありません。この言葉が使われる歴史的背景によって意味するものが違ってきます。たとえば、市民の全員参加で物事を決定した古代ギリシャのポリス（都市国家）の「市民社会」は、後の共産主義の全体主義的統治国家において、国家の信条・規制などから離れて自由な立場で暮らしていた市民層を指していう「市民社会」とは意味が違います。また、豊かで教養のある市民層（ブルジョアジー）が中心となって王制を倒したフランス革命時の「市民社会」ともニュアンスが違ってきます。

　社会状況が大きく変化した現代における「市民社会」とは、どのように定義すればよいでしょうか。

　市民がただ大勢住む地域全体を「市民社会」と単純に呼ぶのは適当ではないと思われます。たとえば、ある地域に2,000世帯の住民が住んでいたとしましょう。この地域の人たちは一定以上の収入もあり、安定した家庭生活を楽しく送っているとします。しかし、これらの住民の多くが自分たちの生活

だけに関心をもち、隣近所との付き合いもほとんどせず、地域でのコミュニケーションが十分なされていないとすれば、この地域は正確な意味での「市民社会」とは呼べず単なる「集落」に過ぎません。

本章でいう「市民社会」とはパブリックマインド（公共に対する強い関心と見識）をもつ市民や民間組織によって、地域社会が運営されることを意味しています。このような市民社会が国や地方政府などの施策を検証し、当局に対して問題提起や正しい施策への誘導、協力などを行うのです。

このような住民たちのコミュニケーション力、いわゆる「絆」のことをソーシャル・キャピタル（社会関係資本）と呼んで重視しているのです。なお、「ソーシャル・キャピタルについては、第9章で詳しく説明されていますので、そちらを参照して下さい。

1.2 市民社会の歴史

ヨーロッパ諸国やアメリカ合衆国などの近代化は、市民革命などにより民間が中心となって進められてきました。つまりこれらの諸国では、市民社会が近代国家の土台となってきたといえるでしょう。

しかし、わが国では近代民主主義国家の必要条件である市民社会が未熟でした。古来、日本人には「お上頼み」の意識が強く、また為政者側も「民には知らしむべからず。依らしむべし。」（住民たちには情報を伝えるな。ただわれわれを信頼させわれわれに依存してくるように民を取り扱え。）という命令が行政官たちにも教え込まれていました。このような教育を長年受けてきた民と官が進めてきた国家の近代化は、官主導で進められたのも当然でした。このような過程で官は大きな権威と影響力を高めてきたのです。よく、海外の人々から「日本は民主主義の国というよりは、官主義の国と呼ぶほうが適当ではありませんか」とからかわれることもありました。

1.3 これからの市民社会のあるべき姿

第2章で述べたように、わが国の今後を考えたとき、急速に進む少子高齢化や国と地方自治体の財政赤字などの厳しい条件下で市民社会はどのように

成長していくべきかを考えてみましょう。

　ここではまず、市民一人ひとりが「民主主義の社会では個々の市民が主役であり、行政機関はわれわれから委託されて公共的仕事をしている代行者（エージェント）なのだ」ということに気づけば、住民は地方自治体が行うことに無関心ではいられないはずです。「なんでもお役所に任せておけばいい」という「お任せ民主主義」とか「観客民主主義」といった意識は本来の民主主義とはかけ離れたものです。まず、われわれが意識改革を迫られているのです。

　急速な少子高齢化や生活の高度化により公共サービスに対する必要性が高まるという状況の下では、NPO（非営利組織）や社会的企業、社会的責任を果たそうとする企業などが公共サービスの担い手として行政機関との協力体制を構築していく必要があります。なお、NPOについては第5章で、社会的企業については、第7章で詳しく説明します。

2　地方自治体と住民

　地方自治体については第2章で説明したので、ここでは主に自治体と住民との関係について考察します。

2.1　地方自治体について学ぶことの意義

　20世紀後半からの交通手段や通信手段の急速な発達によって、グローバル化が一気に進み、21世紀に入るとさらにグローバル化に拍車がかかってきました。グローバル化の進展によって、国々の間の垣根が大幅に低くなり、世界は国と国、地域と地域、企業と企業、個人と個人が直接に交流し競い合う時代となったのです。このような状況のなかで、国および国民全体の活力を支える各地域の活性化はわが国にとって緊急の課題であるといっても過言ではありません。日本は今、国全体の活力を高めるために「分権化」を進めていますが、住民とともに地域の自立・活性化に取り組む役割を担う地方自治体の重要性が一段と高まっています。

　地方自治体は地方公共団体や地方政府とも呼ばれており、法律の条文や行

政機関の用語としては「地方公共団体」の名称が使われています。ただ、地方公共団体という呼び名は国家機関の構成要素の一部、あるいは国家（中央政府）の出先機関とのイメージが強く、「住民が作る政府」というニュアンスを込めて、「地方自治体」あるいは単に「自治体」と呼ぶことが普通になりました。国の行政機関ではないという意味を込めて「地方自治体」と呼んでいるのです。

■ 2.2　住民主権を前提とした自治体の構築

　憲法や地方自治法などに基づいて、地方自治体の首長や地方議会の議員たちは地域住民の直接選挙によって選ばれます。また、選挙権を有する地域住民の一定数（案件によって条件が異なる）の意思によっては、住民による「地方議会解散請求」や「首長解職請求」なども認められています。

　その他でも「条例の制定改廃請求権」や「（自治体の）事務の監査請求権」など、自治体の主権者としての地域住民には数々の権利が認められているのです。これらの権利によって、主権者たる住民による自治体行政への監視システムは担保されているのです。

■ 2.3　主権者たる住民に対する自治体の義務

　すでに述べたように、自治体は主権者である住民から委託を受けた代行者なのです。したがって、委託者たる住民に対して受託者たる自治体は説明責任（アカウンタビリティ）を負っていることになります。人権を損なうような個人情報などは別として、自治体は財務情報や自治事務の内容、さらにはその成果などを積極的に情報公開する義務があるのです。現在、わが国のほとんどの自治体は「情報公開条例」などを制定して、積極的な情報公開に努めています。

　また、特定の施策について広く住民から意見を聴く「パブリック・コメント」の制度や、重要な政策については「住民投票」なども行い、民意の把握と反映に努めています。

2.4 自治体と住民との協働体制の仕組みづくり

全国の各自治体は、自治体政策の運営に大なり小なり住民の参加を促進するための数々の制度を定めています。自治体によって呼び名は違いますが、「市民参加条例」、「まちづくり基本条例」、「住民基本条例」などを地方議会の議決の下に制定しています。これらの条例では、自治体の数々の計画策定における市民参加のあり方や、その効力なども規定されています。

これからの自治体には住民の参加・参画を得て、多くの公共サービスを共同で担うことが求められているのです。

3 市民社会と地方自治体との協働社会の構築

3.1 民主主義の国では国民・住民が主役

民主主義国家では、国民あるいは住民一人ひとり、または企業などの個々の民間組織、さらには全国の各地域の住民たちの力がそのまま国の活力を支える構図になっています。国の主権者（主人公）は国民であり、自治体の主権者もまた住民一人ひとりなのです。「公共サービスや社会的活動は自分とは関係ない。全部役所に任せておけばよい。自分たちは税金を納めるだけで十分だ」という考え方を「観客民主主義」あるいは「おまかせ民主主義」と呼びます。国や地方自治体の活動に対して国民や地域住民は決して「観客」であってはなりません。むしろ、関係者として公共のことに関心をもち、できる範囲で自治体経営に参加することが望まれているのです。

「民主」とは国民が主体であり、国のこと、地域のことに関する公共的業務を遂行するために、行政（役所）に仕事を委託しているにすぎないのです。改めて私たちは、「国および地域社会の主役は自分たちであり、行政は私たちから委託を受けた代理人なのである」という意識をもち、常に監視をし、行政の成果を評価していく姿勢が必要なのです。

「地方自治は民主主義の学校である」といわれています。つまり、地方自治とは、身近な問題に対する取り組みを通して人々が民主主義を学び、その

考え方と方法を政治に役立てる能力を養う場、すなわち学校であるということなのです。地域の問題について、住民たちでできることは自分たちでやり、どうしても自分たちではできないことを行政に委託するという自治の原則に立ち返る必要があります。しかし、その意識は現在の日本人社会では、残念ながらきわめて薄いといわざるを得ません。

■ 3.2　「補完性の原理」を基盤とした官民協働社会

「補完性の原理」に基づく住民の自主性

　補完性の原理とは、自分でできることは自分で（自助）、自分だけではできないことは、まず、近隣の住民たちと協力し合って（共助）、住民たちで協力してもできないことは市町村の役所が（第1段階の公助）、市町村でもできないことは都道府県で（第2段階の公助）、都道府県でもできないことは国の機関が実施する（第3段階の公助）という公共サービスの主体に関する原理をいいます。

住民たちの自立・自己責任・自治の精神

　歴史的に「お上（かみ）」に頼ってきたわれわれ日本人には自立・自己責任・自治の精神が先進国のなかでは乏しいといわれています。

　前述したように、日本人の意識のなかには、公共的な仕事・サービスは、役所・公務員がやるものだという考え方が根づいてきたのです。

■ 3.3　地方行政機関としての自治体のこれからのあり方

　これからの官民協働社会の一方の担い手として、行政機関としての自治体はどのような姿勢で行政活動に臨むべきでしょうか。

自治体の地域住民に対する姿勢の変更

　第二次世界大戦後も続いた政府主導の公共政策は画一的に進められてきました。中央政府が供与する地方交付税交付金と国庫補助金の下で、どこの地方でも同じような公共政策が推進されました。これからの自治体は、このよ

うな画一的なサービスを一律に提供するのではなく、住民のニーズを的確に把握して、多様性に富んだ公共サービスを提供すべきです。これまでのような、「国や自治体サイドで決めた公共サービスを一方的に与える」といった「提供者と受益者」という関係ではなく、住民のニーズをよく聴き、それに的確に応えるサービスを行うという姿勢に変えるべきです。

地方自治体は「住民が主役」の意識普及に努める

これまで、わが国の地域住民は、国においても地方においても自分たちが主人公であるという意識に乏しかったといえます。

ただ、ここで注意すべきは、自分たちが主人公であるといっても、自分の利己心（エゴ）を前面に押し出して、自分だけに都合のよい要求をしてもよいということではありません。地域住民として、もっと公共に目を向け、国、地方レベルの行政活動に関心を抱き、あるべき公共施策に向けて積極的に発言し、その実現のための活動にさまざまな形で参画するというのが本来の「住民が主役」の意味です。

ただ、これらの意識が住民たちの間に自然に生まれてきて、それが行動に結びつくまでに成長するには長い年月が必要でしょう。しかし、今、中央政府も地方自治体もそこまでは待てない状況にあります。ここは、住民の意識向上と公共施策への参画の重要性を痛感している自治体自らが、率先して住民に呼び掛ける啓発活動に力を注ぐときであるといえるでしょう。

4　官民協働による共助型社会の到来

4.1　「新しい公共」という考え

かつては、公共サービスは行政機関（役所）がやっていましたが、近年、民間（NPOや社会的企業などの民間組織）が公共サービスを引き受けて、効率的で質の高いサービスを提供して国民から信頼を得ています。

これからは、行政と民間がお互いに最も適した公共サービスを提供して社会の公共サービスの質とコストを適正なものにしていくことが期待されてい

ます。

4.2 共助型社会が支える「新しい公共」

今、日本では世界史上類をみないほどの早いスピードで少子高齢化が進んでおり、世界中から注目を浴びています。これからは、介護をはじめとする社会福祉分野で膨大な公共サービスの必要性が生じてきます。これらの公共的ニーズをまかなうためには、多くの主体が参加して助け合う「共助型社会」の実現が必須です。そこでは、行政、企業、NPO、ボランティア、社会的企業など多くの主体が対等な立場で公共的ニーズに対処するのです。

4.3 地域活性化、まちづくり、経済振興等の活動での自治体の役割

住民の意識を高めるためには自治体は、プランナー（企画・立案者）、プロデューサー（実行支援者）、パートナー（仲間・協力者）として住民と一緒に協働体制を構築していかなければなりません。すなわち、府県や市町村はあくまでサポート役に徹し、地域住民の自発的活動を側面から援助し、官民挙げて地域の社会的・経済的活性化に結びつけていく必要があります。

従来のような、国からの補助金や公共事業の誘致による一時的な経済活性化策ではなく、地域から沸き起こる自発的な活性化運動を鼓舞し、援助し、さらには新事業へのアイデアを提供する研究機関の役割も果たすべきだと思われます。

5 官民協働活動の主な事例

国、地方を問わず、各行政機関（役所）が行政を行うとき、役所だけでなく住民、住民団体、企業等々、民間の人や組織と協働して事業にあたることを「官民協働活動」といいます。その活動パターンは多様ですが、ここでは、その事例をいくつか紹介して「官民協働活動」への理解の一助とします。

5.1 行政側が、市民たちが自由に活動できるための制度を整備し、積極的にバックアップするパターン

事例1：関東地区のO市の「1％まちづくり事業」

市税の1％を財源に、「地域が考え行動し汗を流す」事業に補助金を交付する10年近く前に開始した制度です。各地域活動からの補助金申請を受け審査して適切な団体に交付しています。

事例2：関東地区のI市の「市民活動団体支援制度」

個人住民税の1％相当額を、納税者が選んだNPOなどの活動支援に充てる制度です。支援を希望する団体は市に申請し、納税者がその団体のなかから支援先を選んでいます。

5.2 行政が立てた高齢者福祉計画の実施を全面的に市民に託すパターン

事例3：関東地区のT市が実施する市民中心の「高齢者保健福祉計画」

市当局が呼びかけて高齢者をはじめとする市民の安心を守るための地域ネットワーク「地域ケア会議」を10数年前にスタートさせ積極的な市民の参加を得ています。市内を14地区に分け、7カ所に「在宅介護センター」を設置するとともに、行政委託ボランティアとして「T市高齢者見守り相談員」制度を設け、多くの福祉ボランティアの参加を得ています。

6　地方自治体とコミュニティビジネス

　ビジネスの手法を用いて社会問題の解決に取り組む民間組織はたくさんあります。このような民間組織は、ソーシャルビジネスや社会的企業などと呼ばれています。ソーシャルビジネスのなかでも、自分たちの活動拠点である「地域」にこだわり、その地域が抱えるさまざまな社会問題に取り組む民間組織のことを、日本では特に「コミュニティビジネス」と呼んだりしています。コミュニティビジネスは、その地域特有の文化や慣習、環境などの保全に取り組んだり、シャッター街と呼ばれるようなさびれた商店街を再生させることを通して、地域活性に大きく貢献しています。ソーシャルビジネスや社会的企業については、詳しい説明が第7章でされていますので、そちらを参照していただくとして、ここではコミュニティビジネスとその活動を支える地方自治体の取り組みについて説明したいと思います。

6.1　コミュニティビジネスの事例

　コミュニティビジネスとは聞きなれない言葉ですが、実例を挙げてその実態を見てみましょう。

実例1：人工透析患者専用タクシー会社の運営

　腎臓機能が不良で静脈を流れる血液に老廃物が溜り、放置しておけば深刻な病状が発症する危険があります。それを防ぐため、静脈の濁った血液をろ過し新鮮な血液にするために、1週間に3回も数時間ほど人工透析を受けなければならない患者さんが、各都市にもたくさん居られます。かつて腎臓病を患って健康体に戻った人が、この人々の苦労を見かねて人工透析患者専用のタクシー会社の設立を運輸省に申請して認可され、市内の人工透析患者の住居地域、人工透析を受ける日時等でグループに分けて、低価格で病院に送り届ける事業を行い収益は多くはありませんが順調に事業運営を行っています。

実例2：独居老人宅への食事配達事業

　地域の料理作り愛好家の婦人たちが集まって、幼児用、少年用、成人用等々、さまざまな弁当を家庭状況に合わせて喜ばれる弁当を工夫しているうちに、高齢者夫婦、独居老人などに弁当配達をするようになり、地域の数百の老人家庭から朝、昼夜の注文を受けて、定年退職した地域の男性が安い賃金で配達を引き受けて弁当配達を続けています。この事業も収益は多くはありませんが高齢者に喜ばれながら堅実に事業は続けられています。

実例3：地域の助け合いネットワーク事業

　わが国の高度成長期には全国各地に大規模のベッドタウンが作られ、著しい人口流入が進み大きな賑わいを見せてきました。しかし、年月が経つとともにこれらのベッドタウンでも高齢化が進み、住民たちの間に「地域の助け合いのシステムを作る必要があるのでないか」との声が高まり、それを実現するための任意団体が設立されました。安い年会費を払って「互助」（互いに助け合う）のネットワークの一員となれば、出張介護から子育て支援、病院への送迎など多くの「手助け」が廉価で受けられます。会員が奉仕活動をした場合には内容に応じてポイントが得られ、次の機会にメンバーから助けられる機会になった場合にはそのポイントが使えるシステムになっています。まさに、「互助」のネットワークそのものといえましょう。

6.2　地方自治体のコミュニティビジネス、ソーシャルビジネス等への支援策

　有志による地域活動や市民活動が活性化するにつれ、ビジネスの手法を加えて経済的に持続可能な組織にしようという動きが強まり、各地方自治体に

コミュニティビジネス、ソーシャルビジネス、社会的企業等が次々と生まれ、活力ある地域社会を目指しています。地方自治体では、上記の民間組織が地域の課題を住民たちの力で解決しようとすることを高く評価し、官民協働社会の実現に向けて、さまざまな援助をしています。まず、コミュニティビジネス、ソーシャルビジネス等を立ち上げようとしている市民たちへの講習会を何度も開き、事業を行うための多くの規約、手続き、事業の進め方など専門家を呼んで伝授します。また、市民からコミュニティビジネス、ソーシャルビジネス等の計画を募集し、有識者による選考委員会を開き、数件の有望な企画案を選び、選ばれたコミュニティビジネスの企画に数年間補助金を出してその事業が軌道に乗るのを助けたり、空いている市営住宅をコミュニティビジネス等の事務所に提供したり、多くの施策が地方自治体でなされています。このようにさまざまな種類の社会的企業への支援は都市部の地方自治体であれ田舎の地方自治体であれ積極的に行われています。

7　地方自治体と地縁組織

　これまで官民協働社会を論じてきましたが、地方自治体との協働を行う民間側の主体として、NPO、ソーシャルビジネス、社会的企業、コミュニティビジネス等の民間組織を取り上げてきました。

　しかし、地域住民の協力をもっと呼び込もうとする動きが地方自治体のなかで強まってきています。住民たちの組織としては「その地域に住んでいる」という地縁によって、その地域の組織、「自治会」、「町内会」「○○商店街会」あるいは「○○地区老人会」などとその地域に住むという「縁」が団体を形成する要因となっています。市役所は永年にわたり、各地域の自治体を重視し「市民だより」とか「オレオレ詐欺に注意」などのチラシや回覧板などを自治会長に託し、住民に配布してもらうことにしており、住民との貴重な連絡網にしていました。しかし、近年、各自治会の会費を払うのを忌避する若い世帯が増え、各自治会の組織率が低下の一途をたどっています。これに危機感を覚える地方自治体は、小学校区などを単位として10～20前後の自治会を束ねる自治連合会を組織し、役所と自治連合会幹部と緊密な連絡

を取り合い、地域の防災・防犯推進協議会、地域交流館運営委員会など地域でのニーズを自治連合会という大きな住民団体で処理して行くように交付金や職員の手助けなどで援助しながら住民と役所の協働ネットワークを作って行く動きが全国の地方自治体に広まっています。

　これからは、住民の意識を高めるための活動に地方自治体も住民への啓発活動に力を注ぎ、住民の公共への意識を高めるとともに、ボランティアやNPO、ソーシャルビジネス、社会的企業、コミュニティビジネスなど多くの民間組織と交流を深め、地方自治体が担っている公共サービスのかなりの部分をこれら民間の力に委ねる努力を一層強める必要があります。

　それと同時に、地域の住民たちも公共の担い手として、自治連合会を拠点として地域の防災、防犯、地域住民間の交流の活発化、さらに少子高齢化が急速に進む中で、地域の高齢者や社会的弱者を地域で見守るという地域システムを早急に完成させる必要があります。これが、官民協働社会への第一歩となるのだと言っても過言ではありません。

（宇都弘道）

第4章

日本の社会問題と経済

1 岐路に立つ日本の社会

　公共経営という考え方は、日本経済を取り巻く変化や動向を背景として、関心と注目を集めてきました。「公共」は政府や自治体だけが扱う領域ではないということや、市場で重視される競争原理や規制緩和・構造改革といった考え方を行政運営にも取り入れ、政策にも反映することが重要であるといった認識が広まってきたからです。また、経済活動にかかわるあらゆる主体が、自らの経済活動に対する成果や評価を外部に向けて明らかにすることが重視され、ガバナンスやアカウンタビリティといった経営概念や経営姿勢の実践が一層求められてきたことも背景にあるといえます。

　日本経済は、少子高齢化やグローバル化、情報化、財政危機といった経済社会情勢を背景に、大きな変化を遂げてきました。そして家計、企業、政府、NPOなど経済活動の主体は、互いに複雑で多様な関係を築いています。日本社会が多くの問題と課題を抱えているなか、公共経営という発想はどのような意味と役割をもつのでしょうか。本章では、日本経済と公共経営について考えたいと思います。

　本章では、はじめに、日本経済の現状についてみていきます。日本経済と公共経営について考え議論する前に、そもそも日本経済はどのようになっているのか、そして、どのような変化と問題が起こっているのかということを理解していなければ、公共経営と結びつけて考えることの理由や意味が明らかになりません。本章では、さまざまなデータから日本経済の現状や変化を観察し、日本経済の問題や課題を整理します。次に、こうした問題や課題が

起こる背景や理由について、理論的な説明を含めて考えます。さらにこうした問題や課題にどのように取り組むべきかということについて、政府、企業、NPOなどのさまざまな主体の経済活動や相互の関係について整理し、日本経済と公共経営の関係について考えます。

2　日本経済の歩み

図1は、日本の経済成長率の推移を表したグラフです。国の経済活動を総合的に把握するための統計の一つに国内総生産（GDP）があります。国内総生産とは、一定期間内で国内において家計や企業や政府が市場で行った経済活動（消費、投資、政府支出、輸入）によって生み出された付加価値を金銭換算した総額です。経済成長率は、国内総生産の伸び率（対前年度増減率）を計算することによって、日本における経済活動の規模がどのように変化してきたのかを表しています。たとえば、2010年の経済成長率は3.3％で、

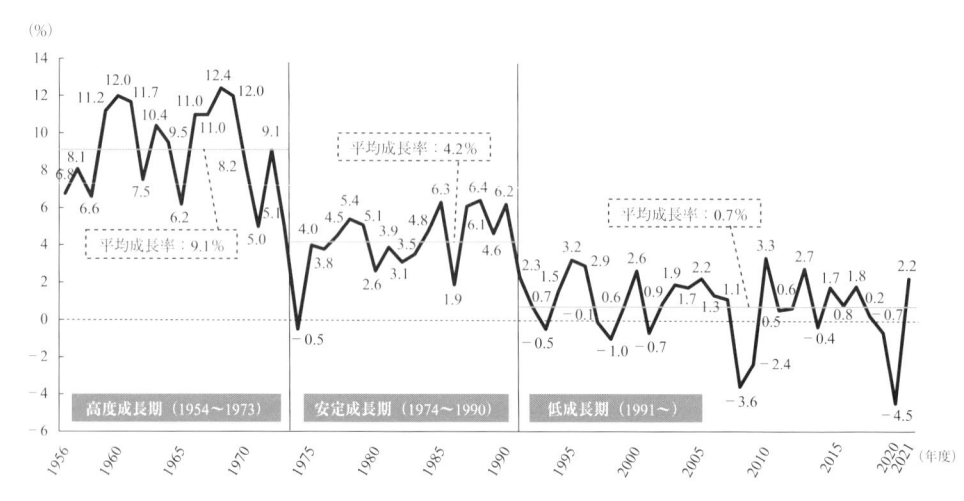

注：実質国内総生産の対前年度比（年度ベース）。1980年度以前は2000年版国民経済計算（1990年基準・68SNAベース）、1980年度から1994年度は2009年度確報（2000年基準、93SNA連鎖方式）、1995年度以降は、2022年1-3月期2次速報値（2015年基準）による。平均成長率は各期内における各年度の成長率の算術平均。

図1　経済成長率の推移

出典：内閣府（b）をもとに筆者作成

2009年の国内総生産から3.3%増加したことになります。

　毎年度の変動はありますが、戦後以降の長期的な傾向をみると、高度成長期から安定成長期さらに低成長期へと、成長のペースが段階的に低下してきたことがわかります。高度成長期では、ここ30年余りの低成長期と比べて、10倍程度の経済成長率を示しています。安定成長期に入ってからは、1980年代後半から1990年代はじめにかけて、不動産や株式などの資産価値の高騰による好景気（「バブル景気」）を経験しました。その後低成長期では複数の年度において伸び率がマイナスの値となる、すなわち前年度と比べて経済活動の規模が縮小していることがわかります。その水準は時間とともに変化しているとはいえ、平均的にはプラスの成長を続けており、日本経済は景気の波（景気変動）を受けながらも、長きにわたって経済成長を続けてきたことがわかります。

　日本経済はこれまで、大量生産や大規模なインフラ投資、海外投資、大量消費などを背景として量的な拡大を遂げ、日本人は物質的には高い水準で経済的な豊かさを享受してきました。第二次世界大戦後の毎日の食料確保に必死であった時代から成長を続け、1970年代から1980年代にかけては、「一億総中流社会」（橘木 1998）という言葉が生まれたことが象徴しているように、国民の大多数が物質的な豊かさを享受できる消費社会を迎えるようになりました。そしてさらなる経済成長とともに新しい文化や流行、社会現象などが生まれ、暮らしや働き方の選択肢も増えました。社会生活を営む上での価値観に変化が起こり、人々は多様なライフスタイルを好み、消費者の需要はますます多様になっていきました。社会が求める「豊かさ」が少しずつ変化していったのです。この30数年は、「成長」という観点からみれば低調な状態が続いていますが、右上がりの勢いのある成長より、成長を遂げた後の成熟された経済社会の段階を求めてきた時代であったといえるかもしれません。経済成長による成果を地域社会の福祉の充実に向けてきたともいえるでしょう。しかし、より充実した生活の質を求める一方、さまざまな経済社会問題も生まれてきました。個人や世帯の間で所得、資産、賃金、教育環境、家庭環境、健康などの水準に差が生まれ、地域においても経済的な格差が大

きくなっていきました。

3　国民生活を取り巻く経済社会問題

　図2は、日本の低所得世帯（全世帯の下位20％の所得階級）に対する高所得世帯（全世帯の上位20％の所得階級）の相対比率すなわち所得倍率の推移を表しています。倍率の値が大きいほど所得格差が大きいことを表しています。1980年代後半から、日本は空前の好景気（バブル経済）を迎えましたが、同じ時期より所得倍率は上昇し始め、2000年代はじめまでその傾向は続きますが、2000年以降は10倍前後で推移しています。図2の所得倍率は「国民生活基礎調査」という統計を用いて計算していますが、「家計調査」を用いて計算した場合の所得倍率の推移では、2000年代には低下傾向にあり、「国民生活基礎調査」を用いた場合の所得倍率の傾向と少し異なります。所得倍率そのものの数値も二つの調査で異なります。これは、これら二つの調査が対象とする世帯構成や所得および年収として含まれる内訳が異なるためであり、単純な傾向の比較や解釈には注意が必要です。

　このような所得格差の傾向に対しては、複数の経済社会要因が複雑に影響していると考えられています。またこれらの要素をさまざまな視点から考慮

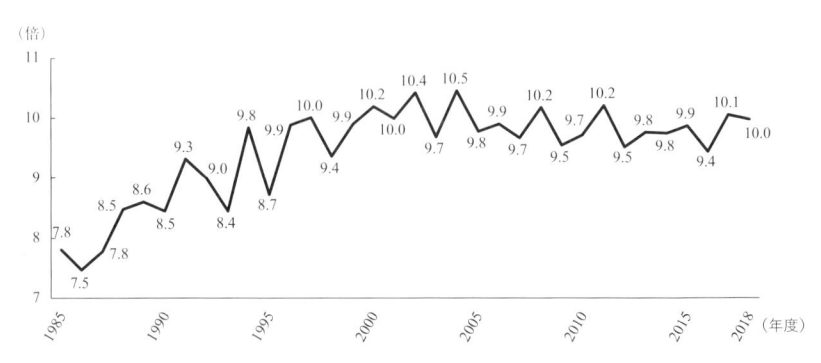

注：数値は全世帯（総世帯）の下位20％の所得階級に対する上位20％の所得階級の年間収入の相対比率であり、低所得世帯に対する高所得世帯の所得倍率を表している。

図2　所得倍率の推移

出典：厚生労働省（2020）をもとに筆者作成

3　国民生活を取り巻く経済社会問題

すると、実は必ずしもこの図で観察されるような所得格差があるわけではないとする見方もあります（大竹 2005）。

このような近年の所得格差の動向の背景の一つとして、単身世帯の増加傾向があると考えられます。単身世帯は1980年代後半から増加し続けており、ここ数年では全世帯の30％から40％近くが単身世帯です（図3）。またかつては、若者の一人暮らしが単身世帯の多数を占めていましたが、最近では少子高齢化の影響により高齢者の単身世帯も増え、全体の単身世帯数の増加につながっています。若年者は賃金が低く、高齢者は年金により生活しており、いずれの世代も平均的な世帯よりも所得が低いと考えられます。若年世代や高齢者世代が多数を占める単独世帯の増加は、所得格差の拡大に影響を及ぼしていると考えられます。

単身世帯の増加に伴う低所得世帯の増加だけではありません。図4は、経済的貧困により国や自治体から生活保障のための費用を支給されている世帯の数と、それらの世帯の全世帯に対する割合の推移を表しています。この費用支給の仕組みは生活保護と呼ばれる制度で、生活困窮者の基礎的な生活費

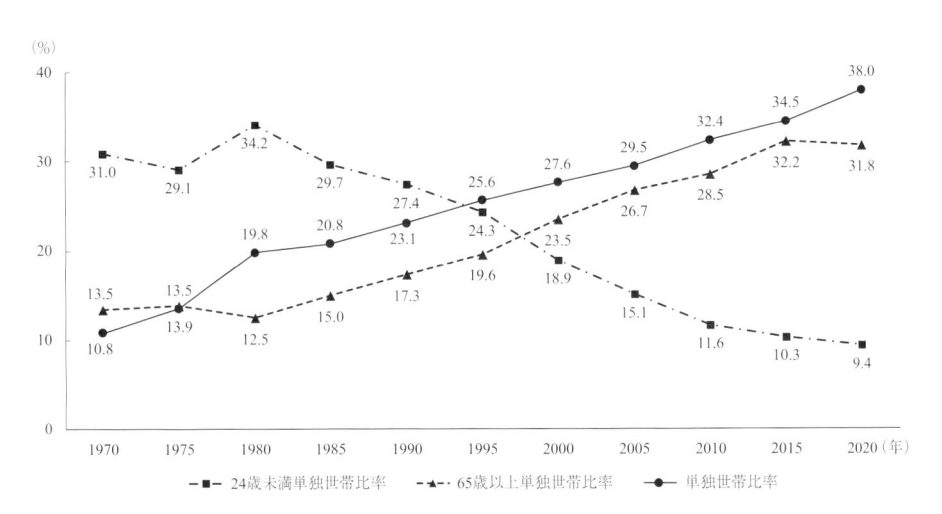

図3　単独世帯比率の推移

出典：総務省統計局（a）をもとに筆者作成

用について、国や地方自治体が援助を行っています。長期的にみると支給世帯の割合は減少していますが、1990年代後半以降は増加傾向にあります。そして、2000年代半ばには1980年代半ばまでの水準に戻り、それ以降も増加し続けています。2005年度には支給世帯数は100万世帯を突破しました。

支給世帯数とその割合の増加の背景には、高齢者の増加や雇用構造や労働環境の変化、景気の低迷などがあります。最低限の生活水準と社会福祉を保障するための国や地方自治体の財政負担は今後も増加していくことが懸念されています。

雇用や労働に関する格差も深刻です。失業率（完全失業率：働く意欲のある人のうち、職がなく求職活動をしている人の割合）は1990年代以降上昇を続けています（図5）。働く意志や能力があり、かつ仕事を求めているにもかかわらず、働く機会が与えられていない人が増えているのです。この10年余りでは低下傾向にあり、低水準で推移していますが、景気や経済環境に

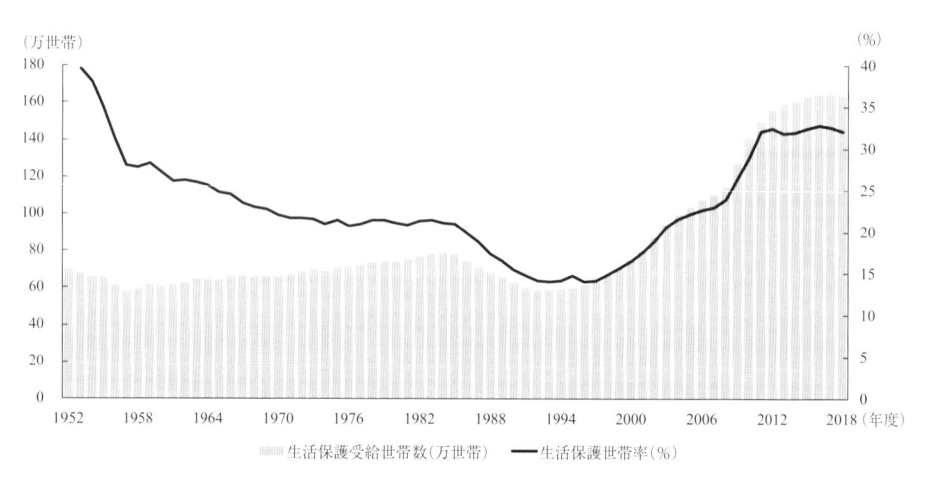

注：生活保護受給世帯数は1カ月平均。生活保護世帯率は、1カ月平均の生活保護受給世帯数を「国民生活基礎調査」の総世帯数（世帯千対）で除したものであり、国立社会保障・人口問題研究所にて算出された値。
出典について、1954年度以前は、生活保護の動向編集委員会編集「生活保護の動向」2008年版、2011年度以前は厚生労働省大臣官房統計情報部「社会福祉行政業務報告」（福祉行政報告例）、2012年度以降は、厚生労働省社会・援護局保護課「被保護者調査」月次調査による。

図4 生活保護制度により経済的援助を受けている世帯数と世帯率の推移
出典：国立社会保障・人口問題研究所（2021）をもとに筆者作成

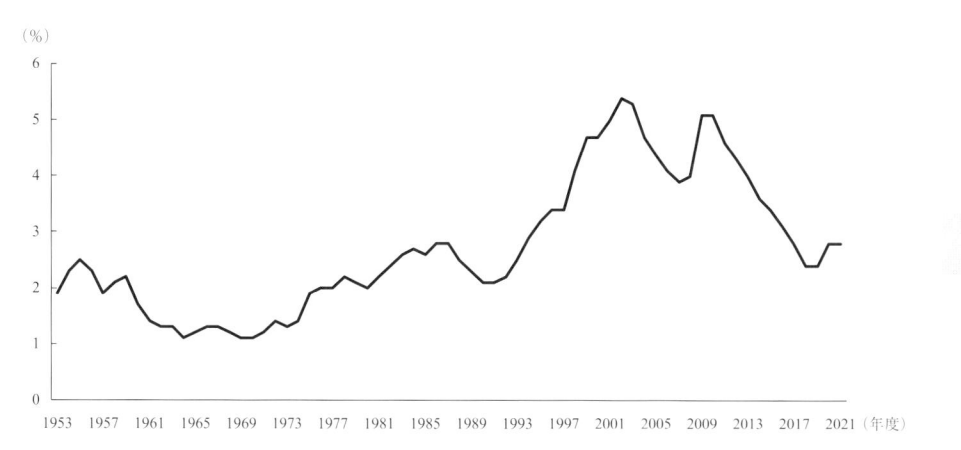

図5　完全失業率の推移

出典：総務省統計局（b）をもとに筆者作成

よって雇用を取り巻く情勢は変化しうることから、今後もこのような水準で安定的に推移するとは限りません。ワーキングプアやネットカフェ難民、日雇い労働などの言葉を耳にすることがよくありますが、働いて賃金を得ているものの、低所得や不安定な身分による雇用状態であるため経済的に困窮している人もますます増えています（古郡　2009）。こうした現状は、ますます経済的な格差を生むとともに、若年世代の職業能力の停滞にもつながり、日本経済にとっては将来の生産性や競争力の低下をもたらすことが考えられます。犯罪の増加といった社会不安につながる可能性もあるでしょう。さらに、未婚化や晩婚化、少子化の原因にもなりうることから、社会保障制度にも影響を及ぼす可能性が考えられます。

　教育を取り巻く状況はどうでしょう。経済的理由により就学が困難なために自治体から費用援助を受けている児童の割合（就学援助率）は過去30年近くで顕著に増加しています（図6）。ここ10年余りの要保護児童生徒数の減少は、児童生徒数全体の減少や、経済状況の変化によるものと考えられ、それに伴って援助率も微減しています（文部科学省　2021）。増加の背景・要因には、企業の倒産やリストラなどによる保護者の経済状況の悪化や、離婚

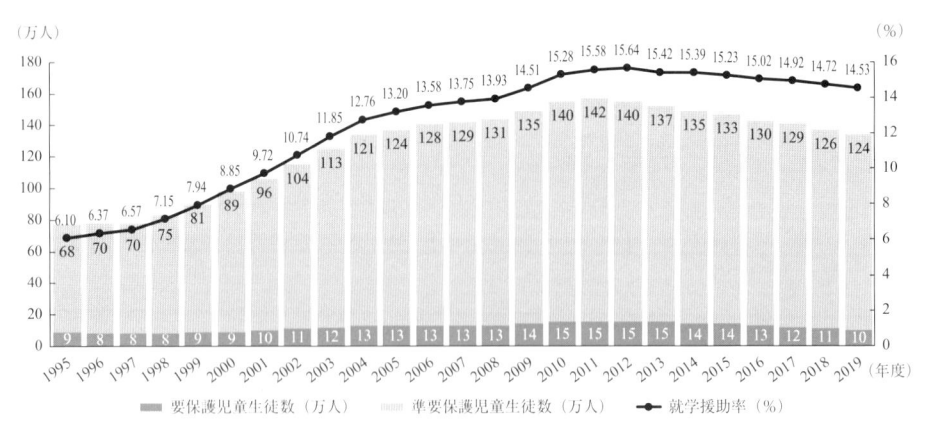

図6 就学援助率の推移
出典：文部科学省（2021）

注：「要保護児童生徒数」は生活保護法に規定する要保護者の数、「準要保護児童生徒数」は要保護児童生徒に準ずるものとして、市町村教育委員会がそれぞれの基準に基づき認定した者の数

などによる母子・父子家庭の増加などがあるとされています（鳶 2009）。

　保育についても、働きながら子育てをする女性が増加するなか、保育サービスの充実が一層求められています。保育所の利用率は年々増加する一方、待機児童数（保育所に入所希望しているが、希望する保育所が満員であるなどの理由により入所できない状態にある児童の数）の数はこの20数年間で同じ程度の水準で推移しており、保育サービスを受けられない世帯が相当数いることがわかります（図7）。ただし、直近の数年では待機児童数が減少しており、これは、施設数や定員数の増加によるものと考えられます。

4　地域を取り巻く経済格差

　個人や世帯と同じく、地域にも経済格差があります。三つのポイントから地域間の経済格差を考えてみたいと思います。第一に、経済活動の規模についてです。地域経済の活動規模を測る指標や統計にはさまざまなものがありますが、ここでは都道府県別の統計データを用いて見てみたいと思います。図8は、都道府県民一人あたりの所得を用いて、下位5県の平均値に対する

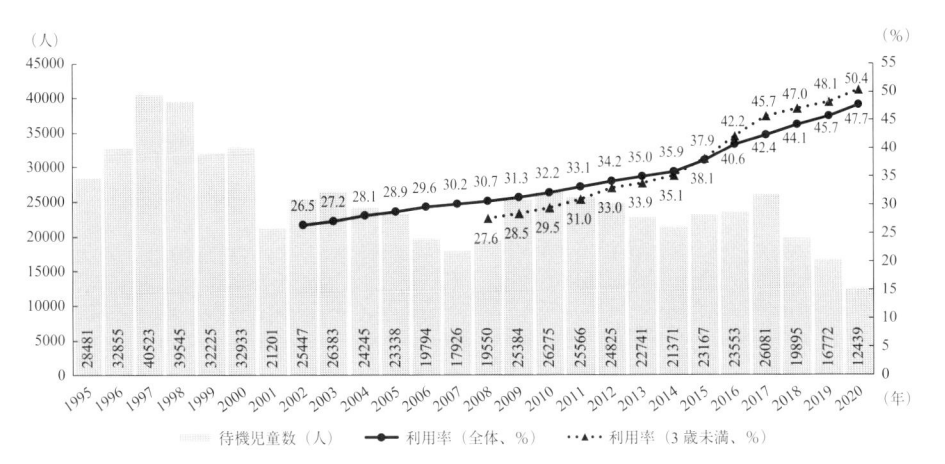

図7 保育所待機児童数及び保育所利用率の推移
出典：厚生労働省（2021，2015，2014，2010，2009）をもとに筆者作成

上位5県の平均値の倍率を計算し、これを地域内の所得格差（不平等の度合い）とみなし、その推移を示しています。値が大きいほど所得格差（不平等の度合い）が大きいことを表しています。長期的な傾向をみると、1970年代前半までに不平等度は大幅に小さくなりましたが、その後1980年代以降は上昇が加速しています。1990年代に入ってからは再び下降傾向をみせましたが、2000年代以降は再び上昇しています。

都道府県にもGDPと同様の統計があり、これを県内総生産（県内GDP）といいます。一定期間内に県内で生産された財やサービスを市場価格により評価しています。財やサービスの生産には土地、労働、資本といった資源（生産要素）が必要ですが、ここでは赤木（2013）を参考に、これらの資源と県内総生産の関係をみると、資本量（民間資本）が多いほどまた労働量（県内就業者数）が多いほど、県内総生産が大きいことがわかります（図9、図10）。長期的な傾向でみると、過去30年近くにわたる推移をみても、同様の傾向がみられます（図9、図10）。

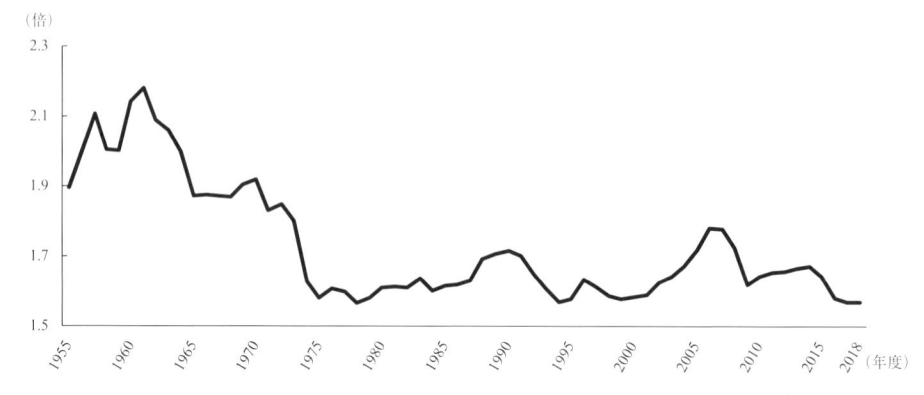

注：一人あたり県民所得について、1955 年度から 1974 年度は 68SNA・1955 年基準、1975 年度から 1989 年度は 68SNA・1990 年基準、1990 年度から 1995 年度は 93SNA・1995 年基準、1996 年度から 2000 年度は 93SNA・2000 年基準、2001 年度から 2005 年度は 93SNA・2005 年基準、2006 年度から 2010 年度は 2008SNA・2011 年基準、2011 年度から 2018 年度は 2008SNA・2015 年基準による。

図 8　地域の所得格差（不平等度）の推移
出典：内閣府（a）をもとに筆者作成

　ただし、地域（ここでは都道府県）の規模によって生産量が異なりますし、労働や資本が財やサービスの生産に対してどの程度集約的に投入されているかによっても異なると考えられます。そこで、労働者一人あたりの資本量（労働の資本装備率）と一人あたり県内総生産の関係を見てみると、ゆるやかではありますが、労働者一人あたりの資本量が高い都道府県ほど一人あたり県内総生産も大きく、生産に用いられる資金や機械、設備、材料などの民間資本の量の差が都道府県の経済規模の差につながっていることがわかります（図 11）。

　第二に、公共事業や社会的インフラ整備と地域の経済水準との関係です。公的セクター（政府・地方自治体）は、地域における民間セクターの円滑で活発な経済活動を支え（生産力効果、需要創出効果）、地域住民が豊かな社会生活を営む（所得再分配機能、生活水準の向上）ための機能として、公共事業や社会的インフラ整備を進めてきました（林 2008）。図 12 は、都道府県別の一人あたり県内総生産と県内生産に占める公共事業比率の関係の推移を表しています。一人あたり県内総生産が小さい地域ほど公共事業への依存度

4　地域を取り巻く経済格差

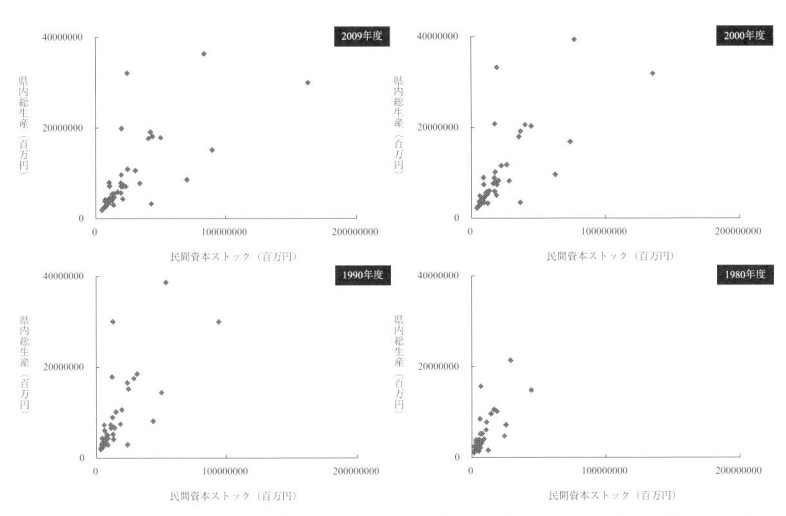

注：県内総生産は各目値。民間資本ストックは国民経済計算ベースの地域別民間資本ストックの推計値（2000年暦年価格、2011年3月時点）。

図9　都道府県別　資本量（民間資本ストック）と県内総生産

出典：内閣府（a, c）をもとに筆者作成

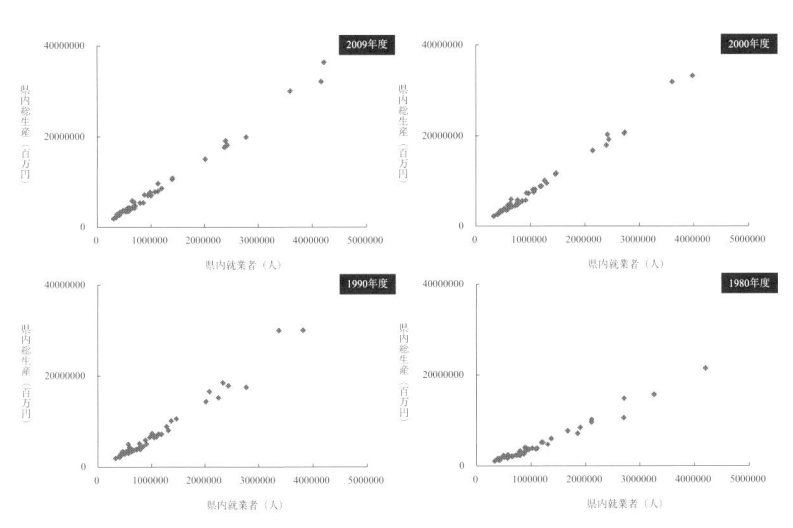

注：県内総生産は各目値。

図10　都道府県別　労働量（県内就業者数）と県内総生産

出典：内閣府（a）をもとに筆者作成

57

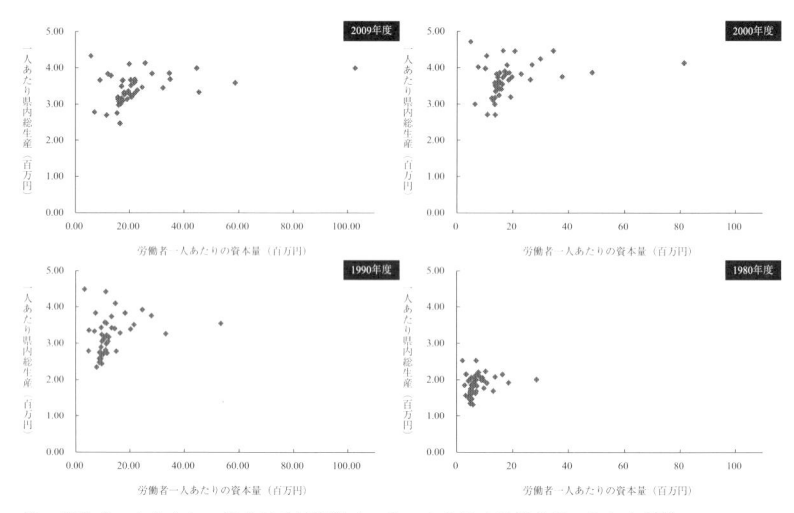

注：労働者一人あたりの資本量は民間資本ストックを県内就業者数で除した数値。

図 11　都道府県別　労働者一人あたりの資本量と一人あたり県内総生産

出典：内閣府（a, c）をもとに筆者作成

（公共事業比率）が大きいですが、公共事業への依存度の全国平均の水準はこの 30 年間で低くなっており、水準の高い都道府県と低い都道府県の差も小さくなってきていることがわかります。県内総生産が地域（都道府県）の経済活動規模や生産性を表す指標であることを考えると、地域間の経済格差に対して、上に述べたような公共事業や社会的インフラへの投資の役割や機能が必ずしも確認されるとは限らない可能性も考えられます。むしろ、地方では公共投資により公共事業における雇用が確保され、その結果としての所得再分配が行われることへの期待が大きかったのではないかとする指摘もあります（赤木 2013）。

第三に、地域間の経済的格差と財政的格差の関係です。地域における経済活動から生まれる経済的格差が、健全で安定した地域の行政活動のための資金的能力（財政力）における格差につながる可能性があるというものです（森 2013）。国や地方自治体は、行政活動に必要な経費を税金（租税）でまかなっています。そこで、地方自治体の財政力指標として一人あたりの地方税収

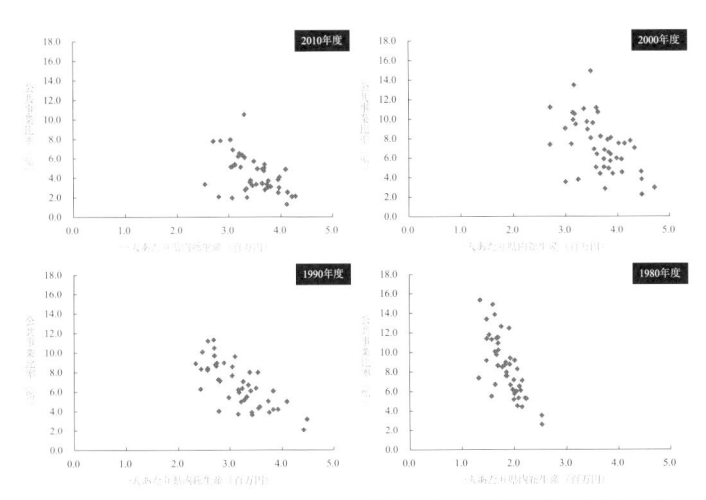

注:東京都を除く46道府県の分布。公共事業比率は一般政府総固定資本形成の対県内総支出の比率である。

図12 公共事業比率と一人あたり県民総生産

出典:内閣府（a）をもとに筆者作成

　を、経済力の指標として一人あたりの県内総生産を用いると、地方税収と県内総生産の間には非常に強い相関関係がみられます。経済力（一人あたり県民総生産）の差が財政力（一人あたり地方税収）の差と強く関係していることがうかがえます（図13）。日本では、地方自治体（都道府県・市町村）が徴収する税に関する法律（「地方税法」）により、徴収する税の種類や課税対象、税率などは地方自治体を通じてほとんど同一に定められています。そのため、一人あたりの地方税収に差がでるのは、地方税の課税対象とされる所得や消費、資産などの経済力の程度に直結する要素によって生まれていると考えられます（森 2013）。

　公共財に求める住民の需要水準は地域によって異なり、結果として供給のための財源である税収の水準が異なるのであれば、その差は多様な需要を反映した税収の差であり、住民の選択や要求を満たすための財政力をそれぞれの自治体が備えているという意味で、問題とはならないでしょう。しかし、社会的な制度や仕組みによって経済的な格差が生まれている場合、そしてそ

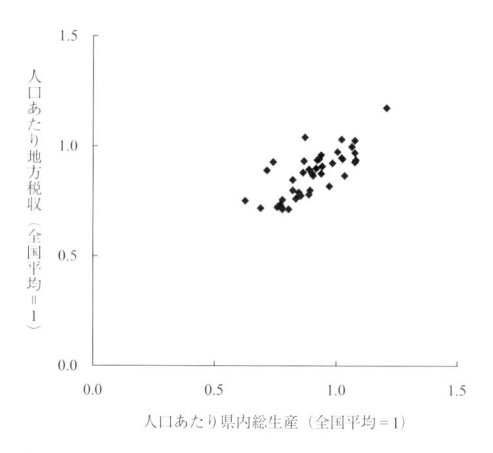

注：東京都を除く。

図13　一人あたり県内総生産と一人あたり地方税収
出典：内閣府（a）、総務省自治税務局（2020）をもとに筆者作成

のために公共財の供給の水準や質が住民自らの選択や意思決定によって決められたものではなく、本来必要とされる水準を満たせない場合には、こうした地域の財政的な差は「格差」としてとらえる必要があります。

　ここで観察され、また考察されていることは、地域間の経済格差を把握する上での切り口の一つにすぎません。先にも書いていますが、地域の経済規模や経済水準を測る指標や統計はさまざまであり、地域の経済力および地域間の経済格差を厳密に多角的にとらえるためには、人口や世帯の分布、地域の産業構造や物価水準、近隣地域との経済活動の交流頻度などについても考慮しなければなりません。どのような地域単位によって地域間の比較をするのかという点も重要です。ここで紹介している統計やデータからは都道府県ごとの平均的な水準は把握できますが、個々の都道府県内（たとえば市町村単位）の経済規模や水準に関する情報は把握できません。さらに、個人や世帯と同じように、地域でも教育、医療、住宅、雇用などさまざまな領域や分野からも経済的格差をとらえる必要があります。こうした点についてもれなく細かく説明するだけのスペースはないのでここでは省略しますが、地域に

はさまざまな経済的格差が存在しており、国や地方自治体は、地域ごとの経済状況を踏まえて、財政や政策的な措置に取り組むことが求められています。

5 経済活動のグローバリゼーション

　経済活動が及ぼす範囲や便益あるいは損失を被る対象は、国内にとどまらず、実に広大かつ多様になっています。世界経済のグローバル化により、国境や地域の境界を越えた経済活動が展開されてきました。一方、政府や市場が直面する経済・社会問題も国内外を超えて多様かつ複雑になっていきました。環境問題もその一つです。地球温暖化やエネルギー、廃棄物、リサイクルなどの環境問題は世界全体に共通する重大な問題として認識され、国際レベルでの議論や、国内・国家・地域といったさまざまなレベルでの政策提言や、具体的な枠組みへの関与が求められています。

　図14は国別の二酸化炭素（CO_2）排出量の対世界シェアと一人あたり排出量を示しています。1997年に地球温暖化防止のための国際条約（京都議定書）が採択され、2005年に発効されました。このような国際的な法的枠組みを背景に、各国は温室効果ガスの排出削減に取り組んでいます。CO_2は地球温暖化に寄与するとされる温室効果ガスの一つで、その排出量の対世界シェアでは、日本は世界第5位、OECD高所得国のなかではアメリカに次いで第2位となっています。地球温暖化がもたらす影響と範囲は地球規模であり、日本は先進国、経済大国として、持続可能なよりよき環境を次世代に残していくことに対する責任を担っています。日本経済を担ってきた企業も、環境に配慮した生産管理や供給体制に取り組むことが求められています。

　経済活動のグローバリゼーションは、経済活動にかかわるさまざまな主体の相互関係やそのあり方についても変化をもたらしています。消費者、取引先、株主、経営者、従業員、地域社会など利害関係を有する関係者（ステークホルダー）がより積極的に企業や組織の経営に関与し、透明性や公開性の高い意思決定や合意形成のシステムの確立と強化が求められるようになってきました。コーポレート・ガバナンス（企業統治）や企業の社会的責任

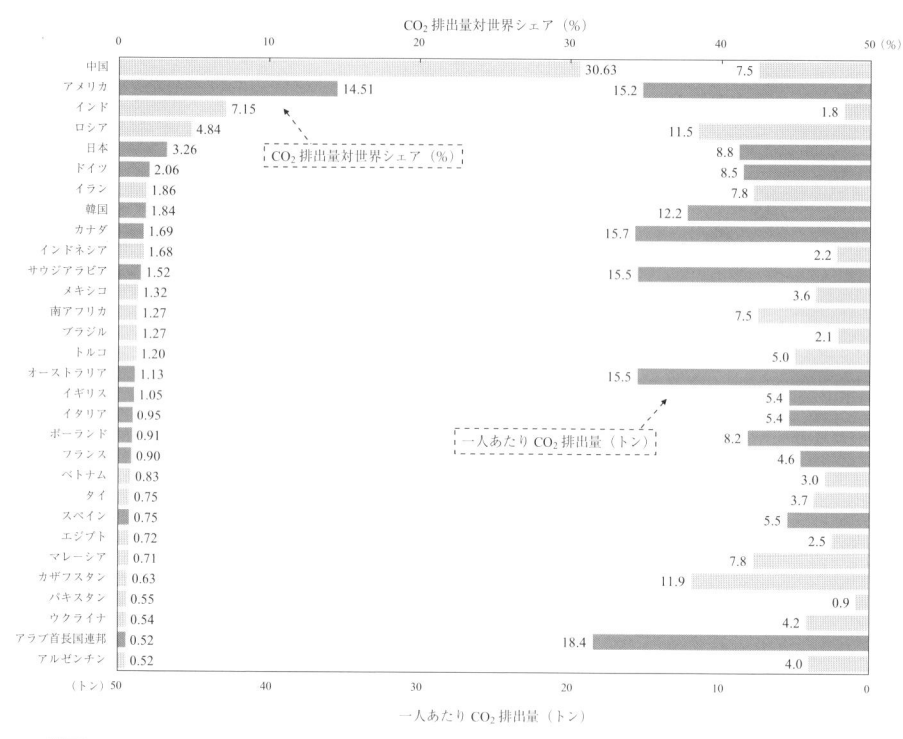

図 14 国別の二酸化炭素（CO_2）排出量対世界シェアと一人あたり排出量（2018 年）
出典：World Bank（website）より筆者作成

注： ■ は OECD 加盟高所得国

（CSR）、さらには近年盛んな SDGs（持続可能な開発目標）といった概念と実践が社会の関心を高めていったのにはこうした背景があります（コーポレート・ガバナンスや CSR、SDGs については、第 8 章を参照のこと）。企業は競争やコスト削減、利潤の最大化といった経済的価値だけでなく、社会に対する倫理的な義務や自己規律、説明責任も果たすことを求められてきたのです。企業を評価する尺度も多様になり、たとえば「人材活用」「環境」「企業統治」「社会性」「成長性」「収益性」「安全性」「規模」を評価項目とした企業の格づけなどの試みも行われています（東洋経済新報社 website）。社会貢献活動にも取り組み、生産・供給活動における品質保証や、消費者を含む利害関係

者（ステークホルダー）の評価に対する経営努力が一層重視されてきました。多角的な評価の視点や社会的活動を維持してきたという事実は、多様な利害関係者（ステークホルダー）の相互の利益を高める取り組みを続けることが、長期的には企業の利益につながるとする考え方（「見識ある自己利益」）に基づくものと考えられるでしょう。

このように、日本経済は多分野にわたってさまざまな問題に直面しています。スペースの都合上ここでは取り上げていませんが、安全や住まい、まちづくりなどの分野においても課題を抱えています。政府や企業には経済活動や社会生活におけるセーフティネットを確保したり、多様なニーズに対応した財やサービスの供給を実現するための方法や仕組みが求められています。

6 加速する少子高齢化と財政赤字

多様な公共財へのニーズがますます高まり、さまざまな経済・社会問題に対する財源の確保や制度的な支援が一層求められていますが、政府の財政は非常に厳しくなっています。図15は、2065年までの日本の将来推計人口の推移です。将来推計人口とは、将来の人口規模や年齢構成などの人口構造の推移について50年後までを見通した統計です。国勢調査や人口動態統計の実績値をもとに、将来の出生や死亡、人口移動について一定の仮定に基づいて推計されています（国立社会保障・人口問題研究所 website）。わが国の総人口は、2020年10月1日現在、1億2615万人と推計されています。そのうち65歳以上の高齢者の割合（高齢者率）は過去最高の3602万人と、総人口の28.6%を占めています。推計によると、高齢者率は2025年には30%に達し、2035年には32.8%で3人に1人となります。さらに2020年に75歳以上人口が65-74歳以上を上回り、その後も増加傾向が続くと予想されています。一方、年少人口（0-14歳）と生産年齢人口（15-64歳）は減少を続けています。生産年齢人口は2015年に8000万人を割り、2065年には4529万人と約半分近くになると推計されています。

このように、日本全体の人口は減少していくなかで、高齢化と少子化が同時に進み、その結果、高齢・退職世代（65歳以上人口）一人あたりを支える

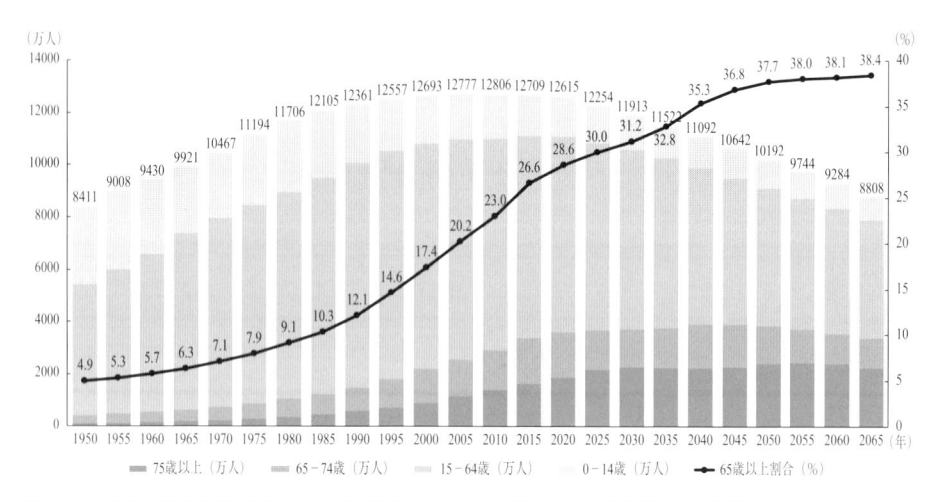

注：2020年までは総務省「国勢調査」（実績値）、2025年以降は国立社会保障・人口問題研究所「日本の将来推計人口（平成29年推計）」の出生中位・死亡中位仮定による推計結果を用いている。また、1950年～2010年の総数は年齢不詳者が含まれているが、高齢者割合の算出では分母（総人口）から年齢不詳者を除いている。

図15　将来人口推計と高齢者率の推移

出典：総務省統計局（a）、国立社会保障・人口問題研究所（2017）をもとに筆者作成

　生産・現役世代（15-64歳人口）の人口はますます少なくなっていきます。2020年では生産・現役世代の2.1人で高齢・退職世代1人を支えていますが、2025年には2人を切ると予測されています（図16）。

　少子高齢化は、政府や自治体の収入構造や行政に対する需要にも影響を与えます。高齢者にとって重要な収入源である公的年金や、高齢・老年世代の老後の生活や医療・介護などのサービスは、現役世代の支払いによって支えられています。そのため、高齢者が増える（高齢化）ことで、現役世代の負担が増すことになり、さらに、現役世代が減る（少子化）ことで、その負担は一層重くなります。そこで政府は、安定的で公平な公的年金の運用のために、財政的な援助や税制上の優遇措置を与えようとします。しかし政府は、高齢化にともなう年金や医療や介護などのコストに加えて、教育、住宅、雇用などの環境において経済的に困窮している国民に対して、社会生活を営むための最低限の保障を提供するためのコストも負担しています。このような

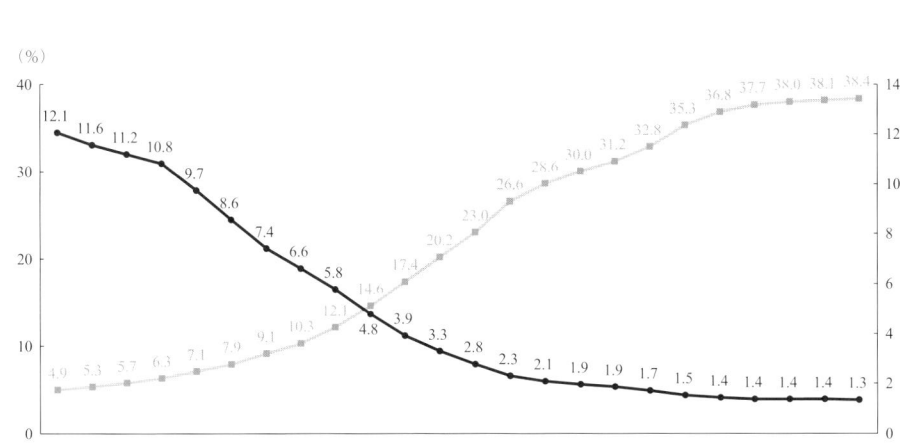

注：高齢・退職世代を生産・現役世代が支える割合は、高齢・退職世代従属比率（高齢・退職世代／生産・現役世代）の逆数。2020年までは総務省「国勢調査」（実績値）、2025年以降は国立社会保障・人口問題研究所「日本の将来推計人口（平成29年推計）」の出生中位・死亡中位仮定による推計結果を用いている。また、1950年～2010年の総数は年齢不詳者が含まれているが、高齢者割合の算出では分母（総人口）から年齢不詳者を除いている。

図16　高齢者率と生産・現役世代と高齢・退職世代の相対比率の推移
出典：総務省統計局（a）、国立社会保障・人口問題研究所（2017）をもとに筆者作成

　広く社会福祉にかかわる費用負担の割合（一般歳出社会保障関係費）は、政府支出（歳出）の3割余で、歳出の中でも最も大きな割合を占めています（財務省 2022a）。この結果、政府の財政収支（歳入（収入）と歳出（支出）の差）は赤字となります。

　日本の財政は、政府支出が税収を上回る財政赤字の状態が長く続いており、上回った部分は公債や借入金などの政府の借金でまかなっています。図17は、政府の借金である債務残高が国内総生産（GDP）に占める割合を示しています。債務残高は年々上昇してきており、また1998年度以降はGDP比で100％を超え、2020年度には200％を超えました。国内で生産された財やサービスの経済価値の規模をはるかに上回る負債を抱えた状態が続いており、財政赤字は拡大の一途をたどっています。巨額の負債を抱えた日本の財政赤字は深刻で、負債の比率を減らしていくためには、税収増により収入

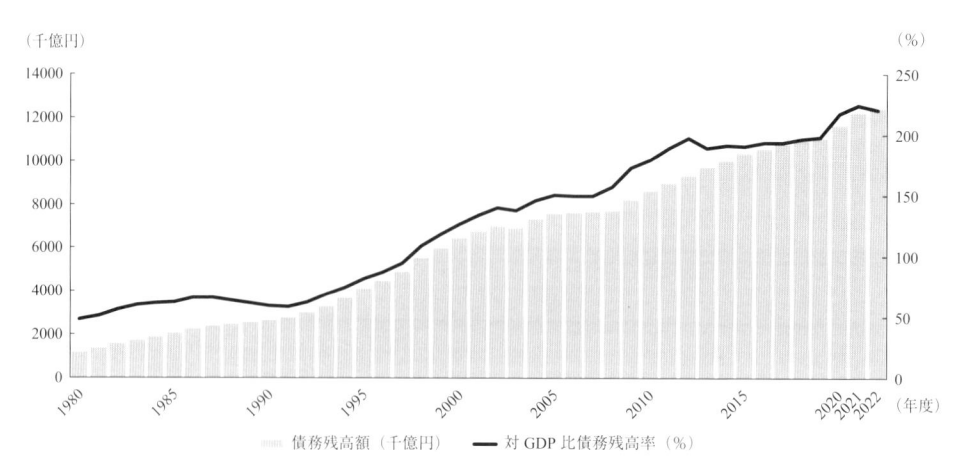

注：2020年度までは実績値。2021年度は補正後予算値、2022年度は予算値。GDPは2020年度までは実績値、2021年度と2022年度は政府経済見通しによる。

図17　長期債務残高対GDP比の推移
出典：財務省（2022b）より筆者作成

（歳入）を増やしたり、政府でまかなっている公共サービスの量や範囲を減らすといった、コスト削減のための努力や取り組みが必要です。しかし、先に述べたように、社会福祉に関する公共財の費用負担をできるだけ抑えることもその一つとして不可欠ですが、少子化がもたらす将来の労働人口の減少によって税収が減少するなかで、高齢化により税収でまかなわれる公共財が必要とされています。

7　日本経済の現状・課題と公共経営

　日本経済は、経済格差や地域環境、労働環境の変化、少子高齢化、グローバル化、地球環境の変化などを伴って、さまざまな経済・社会問題を抱えています。さらに、これらの問題の当事者や関係者は多方面にわたり、各主体が経済活動において備えるべき経営姿勢や、社会に対して果たすべき責任はますます重要になっています。しかし、これまで有効に機能してきた経済社会システムは効率的に機能しなくなるとともに、財政上の困難を抱え、公共

財の生産や供給を長期的に維持するための財源も限られています。また、サービスの種類や質の点でも、政府や市場が多様で柔軟に対応できる範囲にはさまざまな制約や限界があります。

　このような問題とそれに対する経済社会システムの機能不全は、どのように考えられるのでしょうか。経済学の道具を用いると、市場の失敗と政府の失敗という理論的な説明によって考えることができます。公共財は、市場メカニズムのもとでは社会的に最適な水準で供給することができません。企業は生産や販売にかかる直接的な費用は負担しますが、供給することによる経済的な影響（外部効果）として社会全体にかかる費用（社会全体が被る利益あるいは不利益を社会的費用ととらえること）は負担しないからです。企業は直接的な私的費用だけをもとに生産量を決定するため、社会的に最適とされる水準の生産量と実際の生産量が異なり、経済的に非効率な状態が起こってしまいます（市場の失敗）。本章の前節までにみたさまざまな経済格差やグローバル化に伴う経済課題は、それらが広がることによって社会全体にかかる費用が増え、生産や経営の効率性の低下にも影響し、将来的に経済成長にマイナスに寄与する可能性があるという点で、市場の失敗によるものと考えることができます。そこで、市場が招く失敗を取り戻すため、政府が市場取引に介入して、社会的に最適な水準の供給量となるように是正し、社会にとっての望ましい資源配分を実現しようとします。しかし、政府は供給のために負担する費用は税金でまかなうことから、平均的なニーズにあわせて供給水準や費用負担を決定するため（中位投票者理論）、平均的な水準とは異なる多様なニーズに適った供給に対応するには限界があります。その結果、政府が供給する場合にも社会的に最適とされる水準の供給量が達成されず、経済的に非効率な状態が起こってしまいます（政府の失敗）。さまざまな社会生活の様式が浸透してきたことや、一方で社会格差も拡大してきたことにより社会のニーズは多様化していますが、政府では平均的なニーズに見合った画一的な供給水準に限られてしまいます。また財政赤字により社会的に望ましい供給水準を達成するための財源も限られており、政府の失敗による歪みが生じていると考えられます。

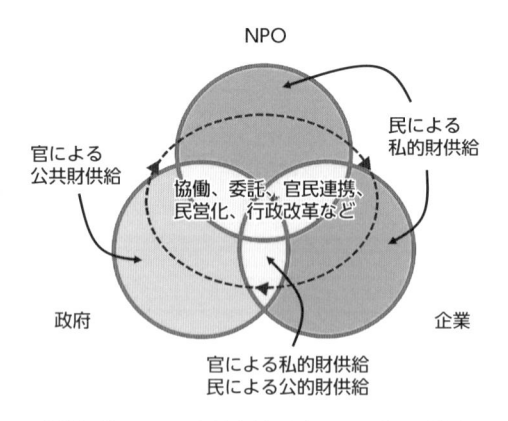

図18　公共経営における経済主体と財・サービスの供給の関係
出典：筆者作成

　そこで、これまでの公的セクター（政府・自治体）による公共財の供給や民間セクターによる私的財の供給という伝統的な組み合わせだけでなく、公的セクターによる私的財の供給（たとえば行政改革の対象となるサービス）や民間セクターによる公共財の供給といった新しい組み合わせも取り入れることにより、公共財の供給に必要な資源を確保し、多様なニーズを満たすサービスを用意するための仕組みを整えることが必要になってきたのです（図18）。経済活動を行う政府、企業、NPOはそれぞれの特性を生かして相互に代替、補完したり、連携や協働などの取り組みを行っています。これまでは政府や地方自治体が唯一の組織として活動していた分野に企業（民間営利）やNPO（民間非営利組織）が参加・介入したり、あるいは企業が中心的なまたは寡占的な役割を担っている分野にNPOが参入したり、政府や企業がNPOと連携を組むなどのさまざまな担い手とさまざまな担い方による公共経営の形が生まれてきました。公共経営とは、「公共」という領域で経済活動を担う複数のセクター（政府、市場、NPO）について、サービス供給におけるセクターの伝統的な棲み分けから、セクター間の緩やかな連携や融合へと変化し、あるいは新たなセクターの参入によって供給体制の新たな選択と集中のシステムが機能するためのアプローチでもあるといえるでしょう。

サービスの質向上や多様性に対して必要な資源（財源、人材など）を確保し活用するだけではありません。経済活動とその社会的な影響が広がるなかで、多面的な尺度から経済活動を評価し、その内容を内外に積極的に開示するなど、経済主体の社会に対する責任の果たし方も変化しています。この意味で、従来優先されていた経済的な価値（利潤の最大化、費用の最小化、競争原理など）だけではなく、さまざまな利害関係者との長期的な関係も見据えた、社会的な価値観とその実践も重んじる経済活動に努める姿勢をもつことも、公共経営という考え方では積極的に評価されることであるといえます。

8 公共経営の実践へ向けて

　日本経済における多様な需要と広がる経済格差に対して、公共の利益を追求するための具体的な取り組みや成果が求められています。一方、それぞれの経済主体は、希少な財やサービスをめぐる資源配分の問題に直面しており、経済行動とその意思決定には予算（財源）、人材、技術、知識など必ず何らかの制約が伴います。それぞれのセクターにおける原理や規律を相互に活用・導入しながら、各経済主体が自らの果たす役割と機能について新たなアプローチを展開していくことが期待されています。本章では、なぜ公共経営という発想が生まれてくるのか、あるいは必要とされているのか、そして公共経営を実践するためのインセンティブ（動機づけ）やルール（制度・環境）はどのようなものが考えられうるのか、といったクエスチョンについて考えるためのヒントを提供したつもりです。皆さんなりの答えを考えてみてください。

（奥山尚子）

参考文献

赤木博文（2013）「第 2 章：地域間格差と社会資本整備」森徹・鎌田繁則編『格差社会と公共政策』勁草書房

古郡鞆子（2009）「第 3 章：非典型労働者の労働需要」大橋勇雄編『労働需要の経済学』ミネルヴァ書房

焉咲子（2009）「子どもの貧困と就学援助制度～国庫補助制度廃止で顕在化した自治体間格差～」『経済のプリズム』no. 65, pp. 28-49

林宣嗣（2008）『地方行政　新版』有斐閣

国立社会保障・人口問題研究所「日本の将来人口推計」
（http://www.ipss.go.jp/syoushika/tohkei/newest04/hh2401a.html）2022.6.11

国立社会保障・人口問題研究所（2017）「日本の将来人口推計（2017 年 7 月推計）出生中位・死亡中位推計」
（https://www.ipss.go.jp/pp-zenkoku/j/zenkoku2017/db_zenkoku2017/db_s_suikeikekka_1.html）2022.6.11

国立社会保障・人口問題研究所（2021）「「生活保護」に関する公的統計データ一覧（2021 年 3 月 30 日更新）1：被保護実世帯数・保護率の年次推移」
（https://www.ipss.go.jp/s-info/j/seiho/seiho.asp）2022.6.10

厚生労働省（2009）「保育所の状況（2009 年 4 月 1 日）等について」
（http://www.mhlw.go.jp/houdou/2009/09/h0907-2.html）2015.3.1

厚生労働省（2010）「保育所関連状況取りまとめ（2010 年 4 月 1 日）」
（http://www.mhlw.go.jp/stf/houdou/2r9852000000nvsj-img/2r9852000000q7ge.pdf）2015.3.1

厚生労働省（2014）「保育所関連状況取りまとめ（2014 年 4 月 1 日）」
（https://www.mhlw.go.jp/file/04-Houdouhappyou-11907000-Koyoukintoujidoukateikyoku-Hoikuka/0000057778.pdf）2014.3.31

厚生労働省（2015）「保育所等関連状況取りまとめ（2015 年 4 月 1 日）」
（https://www.mhlw.go.jp/file/04-Houdouhappyou-11907000-Koyoukintoujidoukateikyoku-Hoikuka/0000098603.pdf）2022.6.10

厚生労働省（2020）「令和元年　国民生活基礎調査・1 世帯当たり平均所得金額，所得五分位階級・年次別」
（https://www.e-stat.go.jp/stat-search/files?page=1&toukei=00450061&tstat=000001141126）2022.6.10

厚生労働省（2021）「保育所等関連状況取りまとめ（2021 年 4 月 1 日）」
（https://www.mhlw.go.jp/content/11922000/000821949.pdf）2022.6.10

文部科学省（2021）「令和元年度就学援助実施状況等調査結果」
（https://www.mext.go.jp/content/20210323-mxt_shuugaku-000013453_1.pdf）2022.6.10

森徹（2013）「第 3 章：地域間の財政力格差と地方交付税」森徹・鎌田繁則編『格差社会と公共政策』勁草書房

内閣府（a）「県民経済計算」
（https://www.esri.cao.go.jp/jp/sna/sonota/kenmin/kenmin_top.html）2022.6.10
内閣府（b）「国民経済計算（GDP 統計）四半期別 GDP 速報（2022 年 6 月 8 日公表）」
（https://www.esri.cao.go.jp/jp/sna/data/data_list/sokuhou/files/files_sokuhou.html）2022.6.13
内閣府（c）「国民経済計算（GDP 統計）都道府県別民間資本ストック」
（https://www.esri.cao.go.jp/jp/sna/data/data_list/kenmin/files/contents/main_h21stock.html）2014.10.20
大竹文雄（2005）『日本の不平等』日本経済新聞社
総務省自治税務局（2020）「2020 年度地方税に関する参考計数資料」
（https://www.soumu.go.jp/main_sosiki/jichi_zeisei/czaisei/czaisei_seido/pdf/ichiran06_r02/ichiran06_r02_00.pdf）2022.6.11
総務省統計局（a）「国勢調査」
（https://www.stat.go.jp/data/kokusei/2020/index.html）2022.6.10
総務省統計局（b）「労働力調査」
（https://www.stat.go.jp/data/roudou/longtime/03roudou.html）2022.6.11
橘木俊詔（1998）『日本の経済格差—所得と資産から考える』岩波新書
東洋経済新報社「東洋経済 CSR オンライン」
（http://www.toyokeizai.net/csr/）2014.3.31
World Bank "*World DataBank: World Development Indicators*"
（http://data.worldbank.org/data-catalog/world-development-indicators）2022.6.11
財務省（2022a）「財政関係基礎データ（2022 年 4 月）：一般会計歳出等の推移」
（https://www.mof.go.jp/policy/budget/fiscal_condition/basic_data/202204/sy202204d.pdf）2022.6.11
財務省（2022b）「財政関係基礎データ（2022 年 4 月）：我が国の 1970 年度以降の長期債務残高の推移」
（https://www.mof.go.jp/policy/budget/fiscal_condition/basic_data/202204/sy202204h.pdf）2022.6.11

第5章
新しい公共経営

1 新公共経営論と日本の財政

　2001年6月に経済財政諮問会議[1]において、「今後の経済財政運営及び経済社会の構造改革に関する基本方針(骨太答申)」がまとめられ、その後閣議決定されました。この骨太答申の特徴の一つは、新公共経営論(NPM: New Public Management)に基づく経営改革が国や地方自治体に求められているということです。ここで述べられている新公共経営論は、民間企業における経営理念、手法、成功事例などを可能な限り公共経営の現場に導入することを通じて、公共経営の効率化・活性化を図るための理論で、1980年代に英国で提唱されました。簡単にいえば、NPMとは、民間企業の経営についての考え方やその方法を、国や地方自治体の経営にも導入する手法であるといえるでしょう。

　それでは、なぜ今NPMを導入して公共経営の効率化・活性化を図る必要があるのでしょうか。その主な理由としては、「経済の低成長と税収の落ち込みによる財政難の深刻化」、「経済・社会問題の多様化」、「新しい公共の推進」の三つが挙げられます。

　まず、「経済の低成長と税収の落ち込みによる財政難の深刻化」について詳しくみていきましょう。一般に、その国の経済活動の規模は、国内総生産

---

[1] 経済財政諮問会議とは、内閣総理大臣をはじめとする政治家や財界や学者などの民間人により構成さる会議です。経済財政諮問会議は、特に小泉政権の下で、予算編成過程の改革、財政運営に関する改革、金融システムの改革、郵政民営化、三位一体の改革に貢献しました。

（GDP：Gross Domestic Product）によって表されます。GDP は国内のすべての企業が生み出した付加価値の合計です。付加価値とは、売上から材料費を引いたものです。たとえば、パン一個の値段が 200 円だとしましょう。そして、小麦粉やバター、砂糖、その他のパンの材料費を足し合わせたら 50 円だったとします。このとき、パンの付加価値は 150 円です。企業は商品やサービスを売ることで儲けていますが、企業の得た儲けの一部は、企業で働く人たちに支払われる賃金、株主への配当金、政府に支払う税金（法人税）、オフィスの賃貸料などに充てられます。これらを支払った残りは企業の利益となります。つまり、賃金や賃貸料、税金、企業の利益などをすべて足したものが付加価値であるといえます。GDP には名目国内総生産（名目 GDP）と実質国内総生産（実質 GDP）があります。名目 GDP は実際に市場で取引されている価格に基づいた値で、実質 GDP は物価変動の影響を取り除いた値です。ここで、名目 GDP と実質 GDP の違いを理解しやすくするために次のようなシンプルなケースを考えてみましょう。ある国では、昨年 1 年間にパンを 200 円で 10 個、LED 電球を 500 円で 10 個生産したとします。今年は小麦の仕入れ値が上がったため、パンの価格が値上がりして 210 円になりましたが、生産量は昨年同様 10 個です。一方、LED は技術革新のため生産性が向上し、値段は 500 円のままですが、11 個生産できるようになったとします。このとき今年の名目 GDP と実質 GDP は表 1 のように計算されます。つまり商品の値上がりを考慮しないのが実質 GDP ということになります。

　一方、GDP が前年と比べて、どれくらい規模が増大したのかを示すのが経済成長率（GDP 成長率）です。表 1 の例でいうと、昨年を基準とした場合、今年の名目経済成長率と実質経済成長率は、それぞれ 8.57 と 7.14 になります[2]。この例でもわかるように名目経済成長率が上昇する要因は、物価の上昇と生産性の向上ですが、実質経済成長率が上昇する要因は生産性の向上のみということになります。生産性の向上は、その国の経済を成長させる力の源ですから、物価変動の影響を取り除いた実質 GDP の方が、名目 GDP より、

　2）ここでは名目経済成長率と実質経済成長率を、それぞれ［(7,600−7,000)／7,000］×100％≒8.57、［(7,500−7,000)／7,000］×100≒7.14 のように計算しています。

表1　名目 GDP と実質 GDP

	昨年	今年	
	名目＝実質	名目	実質
パン	200 × 10	210 × 10 = 2,100	200 × 10 = 2,000
LED 電球	500 × 10	500 × 11 = 5,500	500 × 11 = 5,500
名目 GDP／実質 GDP	7,000	7,600	7,500
名目経済成長率／実質経済成長率	—	8.57	7.14

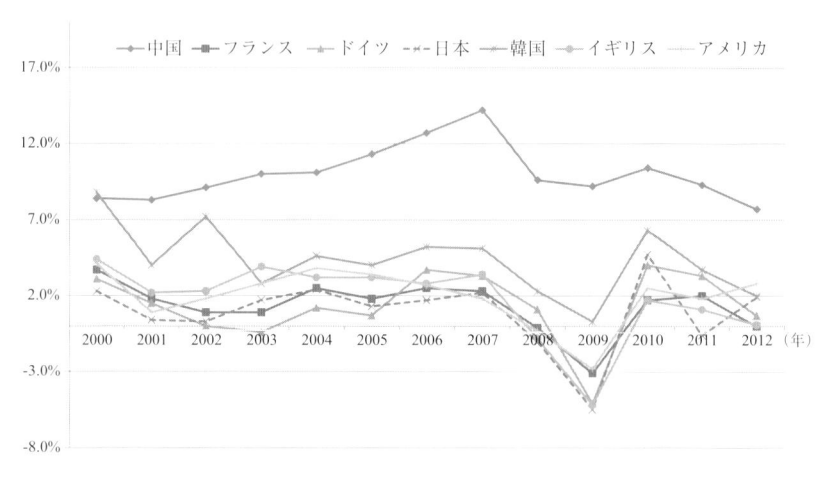

図1　世界主要国の実質経済成長率

出典：UN, National Accounts Main Aggregates Database を用いて筆者が作成

その国の経済の成長力を正確に把握していることになります。

　図1は世界主要国のうち7カ国の実質経済成長率をグラフ化したものです。図1から明らかなように、中国の実質経済成長率だけが著しく、その他の国の実質経済成長率は減少したり、停滞したりしています。そのなかでもわが国の実質経済成長率は低い位置で推移していることがわかります。ま

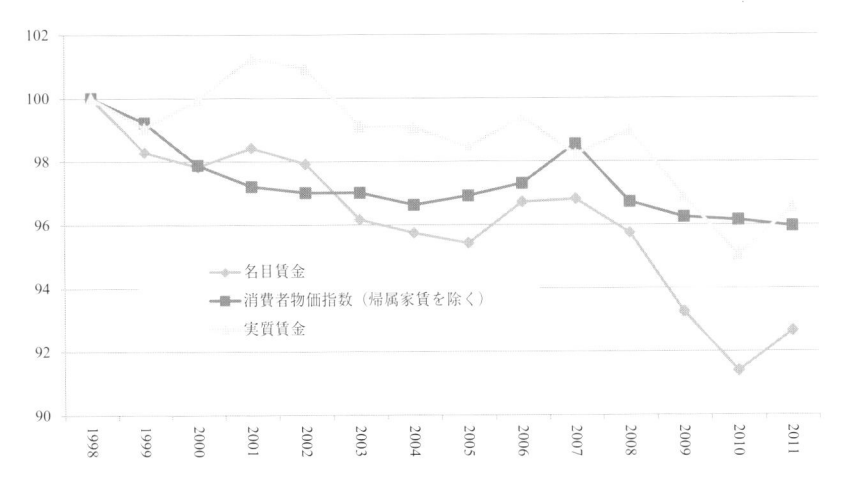

注：実質賃金は、事業所規模5人以上事業所規模30人以上の現金給与の平均値を帰属収入を除く消費者物価指数で除しています。名目賃金、実質賃金、消費者物価指数はそれぞれ、1998年度の値を100としています。

図2 日本の物価変動と賃金

出典：総務省データを用いて執筆者が作成

た、ほとんど成長していない（ゼロ成長）年もあります。ゼロ成長のもつ意味は、去年も今年も同じ経済規模だということです。このような経済では、企業はあまり大きな儲けを期待することはできません。それどころか、これまでより儲けが少なくなる恐れさえあります。たとえ少しくらい儲けが増えたとしても、損をするのではないかという恐れから、名目賃金を増やすことができません。

図2は日本の名目賃金と物価変動、そして実質賃金の推移を表したグラフです。名目賃金とは実際にお金で受け取る金額そのもののことです。一方、実質賃金は物価変動を加味した賃金です。ここでは、名目賃金を消費者物価指数で割って実質賃金を求めています。図2から日本の名目賃金は減少傾向にあることがわかります。そして日本の実質賃金もまた減少傾向にあります。商品の価格が下がり続けることをデフレ[3]（デフレーション）といいま

---

3) デフレとは逆に、商品の価格が上がり続けることはインフレ（インフレーション）といいます。

すが、図2の消費者物価指数の推移から日本はデフレ傾向にあることがわかります。デフレを上回るかたちで名目賃金が減少しているため、実質賃金は低下しています。

　名目賃金より、物価変動を加味した実質賃金のほうが、より正確に私たちの生活の実態を反映しているといえます。たとえば、去年も今年も同じ20万円の給料であったとしても、去年は1個100円だったリンゴが今年1個120円に値上がりすれば、20万円で買えるリンゴの数は昨年より今年の方が少なくなります。つまり、物価の変動により「購入できる数や量（購買力）」が違うため、名目賃金の実質的価値は違ってきます。実質賃金が増えないと私たちはあまり物を買ったりしなくなりますので、企業は新しい工場を建てて、今までよりたくさん生産するようなこと（設備投資）は怖くてできません。つくっても売れ残ったら企業にとっては大損害です。そうなると困るので、企業はできる限り商品の価格を下げて売ろうとします。すると、儲けも少なくなり、企業は労働者に支払う名目賃金を増やすことができません。

　一方、名目賃金が減ると所得税からの税収も減ることになります。また、企業が損したり倒産したりすれば、法人税からの収入も減ることになります。このようにデフレと実質賃金の減少という負の連鎖が続いているのが2014年時点での日本経済の現状です。法人税や所得税、消費税以外にも政府には税収があります。図3は国税総額の推移を表したグラフです。国税総額とは、所得税や法人税などの直接税と消費税、たばこ税、自動車重量税などの間接税を足し合わせたものです。図3から明らかなように、国税総額は減少し続けています。そして実質経済成長率が低下するときは、およそ税収も減少していることがよくわかります。

　このような状況を打開すべく、第二次安倍内閣によってアベノミクスの3本の矢（大胆な金融政策、機動的な財政政策、民間投資を喚起する成長戦略）が経済を大きく成長させ、私たちの暮らしをもっと豊かにするという的に向けて放たれました。しかし経済のグローバル化は、日本の経済だけを著しく成長させることを困難にしています。なぜなら、各国の経済が密接にかかわり合う時代となったからです。

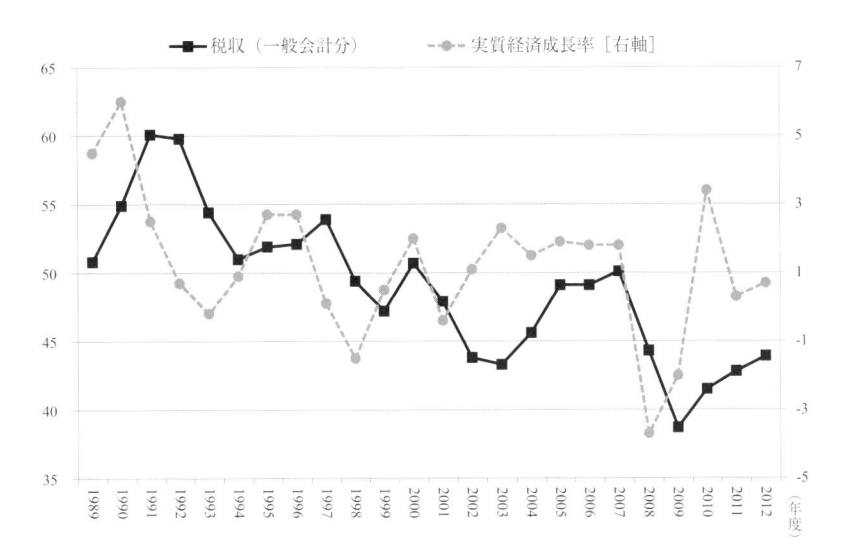

figure 3 日本の国税総額の推移
出典：内閣府のデータを用いて筆者が作成

次に「経済・社会問題の多様化」を考えてみましょう。なぜ国や地方自治体は税収を必要としているのでしょうか。皆さんは、ワーキングプアやネットカフェ難民、限界集落、待機児童といった新しい経済・社会問題を指す言葉を聞いたことがあると思います。働けども、働けども貧しいままのワーキングプアや定住先がなく、ネットカフェに寝泊まりして日雇いの仕事をするネットカフェ難民、町や村の人口のほとんどが 65 歳以上の高齢者となってしまった限界集落や、保育園に入りたくても入れない待機児童など、経済・社会問題は複雑化し、その性質もさまざまです。

このように多様な性質をもつ経済・社会問題を解決し、私たちの暮らしを良くするような財[4]を供給することが国や地方自治体の仕事の一つです。財

---

4) ここで「財」とは、家、服など、私たちの目に見える形の商品のことです。一方、サービスは、家事、介護、塾など、他の人がその人の役に立つよう手助けする行為のことで、目には見えない形の商品です。本章では、このような区別をせず財と一言で表現しています。また一言で「サービス」と表現した章や「財・サービス」とまとめて表現した章もありますので注意してください。

を大別すると公共財と私的財に分けることができます。分けるときの基準となるのは、非排除性と非競合性です。非排除性とは、ある特定の人が消費することを排除することが難しい、もしくは排除に費用がかかりすぎるため、あるいは政策的視点から排除することが望ましくないとする性質のことを指します。他方、非競合性とは、同時に多くの人々によって消費されることが可能であるため、そのようなことになっても他の人の取り分が少なくなることはなく、消費者の間で取り合いになったりしない性質のことを指します。競合性と非排除性の両方の性質をもつ財を純粋公共財といいます。たとえば、灯台の光はそれを必要とするすべての人たちが利用できますし、灯台の光をめぐって他の人と取り合いになることもありません。灯台の光や国防、外交は純粋公共財の代表例です。純粋公共財の場合、対価を支払わずとも誰からも排除されないし、誰とも競合しないわけですから、対価を支払わずに消費しようとする人たち（フリーライダー）ばかりになってしまいます。これでは商売は成り立ちませんので、そのままにしておくと、誰も供給しなくなります。しかし、灯台の光や国防、外交が供給されなくなると、たくさんの人が困ります。そこで国・地方自治体の出番となるわけです。誰も対価を払わないが、必要な財であるため、国は強制性のある税金を徴収し、そこからこれらを供給するための費用を拠出するという手段をとります。

　非排除性と非競合性のうち、どちらか一方の性質だけをもつものは、準公共財と呼ばれています。準公共財には道路、港湾設備、図書館、プール、警察、消防、公園などがあります。これらのなかには国・地方自治体だけでなく、民間も供給しているものもあります。

　一方、ガソリンやパン、トイレットペーパーなどは、私的財と呼ばれています。私的財の場合、代金を払わない人は消費できませんので、フリーライダーは発生しません。また、複数の人が同時に消費しようものなら他の人の取り分が少なくなり、取り合いになります。つまり、私的財は、非競合性と非排除性のどちらの性質ももっていません。そのため、国や地方自治体の手助けがなくとも、市場（しじょう）に任せておけば人々の欲求にあわせて財が無駄なく生産され消費されます。

これに対し、非競合性と非排除性という基準ではなく、財に社会的な価値があるかどうかという基準で分類されるのが価値財（メリット財）と呼ばれるものです。価値財の例としては、医療や教育、介護、公営住宅などが挙げられます。価値財は私的財ですが、社会的価値が高い財（公共性の高い財）であるため、社会全体に良い影響をもたらすことが期待できる財です。そのため価値財の場合も民間だけでなく国・地方自治体もまた供給します。

　アベノミクスの3本の矢は経済を成長させ、社会的問題を解決するための準公共財や価値財の供給に必要な税収を増やすという的に向けて放たれた矢でもあります。国や地方自治体が社会的・経済的問題を解決し、私たちの生活を良くするために、準公共財や価値財を供給するという仕事を行うには、たくさんのお金（税収）が必要です。しかし、国や地方自治体の財政は税収の落ち込みにより、ひっ迫していることを思い出してください。税収が減る一方で社会的問題が多様化していくと、政府は厳しい予算のやりくりを行わなければならなくなります。それは本当に皆が必要としている準公共財や価値財なのか、もっと低コストで準公共財や価値財を生産・供給できないかということを考えなければなりません。株式会社などの営利企業であれば、安い費用でどれだけ質の高いものを生産できるかということを常に考えています。不当に高い費用で商品を生産してしまえば、それは不当に高い価格で商品を販売することになります。しかし、そのような価格に見合わない質の商品を賢い消費者は買いません。営利企業は、市場でより高品質の商品をより低価格で売るためのさまざまな努力を怠りません。それをしないと自社の商品は売れなくなり大損してしまいます。

　では、税収を増やすにはどうしたらよいのでしょうか。方法は大きく分けて二つあります。一つは経済を成長させることです。経済の活動規模が大きくならないと、企業は生産量を増やせませんから、儲けも増えません。儲けが増えないと企業が払う法人税からの収入は増えません。また、賃金も増えませんから、所得税からの税収も増えません。

　税収を増やすもう一つの方法は増税することです。ただし、われわれ国民は増税という言葉にとても敏感です。「増税を検討する前に国や地方自治体

図4 主要税目の税収（一般会計分）の推移と実質経済成長率
出典：財務省データを用いて筆者が作成

は支出の無駄をなくせ」と言いたくなる国民の気持ちはよくわかります。一方、東日本大震災の復興のための財源確保、高齢化のために増え続ける社会保障費の財源確保など、支出を免れない事象がたくさんあり、増税やむなしと考える人も多いと思います。

　図4を見てください。図3は、すべての税収を足し合わせた額と実質経済成長率を比べたグラフでしたが、図4は税収のうち、所得税収入、法人税収入、消費税収入、そして実質経済成長率を比べたグラフです。所得税収入と法人税収入と実質経済成長率を比べると、同じような動きをしています。つまり、実質経済成長率が低下するときは、所得税収入と法人税収入も減少します。

　ところが消費税収入はどうでしょうか。消費税はちょっと違った動きをしています。最初に3％の消費税が導入されたのは1989年ですが、その年の消費税収入は3.3兆円でした。1990年から1993年までの動きをみると、実質経済成長率はバブル経済が弾けたことを物語るかのように低下を続けてい

ます。ところが消費税収入はじわじわと増えていることがわかります。そして、1997年に3％から5％へと消費税率が引き上げられたときは、消費税収入は9.1兆円にまで増えました。その後、実質経済成長率は低い値を推移し、リーマンショック[5]の影響により、2008年にはマイナス3.7％にまで落ち込んでいます。ところが消費税収入は10億円前後をキープし続けています。つまり、消費税が導入された1989年から2012年までの推移をみる限り、消費税収入は経済の変動にあまり影響を受けない傾向にあるといえそうです。2014年4月には消費税率が5％から8％に上昇しました。図4をみる限り、2014年度の消費税収入の上昇が見込まれます。果たしてそうなるでしょうか。1989年から2012年までに示された消費税の特色が、2014年度以降も続くという保証はどこにもありません。名目賃金が減少傾向にあり、所得税収入が落ち込むなか、消費税収入だけが安定しているのは、デフレの影響が大きいからかもしれません。しかし、たとえ8％に消費税率を引き上げたことにより、消費税収入が見込みどおりに増えたとしても、税金を無駄遣いしていいことにはなりませんし、経済の記録的な好転がない限り、政府は相変わらず赤字経営を強いられることに変わりはありません。

　私たちの家庭では収入でまかなえるだけの支出をします。国も税収でまかなえる分だけ支出するということを意味するプライマリーバランス（基礎的財政収支）を1日も早く達成すべきだといわれています。しかし、プライマリーバランスを保つには、今の日本にはあまりにも多くの解決すべき経済・社会問題が存在しています。私たちが納める税金は必要な予算の5割程度しかなく、歳出[6]をまかなえない不足分のほとんどを公債金に頼っている状況です。公債金とは、国債を発行することによって得た国の収入のことで、税収およびその他収入でまかなえない歳出に充てられます。公債金はいわば借

---

5) 米国第4位の銀行だったリーマン・ブラザーズの経営破たんをきっかけとした世界同時不況のことです。リーマン・ブラザーズは、信用度の低い人を対象にした高金利の住宅ローンであるサブ・プライムローンを証券化して大量に保有し、儲けを得ていました。ところが住宅バブルが崩壊したことで、2008年に経営破たんしました。これが世界的な金融不安を引き起こし、株価が大暴落して世界同時不況となりました。
6) 4月から翌年3月までの国・地方自治体の支出。

金です。財務省によると 2014 年度末で公債金は、780 兆円程度に上る見込みです。私たちの家庭に返済を求める請求書が届けられるわけではありませんので実感はわきませんが、これは私たち一人ひとりが約 615 万円の借金をしているということに等しい状況です。つまり、景気の減退による税収の減少や景気対策等のための減税により歳入は減少する一方で、公共事業などの景気対策や高齢化などによる社会保障費の増大などにより歳出が増加し続けた結果、国は借金に借金を重ね赤字の公共経営を強いられていると警鐘を鳴らす学者もいます。このようなことを長く続けられるわけがありませんので、とにかくまずは税金の無駄遣いをなくせということになります。

最後に「新しい公共の推進」についてです。皆さんは、「官から民へ」という言葉を聞いたことがありますか。官[7]とは、狭くは「官僚」のことを意味します。前述したように、国や地方自治体における財政状況が厳しさを一層増しています。一方で、経済・社会問題が多様化した分、それを解決するための準公共財や価値財へのニーズも多様化しています。そのため、民（民間）でも供給可能な準公共財や価値財については、できる限り民から供給してもらい、官は官でないと供給できない純粋公共財、あるいは官が供給する方が望ましい準公共財や価値財の供給に集中するという「選択と集中」の考え方が広まってきました。また民間組織がもつ専門的な知識や創意工夫する力を準公共財や価値財の供給に生かしていくことが必要だという NPM の考えも広まりました。

このように、官と民とがそれぞれ役割分担したり協力したりして、多様化した経済・社会問題に対応した準公共財や価値財を供給することは、官民協働（PPP：Public Private Partnership）と呼ばれています。PPP は、1990 年代後半に欧米で普及しはじめた概念です。PPP の具体的手法としては、民営化や民間委託、公共事業への民間資金の導入（PFI：Private Finance Initiative）のほか、独立行政法人化などがあります。

PPP では、民もまた準公共財や価値財の供給者ということになります。準

---

7) 第 1 章に官や民についての詳しい説明が述べられています。

公共財や価値財の供給主体としての民には、NPO（＝Nonprofit Organization：非営利組織）、ビジネスの手法を用いて社会的問題を解決する社会的企業（ソーシャルエンタープライズ：コミュニティービジネスを含む）、多くの大企業が経営戦略の一貫として取り組んでいる CSR（＝Corporate Social Responsibility：企業の社会的責任）を実践する営利企業などがあげられます[8]。経済・社会問題が複雑化する一方、財政難に苦しむわが国において、官と民との協働により、準公共財や価値財の供給を行うという新しい供給システムの推進が、公共経営効率化に向けた新しい公共経営の手法の一つとして注目されています。

2 新公共経営論の三つの特色

　Naschold（1996）[9]は、NPM の特色を、「業績・成果主義」、「市場メカニズムの導入」、「市民主導型」の三つにまとめました。これまで法律に基づいてさまざまなことを規制することは、いわば官僚の特権でした。そして、官僚に求められていたことは規制に則り、滞りなく業務を執行することだけでした。したがって官僚は法令や規則ばかりを重んじていましたし、公共経営に業績や成果（アウトカム）[10]が求められることもありませんでした。その一方で、民間組織で働く従業員は、利益をもたらしたら、昇給したり昇進したりしますし、逆に損害をもたらしたら、減給されたり降格されたりするのが当たり前です。従業員の業績や成果を評価することを人事考課といいます。民間企業で働く従業員が所属する部門もまた業績や成果に応じて評価されます。そして民間組織は供給する私的財の市場からの評価が悪いと、減益を経験したり、ひどいときは倒産を経験したりします。このような厳しい環境に身を置いたからこそ獲得できた経営効率化を達成するためのさまざまなノウハウが、民間組織の経営手法には蓄積されています。財政難に直面している

---
8) 社会的企業や企業の社会的責任については、第7章に詳しく述べられています。
9) Naschold, F.（1996）New Frontiers in Public Sector Management: Trends and Issues in State and Local Government in Europe, Berlin, Germany: Walter de Gruyter.
10) 業績とは事業で獲得した成果のことで、成果とは、事業をして得られたよい結果のことです。

国・地方自治体には今まさに、公共経営効率化に向けた取り組みが求められています。そこで、民間組織の経営者が常に意識して経営を行っている業績や成果といった考え方を公共経営にも導入することにより、公共経営資源の最適な配分を行い、公共経営の効率化を図ろうというのが「業績・成果主義」の狙いです。民間組織で働く従業員同様、国・地方自治体で働く官僚が行った仕事内容やその官僚が所属する部局がどの程度業績・成果を社会にもたらしたかを評価し、それに応じて官僚や部局を評価しようとしています。そしてその評価に応じて部局へ配分される予算が決定されることになります。

　ここで重要なのは「成果（アウトカム）」という考え方です。これまでの公共経営では成果よりむしろ産出（アウトプット）が重視されてきました。ここで、成果とはどれだけのその経済・社会問題が解決されたかということであり、産出は成果を生み出すために行われたさまざまな取り組みのことです。たとえばある地方自治体では待機児童が問題になっていたとしましょう。この時どれだけ保育園を作ったかということは、成果ではなく産出です。しかし、重要なことは、単に新しく作られた保育園の数（アウトプット）ではなく、適切な場所に適切な保育園を作った結果減らすことのできた待機児童の数（アウトカム）です。業績・成果主義では、官僚や部局のアウトプットではなくアウトカムが評価されます。目覚ましいアウトカムを達成した官僚は昇進し、その官僚が所属する部局に配分される予算は増やされ予算の使い方に関する自由度も高まります。

　業績・成果主義の公共経営への導入により、必要としている準公共財や価値財を、必要なところに必要なだけ、いかに効率よく届けることができるかということが、官僚に問われることになります。現実には、業績・成果主義の公共経営への導入には課題も多く、試行錯誤と四苦八苦が続いている地方自治体も少なくないようです。導入をあきらめた地方自治体もありますが、時間をかけて一つひとつの課題に丁寧に取り組み、少しずつでも着実に業績・成果主義の導入に向けて前進することが望まれます。世界のさまざまな成功事例から、業績・成果主義の実践により効率化された公共経営がもたらす社会的便益はとても大きいことが実証されているからです。

次に、「市場メカニズムの導入」についてです。市場メカニズムとは、価格が変化することによって、自動的に需要と供給のバランスが調整されることをいいます。行楽シーズンには、ガソリンの値段は普段より高くなることがあります。ガソリン価格が1リットル当たり数円上がっても、行楽地へ車で出かけたいという人が増えますから、ガソリン・スタンドは価格を上げます。そしてガソリンへの増加する需要に対応するため、製油所はガソリンの生産量を増やします。ところが行楽シーズンが終わるとどうでしょう。ガソリンは行楽シーズン期間中より安くなる傾向にあります。行楽シーズン期間中のように少々高い価格でもガソリンを買いたいという人が減るからです。したがって、製油所のガソリン生産量も減ります。このように、社会全体で人々の欲求に合わせた財の供給が自動的に実現するというのが市場メカニズムです。

医療や教育、介護、公営住宅などのような社会的価値が高い（公共性が高い）価値財は、NPO（非営利組織）や営利企業などの民間組織による供給が可能ですが、市場メカニズムに100％任せるのではなく、国・地方自治体もその供給に関与しています。また、道路、図書館、プールなどのような、非排除性と非競合性のうち、どちらか一方の性質をもつ準公共財にも、NPOや営利企業などの民間組織による供給が可能なものもあります。ここでいう「市場メカニズムの導入」とは、民間組織による供給が可能であったにもかかわらず規制等により供給量が制限されていた財の供給に対して積極的に規制緩和・制度改革を行い、民間組織の活力をもっと取り入れることであると解釈できます。また、国・地方自治体が財を供給する場合でも、民間組織がもつ経営理念や手法を取り入れ効率化を図ることも市場メカニズムの導入といえるでしょう。民間組織は、市場での生き残りをかけて市場メカニズムの荒波にもまれたからこそ会得した公共経営の効率化のためにも役立つさまざまな取り組みや知恵をたくさんもっています。

最後に市民主導型ですが、これはどのような準公共財や価値財を、どこにどれだけ供給するのかといった計画を練る段階から市民が積極的に関与し、その主導権を握ることを意味します。どのような準公共財や価値財が必要

で、どのような準公共財や価値財が必要でないかを一番よく知っているのは、準公共財や価値財の需要者である市民ですから、市民主導型へと移行することにより不必要な準公共財や価値財を供給することによる財政の無駄遣いを阻止する効果が期待できます。

　市民主導型の公共経営を実践するには、官僚の意識改革だけでなく、市民の意識改革も必要です。私たちは自分の家族だけ良ければそれでいいというような、利己的思考から、自分の住んでいる地域や市町村、そして国自体も良くならなければならないという利他的思考へと転換する必要があります。日本の資本主義の父といわれた渋沢栄一は、公益を追及することが私益につながると考えていました。いくら官僚が市民主導型の公共経営に移行したいと思っても、肝心の市民が利己的思考のままでは移行できません。しかし、現状は、地域コミュニティ組織（町内会や老人会、婦人会、子供会、青年団など）への参加率は低下し続けています。一方、現代の経済・社会問題は解決できないくらい多様化・複雑化しています。国・地方自治体だけでなくNPO、営利企業、社会的企業、大学、地域コミュニティなどのさまざまな組織が協力しなければ解決できない状態にあります。政治家や官僚、ビジネスマン、地域コミュニティで活動している人たち、主婦、学生などの立場の異なる人たちが、いろいろな経験や考え方を議論の場に持ち寄り、議論に議論を重ねて私たちが直面している経済・社会問題に対する最善の解決策を探るという社会システムづくりは、市民主導型の実践に欠かせない作業なのです。

3　新しい公共を担う NPO 法人

　阪神・淡路大震災が発生した1995年はボランティア元年、あるいはNPO元年といわれています。それは、100万人を越えるボランティアが復興支援のために集まった年であり、NPOが多くのボランティアをコーディネートし、被災者を支援した年でした。被災者支援活動におけるNPOの機動性と俊敏性には目を見張るものがあり、その活動はメディアに連日のように取り上げられました。しかしこれらNPOの多くが法人格をもたない任意団体

だったことで、さまざまな活動上の制約を受けました。そこでさまざまな経済・社会問題を解決しようと自発的に結成された民間組織の活動を活発かつ円滑にする法律が必要性だという声が、NPOからだけでなく、市民、メディア、政治家からもあがりました。このことを契機に、特定非営利活動促進法（NPO法）が1998年3月に制定されました。NPO法が制定された目的は、非営利活動を行う団体に対して、簡単かつ迅速に法人格を与えることによって、市民が行う自由な社会貢献活動を後押し、公益を促進させることです。したがって、下記の条件を満たせば、比較的スムーズに任意団体はNPO法人になることができます。

まず、「特定非営利活動であること」です。具体的にはNPO法人は、規定されたいずれかの活動分野に該当する活動をしていなければなりません。またある特定の人のため（私益）の活動であってはならず、公益のための活動でなければなりません。

次に、「営利を目的としないこと」です。NPOは儲けてはいけないと思っている人はいませんか。「営利を目的としないこと」と「儲けてはいけないこと」は同じ意味ではありません。つまり、NPOは儲けてはいけないと考えるのは誤りです。ただし、「利潤（儲け）」の扱いに対してはNPOであるがゆえの縛りがあります。それは「利潤の非分配制約」と呼ばれるものです。これは、得られた利潤をNPOのスタッフ等の関係者に分配してはならないことを意味します。では、得られた利潤は一体どうするのでしょうか。それは、次のミッションに使用することになります。ミッションとは「使命」のことです。営利組織の場合、その第一の活動目的は利潤を追求することですが、NPOの第一の活動目的はこのミッションを達成することです。NPOのミッションとは、簡単にいえば経済・社会問題を解決する準公共財や価値財を供給することです。

次に、「宗教活動を目的としないこと」です。宗教活動とは施設の有無を問わず宗教の教義や儀式行事、信者育成のことをいいます。宗教活動を目的とした組織は宗教法人という別の種類の法人格をもつことになります。

そして、「政治活動を目的としないこと」です。これは、特定のイデオロ

ギー（ある特定の政治的立場に基づく考え）を推進、支持または反対をするような活動をしてはならないということです。ただし、政策を推進したり政策提言を行ったりすることはこれに該当しませんし、政治に物申してはならないということでもありません。政策の推進や政策提言を行うNPOは特に、「アドボカシー（団体）」と呼ばれています。

　最後に「特定の公職の候補者、公職者、政党の推選、支持、反対を目的としないこと」です。これは特定の政党のための活動をNPO法人はしてはならないということです。

　法人格をもつことによりNPOはこれまでより一層活動を活発化していきました。2015年3月現在、NPO法人の数は約5万団体に上ります。これは、日本中にあるコンビニの数とほぼ同じです。このように成長目覚ましいNPOですが、NPOは儲けてはならないという誤解以外にも、いくつかの誤解があります。たとえば、NPOのスタッフはすべてがボランティアだと思っている人はいませんか。確かにNPOは準公共財や価値財を供給する際に、寄付金やボランティアの助けをかりています。しかし、NPOには営利組織と同じように有給で働くスタッフもいます。日本では、NPOで働く人たちの給与は、営利企業で働く人たちの給与より少ない傾向にありますが、それでもNPOのスタッフを志す人たちはたくさんいます。このような人たちは、「困っている人を助けたい」、「地域が抱える問題を解決したい」、「自分の仕事が社会に貢献しているということを実感したい」というような強い思いをもって働いています。

　NPOにはNPO法人以外のさまざまな組織があります。私立大学もNPOですし、広い意味では医療法人もNPOです。皆さんの自宅の近くにある病院やクリニックの看板を見てみてください。医療法人〇〇会△△医院などと看板に書かれていると思います。マンションの管理組合のような任意団体や少年野球チームもNPOです。NPOといったときそれは必ずしもNPO法人を指すわけではありません。私たちの生活を良くしようと、さまざまなミッションをもった沢山のNPOに囲まれて私たちは生活しているのです。

4　公共経営学の守備範囲

　この章では、国・地方自治体による準公共財・価値財の供給を実践するために必要な財源である税収の動向について概観しました。そして、国・地方自治体が直面する財政難の状況およびそれを改善するための方法についても考えました。私たちの家庭と同じように、国も借金を減らし財政状況を改善するためには、入ってくるお金（歳入）を増やすか出ていくお金（歳出）を減らすしかありません。主たる歳入である税収を増やすには、経済を成長させるか税率を上げる必要があります。ここで、どのようにしたら経済を成長させることができるのか深く考えることは、経済学（特にマクロ経済学）の守備範囲になります。一方、いかに無駄遣いをなくすか（無駄な歳出を減らすか）について考えることが公共経営学の守備範囲になります。具体的には、効率的な公共経営に寄与するNPMや公共を担う新しい主体としてのNPOの社会的役割、効率的な公共経営を行っている地方自治体の事例などを学ぶことによって、無駄な歳出をカットする方法を探ります。本章では特に公共経営学的視点からに無駄な歳出を減らすという課題にアプローチしましたが、どちらか一つに取り組めばよいというものではなく、持続的な経済成長と効率的な公共経営の実践は同時進行させなければなりません。

　次章ではNPMの考え方に則して、公共経営効率化のための戦略マネジメントについて考えてみたいと思います。

（桧永佳甫）

第6章
公共経営の戦略マネジメントモデル

1 公共経営戦略マネジメントの理論モデル

　新しい公共経営に必要なものは「戦略」の概念です。公共経営戦略とは、組織の使命（ミッション）、将来像（ビジョン）、および目標（オブジェクティブ）をどのようにして実現するかを明示したプランのことをいいます。そして公共戦略マネジメントとは、共通のミッションとビジョンをもつ人たちが、組織の経営資源を上手に生かして成果を上げられるようにする一連のプロセスであると定義づけることができます。

　この章では公共戦略マネジメントの理論モデルを検証してみましょう。公共経営も企業経営同様、戦略を練るきっかけは、その必要が生じる出来事の発生です。戦略を練るきっかけとなる事象をトリガーイベントといいます。トリガーイベントには、1995年1月の阪神・淡路大震災や2011年3月の東日本大震災のような自然災害もあれば、政権が変わったり市区町村や都道府県の首長（市長や知事など）が変わり、経済・財政政策を新たに打ち出すときにも公共経営戦略を練る必要があります。

　公共経営戦略マネジメントの一連のおおまかな流れを示した図1について、それぞれのステップごとにこの理論モデルを詳しくみていくことにしましょう。前述したように、まずトリガーイベントが発生します。この時、トリガーイベントにどのように対応するかを考える委員会が国や地方自治体の内部に作られます。ここでは仮に戦略プランニング委員会と名づけることにしましょう。この戦略プランニング委員会のメンバーは、戦略を練る必要のある問題に詳しい政治家や官僚、学者や専門家などの民間有識者によって構

```
(1) 戦略プランニング委員会の設置
      ↓
(2) 外部環境分析と内部環境分析を行う
      ↓
(3) 外部環境分析と内部環境分析の
    結果を利用してSWOT分析を行う
      ↓
(4) SWOT分析の結果を参考に
    目標を設定し公共経営戦略を練る
      ↓
```

PDCAサイクル

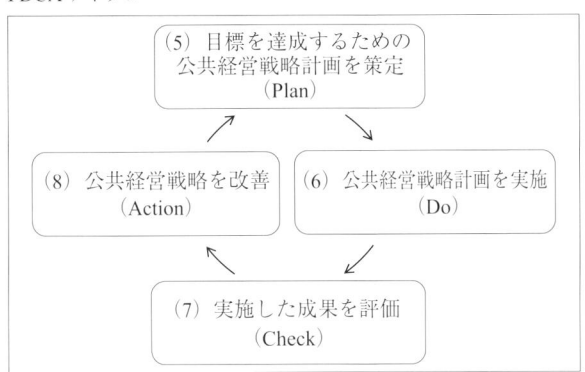

```
        (5) 目標を達成するための
            公共経営戦略計画を策定
               (Plan)
            ↗          ↘
(8) 公共経営戦略を改善   (6) 公共経営戦略計画を実施
      (Action)              (Do)
            ↖          ↙
        (7) 実施した成果を評価
               (Check)
```

図1　公共経営戦略マネジメント理論モデル

成されます。

次に、戦略プランニング委員会が公共経営戦略を練る上で必要な情報を提供するために、戦略プランニング委員会を支えるスタッフやシンクタンク[1]

---

1) シンクタンクとは、さまざまな領域の専門家を集めた研究機関のことです。社会や経済の問題や政策、企業経営戦略や公共経営戦略などについて、調査・分析を行い、問題解決に向けた政策提言や将来予測などを行う研究組織で、さまざまな領域の専門家がその研究組織で働いています。日本では、株式会社野村総合研究所や三菱UFJリサーチ＆コンサルティング株式会社、公益社団法人日本経済研究センター、財団法人総合研究開発機構、内閣府経済社会研究所、経済産業省経済産業研究所などがあります。組織形態は営利から非営利、政府系までさまざまです。

が国や地方自治体を取り巻く外部環境および内部環境を分析します。そして、この二つの環境分析結果を使ってSWOT分析を行います。SWOT分析については次の節で詳しくみていきます。その分析結果を参考に、戦略プランニング委員会は目標を設定します。次に戦略プランニング委員会が立てた目標を実現するための具体的な戦略計画を策定します。そして、戦略計画を実行に移します。計画を実施したことにより得られた成果を官僚自身が評価したり、シンクタンクなどの組織外部の民間の研究機関が評価します。これらの評価結果に基づいて、改善が必要な部分については改善を行います。そして、目標が達成されるまで (5)～(8) は繰り返されることになります。この一連のサイクルを、計画 (Plan)、実施 (Do)、評価 (Check)、改善に向けた行動 (Action) のそれぞれの頭文字をとって、PDCAサイクルと呼びます。

2　SWOT分析

　それでは、公共経営戦略マネジメントの理論モデルのなかの (2)～(4) までの流れについて詳しくみていくことにしましょう。組織を取り巻く内部環境や外部環境を把握し、それらを分析することにより、組織は公共経営戦略を練るための有益な情報を得ることができます。そこで、内部環境分析、外部環境分析、これらの分析結果を利用して行われるSWOT分析を行うことになります。ここでSWOTとは強み (Strength)、弱み (Weakness)、機会 (Opportunity)、脅威 (Threat) の頭文字をとったものです。SWOT分析は、多くの営利企業が経営戦略を練るときに実践しています。同様に公共経営戦略を練る際にも有用な情報を与えます。

　組織を取り巻く環境は大きく分けて内部環境と外部環境の二つに分けることができます。内部環境とは簡単に言うと組織自身が自分でコントロールできる環境のことで、外部環境とは組織自身が自分ではコントロールできない環境のことです。内部環境にはたとえば、経営資源（ヒト、モノ、カネ）の配分の仕方や、生産ノウハウ、販路など、組織が自身の判断で変化させたり、開発したり、開拓したりすることのできる事象が含まれています。一方、外部環境[2]にはたとえば、景気動向や顧客動向、天気、災害、外国が行う政策

やライバル企業の生産量など、組織が自身ではコントロールすることのできない事象であり、与えられた事象として受け入れるしかない事象です。

　内部環境を分析することからわかることは、自分の組織の強みと弱みです。他者と比較して自分が優れている点（強み）はさらに努力を重ねれば、もっと優位な立場に立てるでしょうし、劣っている点（弱み）は努力をしなかったから、ますます不利な立場に立つことになるでしょう。弱みは自分の努力次第で強みにも変えられますし、強みも怠けていたら弱みに転じるかもしれません。つまり強みと弱みは自分でコントロールできる事象です。たとえば、「優れた商品開発力」や「充実した販路をもっている」、「多くの社員が常に危機感をもって仕事している」などは、企業の強みです。そして、これらは企業自身が決定する経営方針や経営手法によりコントロールすることができる事象です。一方、「自社のブランド力がない」、「経営トップがいずれも事なかれ主義である」、「営業担当者が御用聞き的な営業しかできない」などは、企業の弱みです。そしてこれらもまた企業自身が決定する経営方針や経営手法によりコントロールできる事象です。商品力、マーケティング力、販売力、ブランド力、技術力、生産能力、研究開発力、資金力、立地、人材、組織力、物流網などは、その企業の経営努力次第で、強みにも弱みにもなりえます。

　一方、外部環境からわかることは、自分の組織が直面している機会と脅威です。たとえば、「中国での消費意欲が高まっている」、「業界全体の国内需要が伸びている」、「本格参入しても十分利益を上げられる市場がある」などは、企業が売り上げを伸ばし、企業を大きくすることのできる機会であるといえます。しかし、これらの事象は一社がコントロールできる事象ではありません。一方、「同業他社が新製品を開発した」、「製品を輸出しているある

2）外部環境分析には、社会経済環境分析、市場分析、仕事環境分析などがあります。また市場分析はニーズ分析とライバル分析の二つに分けられます。ニーズ分析とは、サービスの需要者のニーズ（そのサービスを必要とする人たちがいるかどうか、その人たちはどんな人たちか）について分析します。一方、ライバル分析は、同種のサービスの供給者の経営戦略を分析します。これはライバルの戦略を加味した戦略を練るために行われます。

国で戦争が起こった」、「天候不順により輸出船が出航できない」、「外国で日本製品の不買運動が発生した」などは、その企業にとっては脅威となる事象です。これらもまた、一社がコントロールできる事象ではありません。外部環境は、それを所与として受け止めるしかない事象だといえます。政治・法律環境、社会・文化環境、自然環境、経済環境、人口、競合他社の動き、仕入先・取引先の動き、海外市場の動きなどは、一つの企業の経営方針や経営手法が大きく影響を及ぼし得る事象ではありません。つまり、自身でコントロールできない事象です。また、その時の状況によりその企業にとって機会にも脅威にもなります。

　一般に、内部環境と外部環境は、組織内の社員や職員にインタビューやアンケート調査を行って、あぶりだすことになります。またシンクタンクや経営コンサルタント会社に民間委託して、第三者の目から客観的にあぶりだしてもらうことも可能です。

　内部環境分析および外部環境分析により、組織にとっての強み（S）、弱み（W）、機会（O）、脅威（T）を把握することができたら、それらをSWOTマトリックスに転記します。マトリックスとは日本語で行列の意味です。SWOTマトリックスは一般的に表1のようなものです。強みと機会、強みと脅威、弱みと機会、弱みと脅威をクロスした部分それぞれについて分析することを、ここではSWOTマトリックスによるクロス分析と呼ぶことにしましょう。

表1　SWOTマトリックスによるクロス分析表

SWOTマトリックス

	O	T
S		
W		

表1の行はSとWで列はOとTです。この例だと上段左にはSとOの事象を、上段右にはSとTの事象を書くことになります。他方、下段左にはWとOの事象を、下段右にはWとTの事象を書くことになります。

SWOTマトリックスによるクロス分析の結果をどのように経営戦略の策定に利用するのでしょうか。表2には、4つのセル（分割された小部屋）のなかに、それぞれのセル対応する経営戦略が示されています。

強みと機会が交差するセル（上段左）では、強みを機会に対して生かす経営戦略を考えることになります。この組織には強みをさらに強化できる追い風が吹いている状況です。戦略がうまくゆけば、その組織は大きく成長することができるでしょう。一方、強みと脅威が交差するセル（上段右）は、強みを生かして脅威を排除するための経営戦略を考えたことになります。この戦略がうまくゆけば、これまで組織にとって向かい風であった脅威が、軽減されたり、脅威でなくなったりする可能性があります。他方、弱みと機会が交差するセル（下段左）では、機会を生かして弱みを克服するための経営戦略を考えることになります。つまり、弱みを克服するには好都合の追い風が組織に吹いているということになります。経営戦略がうまくゆけば、弱みでなくなる可能性もありますし、それまでの弱みが一転、強みに変わる可能性もあります。最後に、弱みと脅威が交差するセル（下段右）です。ここでは、組織にとって弱みであることに対して向かい風が吹いている状況です。組織

表2　SWOTマトリックスの各セルにおける経営戦略

SWOTマトリックス

	O	T
S	強みを機会に対して生かす経営戦略は何か	強みを生かして脅威を排除するための経営戦略は何か
W	機会を生かして弱みを克服するための経営戦略は何か	弱みと脅威が重なることから、損失を最小限にするための公共経営戦略は何か

にとってかなり不利な状況であるといえるでしょう。この時組織は、できる限り損失を最小にする経営戦略を考える必要があります。市場から撤退という選択肢も考えなければならないかもしれません[3]。

3　SWOT マトリックスの公共経営への応用

　ここでは SWOT 分析の公共経営へのごくシンプルな仮想的応用例をみていきましょう。少子化により労働力人口（15 歳以上で働く意思のある人）が減少傾向にあります。一国の経済を成長させる要素の一つは労働力人口の増加ですから、労働力人口の減少はわが国の経済力低下といった深刻な問題を引き起こします。そして、それは地方経済にも大きなダメージを与えます。少子化を食い止めることはとても重要なことですが、いま少子化問題が解決できたとしても、労働力人口が増加し始めるのは今から 15 年後になります。もっと迅速に女性の労働力人口を増やすことはできないでしょうか。地方自治体 C にも何らかの対策が求められています。そこで地方自治体 C はまず SWOT 分析を行い、労働力人口を増加させるための戦略を練ることにしました。下記の地方自治体 C を取り巻く外部環境および内部環境に関する次の記述が、それぞれ O（機会）、T（脅威）、S（強み）W（弱み）のいずれに該当するかを考え、①〜④を記入することにより SWOT マトリックスを完成させてみたいと思います。

① 子育て世代が増加傾向にある地方自治体 C は、同じように待機児童問題を抱える地方自治体に比べて対策が遅れており、保育園の数は全国平均よりかなり少ない。
② 男女雇用機会均等法が施行されたが、女性の労働力人口を増加させる効果は極めて限定的である。
③ 全国的に発生している空き家の防災や防犯上の問題が浮き彫りとなり、

3）それまで事業に投資した額を考えると撤退するかどうかの判断はとても勇気が必要です。人それぞれ撤退を決断するポイントは違うと思いますが、ソフトバンクを設立した孫正義氏は、30％以上の確率で失敗すると考えるときは撤退を決断するそうです。30％の損であれば、挽回できるというのが彼の持論です。

この問題に関する世論の関心は大きい。また、この問題の早期解決を望む地方自治体Cの市民の声も大きい。
④ 社会における女性の活躍を推進することに熱心な首長が当選し、地方自治体Cでは、待機児童問題の解消に多くの予算を投じることができる。

　まず、①についてですが待機児童問題そのものは、地方自治体C自身が保育所をたくさん設置したり、NPO等による保育所新設に対して補助金を出したりするなどの方法により、保育園の増加が見込めますので、地方自治体Cがコントロールできる事象です。しかし、①はその対策が遅れていると述べています。したがって、①は弱み（W）となります。一方、男女雇用機会均等法の効果は地方自治体Cがコントロールできる事象ではありませんので、②は外部環境です。そして女性の労働力人口を増やそうとしている地方自治体Cにとっては、向かい風となる事象です。したがって、②は脅威（T）ということになります。他方、全国的に発生している空き家の防災や防犯上の問題に対する世論の高まりは、地方自治体Cがコントロールできる事象ではありません。したがって③の記述は外部環境です。しかしこの問題の解決を望む市民の声が大きいことは、地方自治体Cにとって、世論の高まりを背景に官と民とが協力してこの問題に取り組むよい追い風です。したがって、③は機会（O）ということになります。最後に、④は地方自治体Cが、待機児童問題の解決のために投じる多くの予算があると述べています。これは地方自治体Cがコントロールできる事象ですし、多くの予算を使い、さまざまな対策を講じることができます。したがって、④は強み（S）ということになります。

　このように考えると、地方自治体CのSWOTマトリックスは、表3のようになります。

　次に、機会を生かして弱みを克服する地方自治体Cの公共経営戦略を考えてみましょう。つまりSWOTマトリックスの上段下（①③）の情報を用いて公共経営戦略を練るということになります。③には、空き家問題の解決を望む地方自治体Cの市民の声が大きいこと（機会）が述べられていました。

表3　地方自治体CのSWOTマトリックス

SWOTマトリックス

	O	T
S	③　④	②　④
W	①　③	①　②

一方で①には、地方自治体Cの保育園の数は全国平均以下であること（弱み）が書いてありました。そこで、公共経営戦略にとしては、改築することにより流用可能な空き家はどんどん改築して小規模な保育園を増設していくことが考えられます。空き家問題を何とかしなければならないという世論の追い風が、待機児童問題という地方自治体Cの弱みを克服する追い風になるという例です。この公共経営戦略を実行するにはさまざまな問題もあるでしょうが、これにより待機児童問題だけでなく空き家問題も解決できれば一石二鳥です[4]。そのほかにもこの例から実行可能で現実的な公共経営戦略が考えられるかもしれません。皆さんも考えてみてください。

4　政策を評価する

4.1　政策を評価する意義

皆さんは、これまで、小、中、高、大と教育課程を進むにつれ、さまざまなテストを受けてきたと思います。社会人になってからも、資格試験を受けたり、TOEICや英検などの語学検定試験等を受けたりする人がいます。テ

---

[4] 東京都は2013年から、空き家や空き店舗などを活用して小規模保育事業に転用する市区町村に対し財政支援を行う「東京スマート保育」を実施しています。これまで国から一切補助のなかった6～19人の小規模保育施設の開設、運用、貸借料や運営費に対して一定額まで補助する制度です。

ストの点数を見るときが一番ドキドキしますし、その結果に一喜一憂したこ
とも多いでしょう。勉強方法がこのままで良いのか、それとも改善すべきか
評価する際に有用な情報をテスト結果は与えてくれます。

　国や地方自治体が行う政策についても評価は大切な作業です。どんなに良
いと思える政策が実施されていても、その成果を検証しなければ、その政策
は市民のニーズにマッチしているのか、意図した市民に準公共財や価値財が
届けられているか、政策の改善は必要なのか、今後もその政策を継続すべき
か、などを決めることができません。政策の実施には多額の費用がかかりま
す。その費用はわたしたちが支払った税金から拠出されているわけですか
ら、政策の成果を正確に把握するための政策評価は、税金の無駄遣いをなく
すための重要な手段の一つであるといえるでしょう。長期にわたる財政難に
直面しているわが国にとっては、政策を評価することの重要性が今後ますま
す認識されています。

　それでは評価とはいったいどのようなものでしょうか。評価の概念とその
手法は、1930年代のアメリカで形成されました。そこで、まずは評価に関
するアメリカの歴史を少しだけ振り返ってみましょう。

　アメリカでは政策に対して実施される評価を、プログラム評価と呼びま
す。アメリカでプログラム評価がより広く実施されるようになったのは、
1960年代以降のことです。その契機となったのが、ジョンソン政権下で行
われた「貧困との戦い」という政策です。この政策では、貧困を撲滅するた
めに、連邦政府予算を投じましたが、それだけでなく、貧困撲滅のための政
策の効果を測定することも求められました。また1967年には議会の付属機
関である米国会計検査院（GAO：General Accounting Office）に政策に対する
評価を行う権限が与えられました。GAOは、政府が多額の予算を投じて実
施した政策が、財政支出額に見合った効果をもたらしているかを評価しよう
としたのです。つまり、税金を使って実施される政策のValue for Money
（VFM：税金に見合った価値）を重視してプログラム評価が実施されたといえ
るでしょう。そして、1970年代に入ると、どの連邦政府機関においても、
プログラム評価が実施されるようになりました。また客観的なプログラム評

価を求めて、外部機関にプログラム評価を委託することも行われるようになりました。このことによりプログラム評価を請け負うシンクタンクなどが多数設立され、いわば「評価市場」なるものが誕生しました。1980年代のレーガン政権下では、新しい政策に対する予算がカットされたため、プログラム評価もやや滞りがちとなりました。しかし、クリントン政権下で政府業績結果法（GPRA：Government Performance and Results Act of 1993）が1993年に制定されたことにより、プログラム評価が再び脚光を浴びることになります。このGPRCは、政策目標の達成度の測定とその報告を義務づけた法律であり、わが国で2001年に施行された行政評価法（行政機関が行う政策の評価に関する法律）のモデルとなった法律です。その後のブッシュ政権、続くオバマ政権とプログラム評価は、政策実施とセットで当然のごとく行われています。

4.2 プログラム評価の定義

マサチューセッツ大学のピーター・ロッシによると、プログラム評価とは、「社会的介入プログラムの成果を体系的に検討するため、社会科学的手法を用いて検証すること」であるとしています。つまり、プログラム評価を行うには、①プログラムの成果（アウトカム）を正確に計測し、②その計測結果を用いて成果を客観的に評価する基準が必要であるいうことです。そして①、②の作業は社会科学の手法に則って行われるということです。科学的手法というからには、政策の成果を何らかの基準に則して定量的に（数字で）測ることになります。つまり、「この政策は、ある程度うまく機能し、住民も満足している様子なので市民のニーズにもマッチしていたと考えられる。したがってこの政策は継続すべきである。」というような定量的裏づけのない評価は、プログラム評価とはいえません。評価者は、プログラムの成果を計測する方法を考え、それをデータ化し、分析を行って、客観的評価基準に則して政策の成果を評価するという一連のプロセスを踏まなければなりません。

政策を実施するためには、「ヒト」、「モノ」、「カネ」、「情報」といった経営資源を投入する必要があります。それらは総称してインプット（投入要素）

と呼ばれています。インプットを使って社会問題を解決するために産出されるのがアウトプットです。ここでは、アウトプット（産出）は供給された準公共財や価値財そのもののことです。アウトプットが社会問題解決のために使われて、政策の最終目標である社会問題が解決されます。そして、準公共財や価値財の供給により、社会問題がどの程度解決されたかを示すものがアウトカム（成果）です。ここで重要なのは、政策の評価はアウトプットに対してではなく、アウトカムに対して行わなければならないということです。もし政策の評価がアウトプットに対して行われると、たとえば箱物をどんどん作って、箱物ができたこと自体に満足してしまいます。そして不必要な箱物をどんどん作り、その箱物がどれほど社会問題の解決に寄与したのかということに対する関心は薄れます。アウトカムでなくアウトプットを重視していたのが、これまでの日本の公共経営の特色でした。

　アウトプットとアウトカムはやや混同しやすい概念ですので、次の例によりその違いをはっきりと区別できるようにしておくことが大切です。たとえば、慢性的な違法駐車が救急車の病院への到着時間を妨げているとしましょう。このとき、違法駐車取り締まり件数はアウトプットで、救急車の病院への到着時間の短縮部分がアウトカムということになります。たとえばA市の政策目標が、新たにがんになる患者の5年後の生存率を10%ポイント上昇させることである場合、インプットは、人的資源（医師、看護士など）と物的資源（抗がん剤やMRI、CT、PETなどの検査機器など）です。一方、アウトプットは市民がんセンターの建設、市民がんセンター利用患者数、手術の成功率などであり、アウトカムは、がん患者の5年後の生存率ということになります。また、失業者対策を考えるとき、ハローワークの職員が面談を行った失業者の数はアウトプットで、そのうち何人再就職したかということがアウトカムということになります。

4.3　プログラム評価の特色

　プログラム評価には、一般に「必要性の評価」、「セオリー評価」、「プロセス評価」、「インパクト評価」、「効率性の評価」の5種類があります。ここで

は、それぞれの評価手法についてみていきましょう。まず、「必要性の評価」です。前述したとおり政策の実施には、多額の費用を必要とします。その費用の主な出所は私たちが払う税金です。したがって、その政策を本当に実施する必要性があるのか、あるならどういった理由からかということを、政策を実施する以前に入念に調べ、多額の費用をかけてまで実施する必要性がある政策であることを確認しておくことが重要です。必要性の評価は、プログラムを実施する前に行う評価ですので「事前評価」といわれています。政策実施の必要性を説くには、どんな社会問題に市民は直面しているのか、その社会問題の程度はどの程度かということについて入念に調査し分析することから始めます。たとえば、特別な介護サービスを必要とする人が増加し社会問題が明らかになったとしましょう。その介護サービスの特色やそれを必要とする人の数、そのサービスを供給できる組織数などを調べることになります。つまり社会問題の性質、程度をまず社会科学の手法を用いて分析・把握し、その社会問題解決に特化した政策の必要性を検証することが必要性の評価であるといえるでしょう[5]。

　次に、「セオリー評価」です。セオリーは日本語に訳すと「理論」です。これは政策目標を達成するために政策のシナリオが理論的に正しいかどうかを評価するというものです。つまり政策目標のために書かれた設計図が理論的に正しいかどうかを評価することになります。政策目標が非現実的であったり、社会問題を解決する効力をもたない準公共財や価値財を供給したり、それが理論的に妥当性を欠くシナリオであれば、その政策シナリオは再検討されなければなりません。たとえば飲酒運転によって引き起こされる交通事故を減らすには、いったいどうしたらよいのでしょうか。警察官を増やし取り締まりを強化するべきでしょうか、それとも酒気帯び運転に対する刑罰を重くすべきでしょうか。どちらが効果的に飲酒運転による交通事故の発生を抑えることができるのでしょうか。少年犯罪はどうしたら減るのでしょうか。補導歴のある少年たちに、刑務所の悲惨な生活を見学させるのはどうで

---

[5] 2010年度予算編成のために民主党政権が導入した事業仕分けは、必要性の評価の一種と考えることができます。

しょう。政策目標達成のための政策シナリオが十分理論的であるかどうかを検討することは、とても重要なことです。なお、セオリー評価も政策が実施される前に行われることから「事前評価」に分類されます。

「プロセス評価」は、プログラムが実施されている途中で、当初計画したとおりに実施されているかを検証するものです。計画したタイムスケジュールどおりに準公共財や価値財の供給が行われているか、想定された質と量の準公共財や価値財が、対象とする需要者に届けられているかなどを検証します。その方法としては、これらの財の供給量や質に対する需要者の満足度や投入予算額などの記録を取り、計画と実施との間に乖離がないか検証することになります。これらの財が、実際需要者に届けられる段階で、計画したときと異なる量や質になってしまう例もあります。特に、国が計画した政策を地方自治体が実施する時などには、そのようなことが発生する可能性は少なくありません。プロセス評価を行うことにより、計画と実施状況の間の乖離を埋める微調整が実施されることになります。

「インパクト評価」はプログラム評価のなかでも特に重要な評価です。インパクトは、影響力や反響、効果といった意味をもっています。政策によって社会問題がどの程度解決あるいは軽減されたのかを検証する目的でなされるのがインパクト評価です。前述したとおり、政策の効果はアウトプットではなく、アウトカムで測ります。もしアウトカムが改善していなければ、それは政策の効果がなかったことを意味します。先ほどの犯罪率の例でいうと、警官の数を増やし飲酒運転取り締まりを頻繁に行っても、飲酒運転による事故が少なくならなければ、その政策のインパクトがないということになります。そしてインパクトがない政策は止めるべきだという結論になります。なお、インパクト評価は政策の実施後に行われますので、「事後評価」の一つになります。

最後に「効率性の評価」です。インパクト評価では、アウトカムを計測することにより、政策の効果がどれだけあるかを定量的に示すことができました。しかしながら、インパクト評価は、その政策を実施するためにかかった費用は考慮に入れていません。どんなに優れたアウトカムをもたらす政策で

あっても、それに見合わない費用がかかっていては、費用対効果の視点からは優れた政策とはいえません。投入された資源にかかった費用に見合った政策の効果があったかどうかを、効率性という観点から評価することは重要です。たとえば、まち中の公営駐車場の駐車料金を引き下げることが駐車違反を劇的に減らしたとしても、多くの委託監視員を雇い頻繁に違法駐車を取り締まった方が、同程度の効果を安価に実現できるとすれば、後者の方が優れているということになります。このように、政策に投入した費用に見合うアウトカムが得られているかどうかを評価することが効率性の評価です。また、効率性の評価は政策を実施する以前に行うものもありますし、政策の実施後に行うものもあります。

　同じような効果をもつ他の政策との比較により効率性の評価を行うこともできますし、他の地方自治体が行う同じような政策を比較することにより、効率性の評価を行うこともできます。前者の場合、まず、政策を実施することにより将来期待できる便益を予測し、その貨幣価値を計算します。そしてその便益と政策を実施するためにかかる費用を比較することになります。これは、費用・便益分析と呼ばれています。一般的に将来期待できる便益を貨幣価値で表すことは容易ではありません。また、将来期待できる便益をどう予測するかによって費用・便益分析の評価結果は大きく変わってしまいます。たとえば、新しいバイパス道路をつくる際、それにかかる費用は積み上げ計算をすれば比較的簡単に算出することができます。しかし、新しいバイパスがもたらす将来にわたる便益は多岐にわたり容易に算出できません。

　後者の場合、インパクト評価のために計測したアウトカムに関するデータと政策実施に要した費用に関するデータを用いて効率性の評価を行うことになります。このような効率性の評価は費用・効果分析と呼ばれています。アウトカムをインプット（投入資源量）で割ってアウトカムとインプットの比率を計算し、複数の地方自治体、あるいは複数の政策の間で比較することになります。

4.4 インパクト評価の実践

ここではインパクト評価の実践例を紹介します。インパクト評価の結果が妥当かどうかはアウトカムの計測が妥当であるかどうかに大きく依存します。アウトカムは政策の介入以外にも、その他多くの事象から影響を受けるため、純粋に政策のみがアウトカムに及ぼす影響を把握することは難しいです。たとえば、補導歴のある少年に刑務所の生活を見せるという政策を実施したにもかかわらず、少年犯罪率が増加したとしましょう。このとき、少年に刑務所の生活を見せるという政策のインパクトはなかったといえるでしょうか。景気が急速に悪化するというような事態が発生し、親が失業するなどして家庭が貧困に長く苦しめられるような生活環境に少年が直面したとき、やむなく窃盗を犯す少年は増加するでしょう。つまりインパクト評価を正確に行えるかどうかは、実行した政策以外にアウトカムに影響を与える事象をすべて把握した上で、それらのアウトカムへの影響を除去し、実行した政策のみのアウトカムへの影響を把握することができるかどうかにかかっているといえます。

そこで、政策のアウトカムに対するインパクトを正確に測定したインパクト評価の例として、ランダム実験モデルを見てみましょう[6]。図2に示されているように、ランダム実験モデルでは、まず評価対象集団を無作為に二つのグループに分けます。一つは政策を実施するグループ（実施グループ）で、もう一つは政策を実施しないグループ（比較グループ）です。

次に政策実施後にそれぞれのアウトカムを計測します。このとき、グループへの政策のみの純粋な効果を測定するために、政策以外のアウトカムに影響を与えるような事象をコントロール指標として計測し、これらの影響を取り除いておくことが重要です。実施グループと比較グループでは、政策を実施するかしないか以外、まったく同じ性質をもつグループであることが理想

---

6) ここで取り上げたランダム実験モデル以外のインパクト評価について詳しく知りたい読者は、竜慶昭・佐々木亮（2004）『「政策評価」の理論と技法』多賀出版を参照してください。

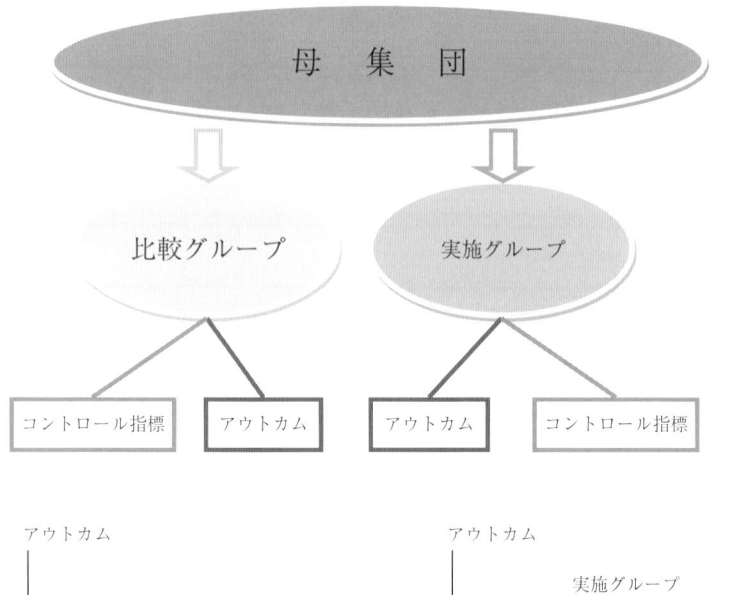

図2 インパクト評価-ランダム実験モデル

的です。さもないと比較グループと実施グループのアウトカムに差が生じたとしてもそれが政策による影響なのか、その他の影響なのかがわかりません。たとえば特別な英語教育プログラムを実施する英語特区のインパクト評価を行うとしましょう。このとき英語特区の学生グループ（実施グループ）とその他の学生のグループ（比較グループ）を比較し、特区で実施された特別な英語の授業が学生の英語力にどれだけ影響を与えたかを知るためには、特別な英語の授業が実施される以前の二つのグループの学生の平均的な英語力（アウトカム）は同程度である必要があります。さもなければ、特別な英

語の授業を実施したのち、英語特区の学生の方がその他の地域の学生より英語力がついていたとしても、特別な英語の授業を始める以前にそもそも英語特区の学生の英語力の方が高かったという可能性を排除することができないからです。

以下では、竜・佐々木（2004）[7]でも取り上げられている Rossi ほか（1980）[8]によるランダム実験モデルによるインパクト評価の事例を見てみましょう。

事例：アメリカメリーランド州ボルチモア市の LIFE プログラム

刑期を終えて出所したばかりの元受刑者が、またすぐに犯罪を起こして刑務所に逆戻りしたという話は日本でもよく耳にします。その原因の一つに出所直後の金銭的困窮があるのではないかといわれています。刑務所での生活を通じて、犯罪者を更生させるにもコストがかかっています。出所後直ぐまた刑務所に逆戻りという状況は、犯罪者を更生させるという刑務所の機能に疑問を生じさせる大変望ましくない事象だといえます。そこで、アメリカのメリーランド州ボルチモア市では、刑期を終えて出所したばかりの元受刑者に当面の生活費の援助を行うという LIFE プログラムを 1970 年代に実施しました。このプログラムの目的は再犯率を低下させることにあります。したがってこのプログラムのアウトカムは再犯率（％）です。

このプログラムでは、まず刑期を終えて出所した受刑者 432 人を無作為に二つのグループに分けました。一つは雇用されるまでの間、最大で 13 カ月間、毎週 60 ドルの生活費を支給する実施グループ（216 人）で、もう一つは生活費を援助しない比較グループ（216 人）です。1 年後のボルチモア州警察の逮捕記録から図 3 のような結果が得られました。

図 3 より明らかなように、このプログラムを実施したことにより、窃盗については再犯率が 8.6％ポイント減となり、軽犯罪については再犯率が 2.3％ポイント減となっています。一方で、その他の深刻な犯罪については再犯率

---
7) 竜慶昭・佐々木亮（2004）『「政策評価」の理論と技法』多賀出版。
8) Rossi, P.H., Berk, R.A. and Lenihan, K.J.（1980）Money Work and Crime: Some Experimental Evidence, Academic Press.

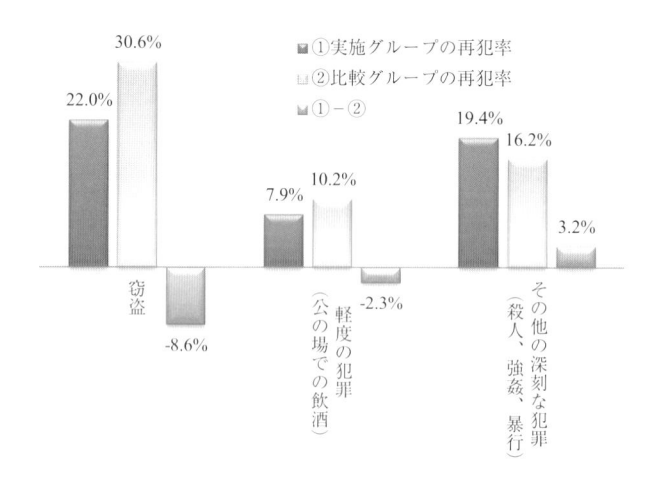

図3 ボルチモア市の LIFE プログラム

出典：Rossi, P.H., Berk, R.A., and Lenihan, K.J.（1980）*Money, Work and Crime: Some Experimanetal Evidence*, Academic Press.

が3.2%ポイント増となっています。ただし、実施グループと比較グループに元受刑者を無作為に分けたとはいえ、このプログラムに参加したか否か以外のことが大きく再犯率に影響を与えた可能性は否定できません。そこで統計的な処理を行い、実施グループと比較グループの再犯率の差が統計的に意義あるものであるかどうかをテストしました。その結果、窃盗のみがこのテストをクリアしました。つまり、窃盗以外の実施グループと比較グループの再犯率の差は、統計的には信ぴょう性が薄いということになります。よって、窃盗という犯罪に限っては、このプログラムのインパクトがあったが、軽犯罪とその他の深刻な犯罪については統計的にインパクトがあったとはいえないことになります。

　このプログラムには、どのような改善の余地があるでしょうか。一つは、窃盗犯罪で服役した元受刑者のみに対して LIFE プログラムを実施することです。そしてその他の犯罪歴をもつ元受刑者に対しては別のプログラムを考えるべきだと考えます。そのほかに、どのような LIFE プログラムの改善策があるのか、皆さんで考えてみてください。

4.5 効率性の評価の理論モデル

　複数の地方自治体の間で公共経営の成果（アウトカム）を比較することが可能であるなら、最も効率性の高い地方自治体をベスト・プラクティスとみなし、そのベスト・プラクティスを良く研究し、模倣することにより、ベスト・プラクティスに近づけるように改善策に向けた行動（Action）をとることも可能です。そこで効率性の評価の結果からベスト・プラクティスを発見し、そのベスト・プラクティスを模倣することにより準公共財や価値財供給の効率性を改善するという公共経営戦略の理論的応用例を見てみましょう。

　いま図4のように、地方自治体A〜Eがひったくり犯の年間検挙者数の増加に取り組んでいるとしましょう。人口1万人当たりのひったくり犯の年間検挙数をアウトカムとします。ひったくり犯の増加を阻止する要因としては、失業率の改善や給与所得の上昇などに表れる経済状況の好転や取り締まる警官数の増加、監視カメラの設置場所の増加や街路灯の増設などが挙げられます。ここでは話をわかりやすくするために、インプットを人口1万人当たりの警官数に限定しましょう。

　図4では縦軸に人口1万人当たりの年間平均ひったくり犯検挙数を表し、横軸には人口1万人当たりの警官数を表しています。縦軸がアウトカム、横軸がインプットであり、A〜Eで表される各点は地方自治体A〜Eのアウトカムとインプットの組み合わせを示しています。たとえば地方自治体Fでは、100人の警官がひったくり犯を年間50人検挙しています。一方、地方自治体Bでは、160人の警官がひったくり犯を年間90人検挙しています。

　さて、図4から最も効率的に警官がひったくり犯を捕まえている地方自治体（ベスト・プラクティス）を見つけてみましょう。ここで各地方自治体は、「人口1万人当たりのひったくり犯の年間検挙数」を生産していると考えます。このとき、図5のように、原点、A、Bを結ぶ直線を描いてみます。この直線は、「生産可能フロンティア直線」と呼ばれるものです。

　この生産可能フロンティア直線の下方領域であれば、さまざまなアウトカムとインプットの組み合わせが可能です。たとえば地方自治体Bは地方自

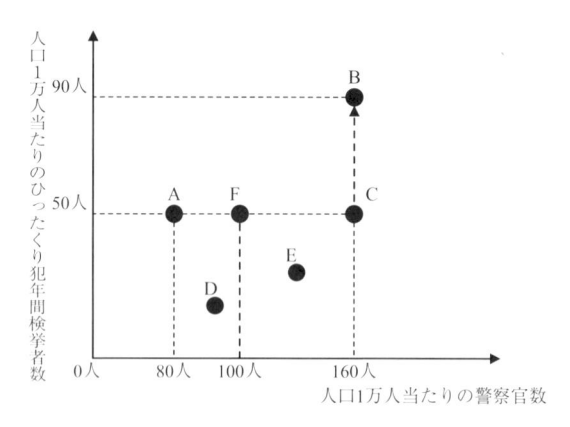

図4 公共経営の効率性の比較

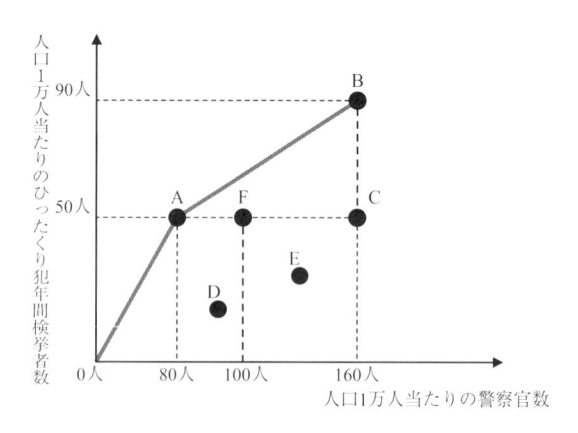

図5 生産可能フロンティア直線とベスト・プラクティス

治体Cと同じインプットの量(人口1万人当たりの警官数が160人)です。地方自治体Bはアウトカム90人を達成していますが、それより少ない地方自治体Cのアウトカム50人も生産可能です。一方、生産可能フロンティア直線より上の領域には、どの地方自治体も存在しません。つまり、生産可能フロンティア直線より上の領域は、生産可能な領域ではないことを示しています。したがって、生産可能フロンティア直線より上の領域には実行可能なアウトカムとインプットの組み合わせはありません。生産可能な領域で、そ

の最もフロンティア（先駆）を示すのが生産可能フロンティア直線ということになります。

さて、生産可能フロンティア直線上に地方自治体があれば、それはベスト・プラクティスを実践している地方自治体です。つまりこの例では、地方自治体Aと地方自治体Bはベスト・プラクティスです。このことを確認するために地方自治体BとCを比較してみましょう。地方自治体BとCは同じインプット（160人の警官数）を投じています。しかしながら両者のアウトカムはどうでしょうか。同じインプットを投じているにもかかわらず、地方自治体Bのアウトカムは90人、地方自治体Cのアウトカムは50人です。これら二つの地方自治体を比較すると明らかに、地方自治体Cより地方自治体Bの警官のほうが効率よく、ひったくり犯を検挙していることになります。つまり地方自治体Cはベスト・プラクティスではないということになります。一方、警官160人を投入している地方自治体のうち地方自治体Bより大きなアウトカムをもつ地方自治体は存在しません。したがって、地方自治体Bはベスト・プラクティスだということができます。

今度は地方自治体AとCを比較してみましょう。地方自治体AもCも同じアウトカム（50人）です。一方、インプットはどうでしょうか。地方自治体Aはインプット50人で地方自治体Cはインプット160人です。つまり同じアウトカムを得るのに、地方自治体Aでは、インプットが80人で済むのに対し、地方自治体Cではインプットが地方自治体Aの2倍の160人必要だということになります。したがって、地方自治体Cはベスト・プラクティスではありません。また地方自治体Aより少ないインプットでアウトカム50人を達成できる地方自治体は存在しませんから、地方自治体Aはベストプラクティスであるということになります。

地方自治体Cはインプットでみても、アウトカムでみてもベスト・プラクティスではないことがわかりました。ベスト・プラクティスである地方自治体を、効率的な公共経営を行っている地方自治体であると言い換えると、地方自治体Cは効率的でない（非効率的な）公共経営を行っている地方自治体であるといえます。では、地方自治体Cはどれくらい効率的なのでしょ

うか。どれくらい効率的かを表す指標を効率値といいます。地方自治体 C の効率値は、ベスト・プラクティス（地方自治体 A と地方自治体 B）と比較することにより明らかになります。まず、インプットでみた地方自治体 C の効率値を考えてみます。地方自治体 A と C は、同じアウトカム（50 人）を得るのに、地方自治体 A では、インプットが 80 人で済むのに対し、地方自治体 C ではインプットが地方自治体 A の 2 倍の 160 人必要でしたから、インプットでみた地方自治体 C の効率値は、1 / 2（＝ 80 / 160）です。同様に、地方自治体 B と地方自治体 C を比較すると、アウトカムでみた地方自治体 C の効率値は、5 / 9（＝ 50 / 90）です。なぜなら、地方自治体 C と B は、同じインプットを投じているにもかかわらず、地方自治体 B のアウトカムは 90 人、地方自治体 C のアウトカムは 50 人だからです。なお、生産可能フロンティア上にない地方自治体 D、E、F もまた非効率な公共経営を行っている地方自治体です。

では、ベスト・プラクティスである地方自治体 A と B の効率値はどうでしょうか。もし、地方自治体 C が地方自治体 A を模倣してベスト・プラクティスになろうとするならば、図 6 のように、地方自治体 C は C' → C" へと移動します。このときの効率値はたとえば 80 / 120（C' 点）、80 / 100（C" 点）というように大きくなり、そして、地方自治体 C が地方自治体 A と完全に一致したとき、地方自治体 C もまたベスト・プラクティスとなります。このときの効率値は 80 / 80、すなわち 1 です。

他方、地方自治体 C は、地方自治体 B を目指すことでベストプラクティスを達成することも可能です。このとき図 7 のように地方自治体 C は C* → C** へと移動します。そして、地方自治体 C が地方自治体 B と一致したとき、効率値は 1 となり、地方自治体 C はベスト・プラクティスとなります。つまり、生産可能フロンティア直線上にある地方自治体の効率値は、インプットでみてもアウトカムでみても 1 ということになります。

なお、非効率的な公共経営を行う地方自治体 F が警官数 100 人で効率値 1 を目指すとき、達成しなければならないアウトカムの値は 60 人で、これは線分 AB の式を求めることで簡単に確認することができます（図 5 参照）。

4 政策を評価する

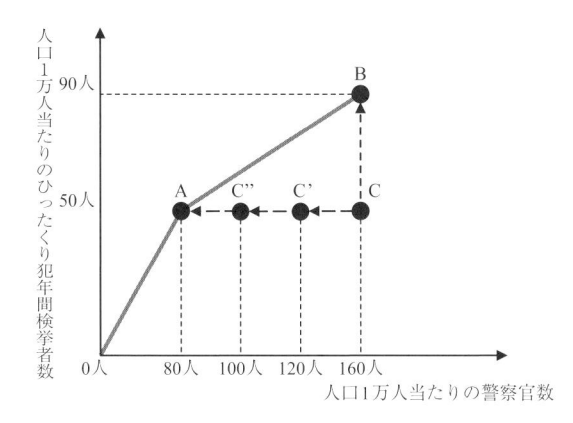

図6 改善に向けた動き－その1

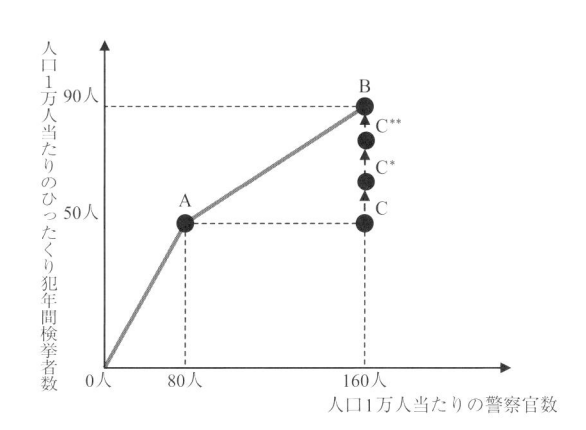

図7 改善に向けた動き－その2

　ところで、地方自治体Cは効率的な公共経営を行っていないという効率性の評価がでました。そこで、地方自治体Cは改善に向けた行動（Action）を実施し地方自治体Aか地方自治体Bのどちらかを目指す（効率値1を達成する）としましょう[9]。それは地方自治体Cの財政状況や政策の優先順位などによって決まってくると考えられます。たとえば地方自治体Cは財政難に直面しており、警官の数をカットしなければならないとしましょう。しか

し、警官の数をカットすると、人口1万人当たりのひったくり犯の年間検挙者数は減るかもしれません。警官の数をカットしても、カットする前と同レベルにアウトカムを保つためには、警官1人当たりのひったくり犯検挙率を上げる必要があります。つまり、警官1人当たりのひったくり犯検挙率を上げるという改善（Action）を行いながら、地方自治体Cは地方自治体Aを目指すことになります。

一方、地方自治体Cでは、ひったくり犯の年間検挙者数をもっと増やし、安全・安心なまちづくりを実現することが政策的に優先される事項であると首長[10]が考えているとしましょう。このとき地方自治体Cは警官の数をカットして地方自治体Aを目指すのではなく、警官数はそのままにして人口1万人当たりのひったくり犯検挙者数を増加させることにより地方自治体Bを目指すことになります。このとき地方自治体Cはベスト・プラクティスである地方自治体Bをお手本に改善に向けた行動（Action）を行うことになります。地方自治体Bがどのようにして、現状のレベルのひったくり犯の年間検挙者数を達成できたのかを検証し、地方自治体Bが行っている方法を模倣することにより、地方自治体Cは、警官1人当たりの検挙者数を上昇させることが可能です。

4.6　プログラム評価の相互作用とPDCAサイクル

以上の5つのプログラム評価手法はそれぞれお互いに関連し合っていることに注意が必要です。必要性の評価はセオリー評価を実施するために必要な基礎情報を与えてくれます。そもそも必要性とされない政策の理論上の効果を議論しても何の意味もありません。セオリー評価は政策の設計図です。セオリー評価で、理論的に政策の効果がどのような理屈で実現できるのかを把握しておかなければ、政策のアウトカムが何であるかを示すことができませ

9）生産可能フロンティア直線上に移動しさえすれば、効率値1は達成されますので、無論、地方自治体Cは垂直あるいは平衡移動しかしないというわけではありません。
10）内閣総理大臣や都道府県知事、市町村長などの行政機関の長を指します。

ん。したがって、政策実施途中で理論どおりうまくいっているかどうかを評価するプロセス評価はもとより、政策実施後に行われるインパクト評価もできないことになります。アウトカムがはっきりしないと、効率性の評価も行うことはできません。このように5つの評価はお互いに影響しあい、一つが欠けても正確な評価を行うことができません。正確な評価（Check）が行えないと改善に向けた行動（Action）も的外れとなり、ひいてはPDCAサイクルの失敗という結果になりかねません。効率的な公共経営を行うには、プログラム評価の実施は必要不可欠です。したがってプログラム評価のための費用は政策実施のための予算の一部として、もとより計上されるべき費用なのです。

（松永佳甫）

第7章

新しい公共の担い手
──NPO とソーシャルビジネス

1 NPO とソーシャルビジネスへの期待

　近年、多様な社会課題は、重層化し、時系列でとらえると年々深刻化している課題が散見されるようになりました。たとえば、児童相談所における児童虐待相談対応件数は、平成 12 年に制定された児童虐待防止法によって顕在化したこともあり、11,631 件（平成 11 年度）から 73,000 件超（平成 25 年度）へと急増し続けています。事実、児童への虐待は緊要な課題です。また、フリーターやニートなど青少年の雇用の問題は近年の課題であり、厚生労働省の重点施策として多額の予算[1]をつけ若者就労支援を行っています。さらに、高齢者においては、認知症患者の厚生労働省の推計が 2025 年度におよそ 700 万人と著しく増加が見込まれています。2013 年には G8 認知症サミットが開催されるなど、高齢社会を迎える諸国にも共通の課題であり、医療と介護をどのように組み合わせて対応していくことができるのか模索が続いています。

　いずれも政策課題として十分に認識され予算を投じて対策をとってきています。しかしながら、長期にわたる社会課題の原因は複雑であり、しかも、いまだ効果的な解決策を見出せない課題も少なくなく、新たな解決手法や、その課題に取り組む多様な担い手が求められています。

　1995 年、阪神・淡路大震災を契機に、市民の力は、公共サービスの質を向上させうる担い手として、期待されるようになりました。第 3 章でも説明

---

1) 26 年度、若者フリーターなどの正規雇用化の促進を含む若者活躍推進に 321 億円予算。

されていますが、1998年、特定非営利活動促進法（通称：NPO法）が議員立法で制定されました。この法律は、1条に「ボランティア活動をはじめとする市民が行う自由な社会貢献活動としての特定非営利活動の健全な発展を促進し、もって公益の増進に寄与することを目的とする。」とあるように、市民の活動を促進するものです。具体的には、本法律の別表には「保健、医療又は福祉の増進を図る活動」など20項目の分野が、また、公益社団法人及び公益財団法人の認定等に関する法律（通称：公益法人認定法）の別表では23項目の分野を明示しているとおり、NPOの活動は多岐にわたります。2009年に当時の民主党政権は、内閣府の政策として「新しい公共」を推進しました。その担い手として市民の活動を含むNPO法人や公益法人など多様な非営利セクターを位置づけました。市民の主体的な活動をもって社会を築く重要性が改めて認識されたといえるでしょう。このようなNPOの活動は、国際的にも活発であり、非営利セクターの台頭によって、「政府にできることと市民の必要性の間のギャップを埋めあわせることができる」（サラモン1994）ととらえられてきました。

　かつて、渋沢栄一は、以下のように発言しました（渋沢 1999）。

> 慈善救済と云ふものは、昔日は唯だ人情の発露を直ぐに現すだけであったが世の進むに従って、（中略）方法も進化して昔の可憫そうだといふ一念が発露しただけに留まるといふことは、此20世紀の慈善としては決して適当なものではなく、さらに一歩進めたならば、矢張り経済の原理に基づいた、（中略）組織的継続的慈善で無いと救済せらるる人に効能があるとはいへぬ。

　当時の慈善活動に対して、個人の志を積み重ねて組織的に活動し、かつ継続的にあるための工夫と責任を求めました。21世紀の現代において、NPOセクターは、「新たな公共の担い手」と期待される一方で、どのように受益者や社会に影響を与えることができるのか、そのために、どのように持続的にサービスを提供することができるのか、社会の変化に見合った活動を一層

求められているといえるでしょう。

本章では、市民の力による社会課題の取り組みに着目するなかで、特に、「ソーシャルビジネス」と呼ばれる公益の増進に寄与する「事業」とは何か、どのように事業を推進していくことが重要かを考えていきます。そして、NPOやソーシャルビジネスがもつ社会課題解決力の可能性をみていきます。

2 ソーシャルビジネスとは何か？

2.1 ソーシャルビジネスの位置づけ

「ソーシャルビジネス」には、現在、法律に基づいた定義づけはありません。経済産業省では、ソーシャルビジネスに着目し、2007年よりソーシャルビジネス研究会、その後、2010年よりソーシャルビジネス推進研究会によって概念整理をするとともに、地域振興経済政策を検討してきました。また、神戸市では、ソーシャルビジネスを推進することを目的として積極的に支援策を展開し、2012年には先進的実践例に「KOBEソーシャルビジネスマーク認証」制度を創設しました。

ソーシャルビジネス推進研究会の定義では、「ソーシャルビジネスは、様々な社会的課題（高齢化問題、環境問題、格差問題など）を市場としてとらえ、その解決を目的とする事業。「社会性」「事業性」「革新性」の3つを要件とする。推進の結果として、経済の活性化や新しい雇用の創出に寄与する効果が期待される。」とあり、社会目的事業であることを強調しています。この文言からソーシャルビジネスを遂行する主体は、NPO法人や一般社団・一般財団法人をはじめとする市民社会組織（CSO）に加えて、商法上の法人格をもつ株式会社も該当します。収益事業を行うNPOやワーカーズコレクティブ（労働者協同組合）、革新的な協同組合法人、社会的責任を重視した民間営利企業、地域再生に取り組む地元商店など、多様な主体の事業が連想できます。[2]

---

2) 日本ではソーシャルビジネスの統計調査は限られていますが日本政策金融公庫総合研究所では2014年度にソーシャルビジネスの経営実態に関する調査を実施。

NPO	社会的企業	ソーシャルビジネス	営利企業
慈善活動中心　事業型	事業の経済的自立　組織の経済的自立	社会的責任事業	CSR・SRIを重視　利潤最大化株主利益を重視

ハイブリッド組織

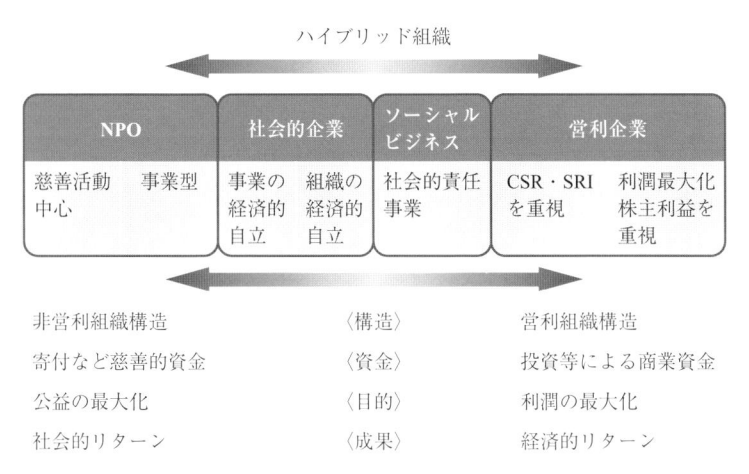

非営利組織構造	〈構造〉	営利組織構造
寄付など慈善的資金	〈資金〉	投資等による商業資金
公益の最大化	〈目的〉	利潤の最大化
社会的リターン	〈成果〉	経済的リターン

図1　米国のハイブリッド組織の類型

出典：Dees 1998；Emerson 2003；Alter 2004；Bibb et al. 2004 を参考に翻訳作成

　図1は、非営利組織から営利組織まで社会貢献事業を展開する組織の類型として米国で頻繁に引用されてきました（ディーズ 1998；エマーソン 2003；アルター 2004；ビッブ et al. 2004）。法人体系を網羅しているものではなく、非営利セクターと営利セクターの区別が曖昧になってきていることを読み取ることができる図です。ここでは、ソーシャルビジネスを非営利セクターよりも、民間企業がより社会性を強めた領域として位置づけています。日本ではソーシャルビジネスの定義に関する議論は続いていますが、主体による区別をせず、事業型NPOから民間企業が行う事業まで広くとらえる傾向にあります。むしろ、慈善活動がもつ社会的使命感や手法を用いていることに加えて、人材や資金など資源を効率的に配分する事業だといえます。このように営利と非営利セクターの強みや特徴を備えているため「ハイブリッド」と表現されます。それでは、われわれの周りにある従来の事業との相違点や共通点はどこに見出すことができるのか、まず、ハイブリッドな組織について特徴をみていくことにします。

■ 2.2 社会性と経済性を兼ね備えたハイブリッドな組織

　ソーシャルビジネスに関係する用語を列挙してみると、社会的企業、ソーシャルファーム、ソーシャルベンチャー、社会イノベーション、社会起業家、社会インパクト、社会責任投資など、既存の言葉に「社会」をつけて表現していることがわかります。「社会」という言葉の有無によって新たな概念に意義を見出したといえます。フィルス他（2008）は、ソーシャルイノベーションの概念を明確化することに挑戦した論文ですが、「社会とは何か」、「イノベーションとは何か」、という整理をしながらソーシャルイノベーションの本質に迫りました。そのなかで、米国の判例を引用し、「社会を定義することはできないが個別に判断することができる」ものであり、「結果として社会起業家精神、社会的企業、非営利マネジメントなどを研究もしくは実践の場においている人々は、動機や活動意図、法人格、解決すべき課題、社会への影響力の広範囲において」社会性を解釈し表現するようになったと論じています。

　社会的企業は、社会性と経済性を兼ね備えたハイブリッドな組織です。英国、イタリアをはじめとするヨーロッパ各国、そしてアジアでは韓国において法的に位置づけています。その対象は、協同組合法人を中心にとらえた法律や、多様な法人格をもって社会的企業の認定を受け登録する制度などさまざまです。意図するところは、主として、社会的弱者の雇用創出や、多様な担い手によってコミュニティに便益をもたらすこと、また、そのための新たなしくみを創造するところにあります。既述の類型図では、社会的企業は、非営利セクターよりに位置づけられています。非営利と営利セクターの特徴を兼ね備えているならば、両者の最も異なる点として、利害関係者（ステークホルダー）がどのように意思決定にかかわるのでしょうか。

　ヨーロッパにおいて協同組合の研究をコアとする連帯経済の研究者ネットワークである EMES（社会的企業の台頭を意味する名称）は、サードセクターにとって重要な視点である参加型のガバナンスを社会的企業の指標の一つととらえました。つまり、ユーザーや顧客を含むさまざまなステークホルダー

が意思決定に関与することが社会的企業の重要な性質を構成するとし、「多くの場合、経済的活動を通して地域レベルの民主主義をより深めることが社会的企業の目的の一つである。」ととらえました。また、「社会的企業の主要な目標の一つは、コミュニティもしくは人々の特定のグループに奉仕するということであり、社会的企業の特質は、彼らの地域レベルにおける社会的責任を促進しようとする欲求である。」としています。

　実際、社会的企業は地域活性や地域再生に取り組んできたコミュニティに根づいた組織に多くみられ、新しく創造された組織だけではないことがわかります。EMESが強調する「コミュニティを利するという明確な目標」をもっていること、「市民社会組織によって開始されたイニシアティブ」である、「有意なレベルの経済的リスク」をとる、といった指標は、日本では、コミュニティビジネスを想起させます。社会的企業とコミュニティビジネスの相違点は、利潤配分の考え方にあります。社会的企業は、利潤配分を限定的にとらえています。「社会的目的の重要性は利潤分配の制限に反映されなければならない。しかしながら、社会的企業は完全な非分配制約で特徴づけられる組織だけを含むのではなく、多くの国の協同組合のように、限定された範囲で利潤を分配するものも含む。それは利潤最大化行動を避けるということである」とし、非営利組織とも異なることを強調しています。他方、コミュニティビジネスは、むしろ利潤を地域に還元することがビジネスの目的であり、場合によっては積極的に利害関係者に分配することになります。経済産業省では、地域特有の課題解決に取り組む事業をソーシャルビジネスと区別してコミュニティビジネスと呼んで地域振興経済政策として支援しています。しかし、「ソーシャルビジネスは、コミュニティビジネスを包含する概念」と整理しているにすぎず、明確な定義はありません。コミュニティビジネスについては、第3章第6節に地方自治体の取り組みとともに詳しい説明があり理解を助けます。

　また、コミュニティは地域性だけではなく、特定のテーマを意味します。ソーシャルファームは、特定の福祉の課題解決に事業を行う社会的企業です。

このようなハイブリッドな組織からみるように、これまでの枠組みでは語ることのできないビジネスのあり方が台頭し注目されています。具体的にソーシャルビジネスには、どのような特徴があるのでしょうか。本章では、ソーシャルビジネスの目的、手法、成果の三つの視点から特性をまとめ、新しい公共の担い手としての意義を明らかにします。

3　ソーシャルビジネスの特性

3.1　ソーシャルビジネスとアドボカシー

　ソーシャルビジネスの特性は、まず、社会課題を詳細に特定し、その目的を達成するためにアドボカシー（政策提言）を行うことです。課題はどのような根拠をもって示されたのか、なぜ問題となるのか、といった調査研究に基づいて抽出する課題発見能力と、背景となる状況を伝えて問題提起を行う発信力が求められます。クラッチフィールド、グラント（2007）は、米国の調査研究から、インパクトのある非営利組織が重要視する要素の一つとしてアドボカシーを上げたように、アドボカシーは、ソーシャルビジネスにとっても普及の観点から有益な視点となります。また、課題の導出には、地域のニーズを明らかにすることで導くことができる「ニーズ深耕」型と、すでに定着した考えや価値観を疑うことでみえてくる「既成概念打破」型があります。この場合、社会から理解が得られ、実績が出るまであきらめずに取り組む中長期的な姿勢が必要となります。

　たとえば、「ニーズ深耕」型の例として、高齢社会における地域の医療と福祉のサービスがあります。両者は、一般に、施設やサービスは分離していることが多く、高齢者に向けた包括的な地域支援ができるよう改善策が論じられていますが、まだ、地域に定着していません。ソーシャルビジネスは、このような地域課題を事業可能性のある「機会」ととらえます。どのような高齢者にどのようなサービスを提供することが、高齢者自身や介護者など利害関係者、そして、地域にとって便益を高められるかを模索し、事業モデルを構築していきます。

「既成概念打破」型の例としては、マイクロファイナンスが挙げられます。2006年にノーベル平和賞を受賞したムハマド・ユヌス（Muhamad Yunus）が創設したグラミンバンクや、NGO大手のBRACは、バングラディッシュをはじめ途上国の貧困層にお金を貸しても返ってこないという一般常識を覆し、小口で融資をすることで自立を促しました。マイクロファイナンスという新たな事業モデルは各国に広がりました。また、日本では、病気の子どもは親が看るものだという考えに対して、仕事をもつ母親の過度の負担に着目した結果、病児保育の整備へとつながりました。ソーシャルビジネスが、経済的にも持続可能な事業として普及する背景には制度変革が伴っていることから、アドボカシーが重要であることを裏づけています。

3.2 ソーシャルビジネスと協働

次に、ソーシャルビジネスの成果を最大化させる手法として、協働を重視する特性があります。ソーシャルビジネスは、事業を推進する際に複数の負荷が生じることがあります。

ソーシャルビジネスの事業目的を人々の生活に起こす変化からみると、主に四つに整理できます。一つめは、社会的不利者を直接雇う「雇用創出」事業です。ニート対策を意図してスキルがなくとも訓練を行いながら雇用する場合や障がい者雇用などが挙げられます。二つめは、市場にサービスや商品を提供することで、消費者や社会にメッセージを送り、消費行動を変化させて新たな資金循環を促す「市場取引型」事業です。三つめは、新たな価値観を提供する啓発活動や、よりよい生活のための理解を促す教育事業などを通じて、市民、個人の行動の変化を促す「啓発・人材育成」事業です。たとえば、普及していない環境適応素材を用いた事業や学校教育では十分習得できない冒険教育や自然教育などが挙げられます。四つめは、地域社会のつながりを構築し、豊かにする「地域資源醸成・コミュニティ再生」事業です。実際には複数の目的をもって活動しています。

たとえば、フェアトレードを例に挙げましょう。フェアトレードとは、第三世界で伝統的に栽培されてきた生産物に対して、現地小規模生産者の働き

を尊重し公正な取引を継続的に行うものです。現地の生産者を育成し、生産地域を豊かにするとともに、市場を通じて商品を提供し、消費地の人々の行動を変化させる両方の目的があります。しかし、既存の市場が成り立っているところに、価格の高い商品を提供して参入するわけですから、経営は容易ではありません。国内においても、コミュニティビジネスのように、地域活性化を意図して農産物を小規模で始める場合、競合に対して事業の持続可能性を見出すためにはどうすればいいのでしょうか。その産物に商品やサービスの新たな価値を見出す、コミュニケーションを工夫する、というように新たな市場を創出することが求められます。ソーシャルビジネスは、このように社会的意義が高いものですが、経営上は負荷となるものにあえて挑戦する事業といえます。財務的にみて収益がなければ事業自体が成り立たないため、ソーシャルビジネスもさまざまな経営戦略が必要となります。

したがって、一つの事業や主体だけでは社会への影響力や課題解決力が限られるため、協働は一つの戦略となります。国際的には活発に議論しているテーマで、「レバレッジをどう利かすか」という表現があります。レバレッジとはてこの原理を意味するとおり、限られたリソースであっても、他の力を集めて、使えるリソースを増大させ、成果につなげる考え方をいいます。また、クラマー、カニア（2011）は、「コレクティブ・インパクト[3]」と表現して、どのような協働が社会への影響力を高めることができるかを研究しています。これは、民間企業が事業を進める上で戦略をもって、パートナー企業を選択することと同様ですが、ソーシャルビジネスの場合は、その関係性が対等もしくは、対等に議論する関係にあることが特徴となります。日本でも行政とNPO、企業とNPOとの協働は、長年挑戦が続いています。双方の理解の上に成り立つものですが、実績からみると協働が容易ではないことがわかっています。

---

3) たとえば、米国コンサルタントのFSGは協働による社会への影響力を高めることを「Collective Impact（コレクティブ・インパクト）」と名づけ、The ASPEN Instituteとともに議論と実践のコミュニティCollective Impact Forumを設立しています。

インドのプラディープ・カシュヤップ（Pradeep Kashap）は、協働関係者がそれぞれ有益性をもつウイン・ウイン・フォー・オール（Win-Win for All）となるようにビジネスモデルを構築することが協働による事業を成立させる要素だと主張してきました。カシュヤップは、シャクティ・プロジェクトの構築に貢献した第一人者です。

　シャクティ・プロジェクトとは、ヒンドゥスタン・ユニリーバが、既存の流通網ではカバーできない人口1～2千人の村で、その村の女性をユニリーバ商品の訪問販売事業者として育成し、ユニリーバの流通網拡大と、女性たちの生活の安定という二つのニーズをうまく結びつけて展開した事業です。このプロジェクトの当初の成果は、事業者の女性の世帯収入が2倍になったこと、また、地域にすでに存在したマイクロファイナンスや、女性小規模事業主などを、いわばインフラとみなして活用したことで、会社としては新たな投資を行う必要なく市場を拡大することができ利益を上げる可能性を見出せたことです。女性事業主は、2000年開始当時の50名程度から10年超を経て、多くの村で女性がビジネスに参加するようになり、今では48,000人〔Hindustan Unilever Ltd. (2012)〕へと拡大しました。

　シャクティ・プロジェクトのように経済のピラミッドの底辺にあたる途上国の貧困層を顧客と考えることで、地域開発と企業活動の融合をもって事業を展開することをBOPビジネスと呼びます。BOPとは、ベース・オブ・ピラミッド（Base of Pyramid）の頭文字をとったもので、プラハラードらが提唱しました。この概念[4]は、世界銀行をはじめ国際開発や支援の現場で注目され、多様な利害関係者を包括し社会的弱者をはじめ誰しも疎外しない事業であることから、インクルーシブ・ビジネス（Inclusive Business）とも呼ばれています。シャクティプロジェクトは、BOPビジネスの先駆的なモデルとして広く知られています。

4）Coimbatore, Prahalad K.; Stuart, Hart, L.（2002）The Fortune at the bottom of the pyramid, Strategy＋Business, issuee26, PwC Stratey＆Inc. で発表。その後まとめられた書籍の翻訳本として、スカイライトコンサルティング訳（2005）『ネクスト・マーケット』英治出版。

これらの論点は、ソーシャルビジネスの本質を明らかにします。つまり、ソーシャルビジネスの特徴として見逃してはならない点は、シャクティ・プロジェクトが地方の十分に教育が得られなかった女性の社会参加を拡大し、かつ、地域経済の変革につながったとおり、利害関係者が複雑な環境下においても協働した主体の便益が持続することで変化を加速化したことにあるといえます。

3.3　ソーシャルビジネスと成果

　社会性と経済性を兼ね備えたソーシャルビジネスはどう評価することができるでしょうか。成果の視点からソーシャルビジネスをとらえ、新たな評価基準で示すことが社会の理解を得る上で有益です。ソーシャルビジネスの活動は、社会をどのように変えることができたのかという社会価値と、どれだけ利益を生みだすことができたのかという経済価値双方が成果だと考えられます。なかには、環境価値を加えて評価することがあります。経済価値は、これまで構築されてきた企業会計等で示し、市場の基準をもって評価されます。社会価値はどうでしょうか。

　ディーズ（2001）は、「価値は、企業において、売られている財やサービスを生み出すのにかかるコストよりも消費者がより多くを払おうとするときに生み出される。市場は社会起業家にとっては十分に機能しない。市場は、社会の向上や公共の利益あるいは損害、さらに、払う余裕のない人々に対して生じた利益を評価する役目を果たすことはない」、よって、「社会価値の評価基準は社会に対する影響力"社会インパクト"であり、社会、財務の成果から事業の進展を評価する」ことを提案しています。ディーズは、社会起業家研究の父と呼ばれ、社会課題の解決を目指した事業を推進する社会起業家を起業家の一つの類型として位置づけ、理論的説明を加えた「社会起業家精神の意義」を著わしました。この論文は、ソーシャルビジネスを含む社会目的事業の概念を従来の営利事業や非営利セクターの支援と区別した学問領域として各国に研究を広げ深化させる契機となったものです。

　では、市場がなぜ社会課題に寄与するのかについて、岡田（2014）は、制

度経済学者のハイエクの主張を引用しました。「ハイエクは、分散知識を市場の重要な要素の一つととらえる。分散知識とは、コミュニティや複雑な組織に内在する多様な知識や観点の集合知を作り出すのに有用な、分散して存在する個人が持つ知識や観点を意味する。」とし、市場は、「個人個人が異なった知識を持ち、各個人が異なった行動をとる可能性を持っていることから、知識が分散して存在する場」であるため、多様な知識が除外されることなく存在する、と説明しました。したがって、市場は、社会課題解決を目的としたソーシャルビジネスを受け入れ、事業の発展に寄与する可能性があると考えられます。

　つまり、ディーズが「自分達が価値を生み出しているということを証明しなければならない。」と述べたとおり、市場が判断できるように、ソーシャルビジネスは、使用した資源に対して十分な社会価値を創出できたことを示すことが求められるのです。そのためには、顧客や受益者についての的確な情報や理解をもつこと、そして、それによって資金提供者を含む利害関係者のニーズや価値観と、現場で必要としているニーズや価値観とを一致させることが有益であり、ソーシャルビジネスにとっての挑戦となります[5]。

4　ソーシャルビジネスの成長支援

　ソーシャルビジネスの成長は、規模の拡大だけで測ることはできないでしょう。成長の尺度を量的拡大と質的拡大にわけて整理する必要があります。量的拡大の場合は、顧客の増大、拠点や店舗の拡大、販路や展開エリアの拡大、事業収益や利益率の向上など、営利セクター同様に経済規模の拡大を意味します。従業員に関しては、非営利組織の場合は、有償スタッフのみならず、ボランティアやより責任をもって継続的にかかわる無償のスタッフ

5）たとえば、2010年にパイロットケースが始まったソーシャル・インパクト・ボンド：SIBs は、業績に対する評価に基づいて公共経営を行うもので、米国、オーストラリアなど各国に広がり始めています。英国のシンクタンクであるヤング財団、NESTA、ニューエコノミクス財団（NEF）らが研究を重ね、公共サービスに対する成果報酬（Payment by Results：PbR）を提唱し政策に取り入れられたものです。

の増加も量的拡大の要素になります。

　他方、質的拡大とは、受益者の満足度の向上、連携する組織や人とのネットワークの拡大、活動の認知の拡大、さらには、事業モデルが広がることや地域社会のつながりが強化されることなどです。組織単体の拡大ではなく、使命を達成する過程で社会に与える影響力が高まっていくことを意味します。国際的な議論においても、持続可能な事業展開のためには、組織規模を大きくする「スケールアップ」から、コミュニティでの成功モデルをより迅速に他の地域に展開する「スケールアウト」に関心が移行しています。社会課題を解決するためにいかに組織外のネットワークを広げ、「スケールアウト」ができるのか、そのためにはどのような支援が必要か、という論点です。経済産業省は、スケールアウトの支援となる「ソーシャルビジネスノウハウ移転・支援事業」を行っています。

　ソーシャルビジネスへの支援の主体は、政府、民間ともにありますが、政府が主導する、あるいは、民間の動きを政府が後押しする方法で支援策を講じています。なかでも、英国では、中間支援機関を通じて社会的企業を支援する手法をとり、政権が交代しても継続されてきました。新たな政策は、財政支出を削減するためだけではなく、公共サービスの質を高める社会目的事業に民間の資金が循環することが主要な目的です。米国では、ソーシャルビジネスの成長を支援する政策や研究が活発化しています。

　デューク大学ヒュークワビジネススクールのCASE（Center for the Advancement of Social Entrepreneurship）は、社会インパクトを拡大させる研究（Scaling Social Impact）を実施してきました。なかでも、ブルーム（2012）は、事業をより効率的に、そしてより影響力をもつことを説明する要素は何か、米国非営利組織の調査に基づいて計量経済分析を行い、有意に働く7つの説明変数を抽出しました。具体的には、表1のとおり、人材（Staffing）、コミュニケーション（Communicating）、連携の構築（Alliance-building）やロビー活動（Lobbing）、技術移転・汎用性など複製展開（Replicating）、収益事業（Earning Generation）、市場創出、そして市場の力を生かすこと（Stimulating Market Forces）です。ソーシャルビジネスの成長にむけて、どの部分に課題を抱え

表1 スケーリングの説明変数とその指標（一例）

人材	組織内にスタッフを効率よく配置しているか 優秀なスタッフを引き留めているか 不足する労働力を補うためにボランティアを集められるか 有益な人材を理事として引きつけてくることができるか 定期的に戦略立案を行っているか
コミュニケーション	組織のストーリー性を社会に認知させたか 組織が生み出してきた価値を資金提供者に知らせることができているか 取り組んでいる課題解決につながるように個人に訴えかけているか
連携	ウインウイン関係になる組織とパートナーシップができているか 新しいプログラムを進めるとき協働で実施しようと試みているか 単独でする以上のことを連携することで達成しようとしているか 成果を共有しようとしているか
ロビー活動	政府機関等に働きかけているか その結果自らが取り組んでいる活動に対して資金提供を得られたか 政府機関等が活動にとって有益な法律や制度を設立することになったか 取り組んでいる課題が公共政策のより重要な位置づけとなったか
複製展開	複数の地域、環境、状況のもとで、効率的に自らの活動やシステムは機能することができるか 容易に自らのプログラムを複製、展開することができるか 複数の地域で、自らのプログラムを管理し調整することができるか
収益事業	組織が提供する商品やサービスの収入が主要な収益源となるか 組織にとって主要な収益源となる寄付者や支援者を開拓しているか 持続可能な組織に導く活動に対して資金調達をする方法を見出したか
市場創出	活動を通じてそのビジネスが資金を得られることを論証できているか 商品やサービスを支援することで消費者が便益を得たことを明らかにすることができるか 課題の解決に市場の力を信頼できるか

出典：ポール（2012）より翻訳、作成

ているか組織を見直すことが有益であることを示唆しています。

ハーバード大学ケネディスクールのハウザー非営利センターでは、成長した非営利組織は、ブランド戦略を単に資金調達のツールとして用いておらず、むしろ、組織の結束に必須のものとして生かしているという研究成果を発表しました。カイランダー、ストーン（2012）は、ブランド戦略とは対外的なコミュニケーションによる収益の向上や認知度の向上を図るためだけではなく、組織内の多様な関係者のつながりを強化すること、相互の信頼関係を構築すること、そして、組織の使命や価値を共有する手段として重要な役割を果たすものであることを示しました。

米国 K. W. ケロッグ財団やウィスコンシン大学エクステンションセンター PD＆E：program of development and evaluation（開発と評価プログラム）、そして、アーバン・インスティテュートの Outcome Indicators Project（成果指標プロジェクト）などでは、ロジックモデルを使用した業績評価手法の事例研究を行っています。ロジックモデルとは、「プログラムのための利用可能な資源，計画している活動，達成したいと期待する変化や成果のかかわりについて，自らの考えを体系的に図式化するもの」です。

活動にあたって短期、中期、長期の経過ごとに、成果目標を定め、結果（アウトプット）とともに、設定した目標に対する成果（アウトカム）[6]がどれだけ到達できたか、さらには社会に変化を起こしたか（インパクト）を評価する動きが1990年代以降広がりをみせています。ソーシャルビジネスにとって、長期的な活動における質的変化を適切にみせていくことになるこの手法を用いることで活動の透明性が高まります。また、「プログラム（事業，施策）

---

6) W. K. Kellogg Foundation（2001), Logic Model Development Guide
（財農林水産奨励会農林水産政策情報センター訳）では、以下のように説明しています。「アウトプット（Outputs）とは，プログラムにおける活動の直接の産物で，そのプログラムで提供するサービスの種類，レベル，及び対象が含まれます。アウトカム（Outcomes）とは，プログラム参加者の行動，知識，技能，立場，及び機能レベルにおける特定の変化をいいます。短期のものは1～3年以内，中長期なものには4～6年以内に達成可能なものです。インパクト（Impact）とは，プログラム活動の成果として，7～10年以内に起きる組織，地域社会又は制度内で生じる意図した変化と予想外の変化で根本的なものです。」

の計画から実施、その効果の評価という一連の流れのなかでプログラムに関係する計画立案者、実施者、受益者等で意見を交換し、プログラムの効果を高め、改善するためのツールである。」と説明しているとおり、多様な利害関係者によるコミュニケーションの促進が事業の改善につながることが明らかになっています。社会性の高いビジネスも成長支援が必要であるという考え方が定着しさまざまな研究が進められています。

5　公共の担い手として

　ドラッカー（1989）は、「非営利組織は、人と社会の変革を目的としている」と述べました。そのためには、まず、「組織の強みと成果に目を向けなければならない」と、非営利セクターにとってもマネジメントの重要性を説きました。そして、設定した使命を具体化して事業を進め「しかるべき成果をあげられそうか」、「自分たちの強みを発揮できそうか」目標に向かって常に問い続けることが必要であることを示しました。

　ソーシャルビジネスは、ドラッカーが提起した人と社会の変革を目的としたビジネスだといえるでしょう。本章では、ソーシャルビジネスに必須の要素をアドボカシー、協働、インパクト評価だと述べました。影響力を高めていくための成長戦略は、利害関係者とのコミュニケーションにありました。ソーシャルビジネスの利害関係者に包括する地域や社会的弱者、政府、時には、営利を追求する組織体と連携し、相互に利潤があるようなウイン・ウイン・フォー・オールの関係を構築していく方法です。利害関係者が複雑な環境下においても協働を築きそれが持続することで変化を加速化していきます。ソーシャルビジネスの社会的、経済的成果の双方を評価することは、利害関係者への説明責任だけではなく、利害関係者間で共通認識をもち事業を進めていくために有益であることがわかりました。しかし、異なるセクター間の協働のためのマネジメントは容易ではありません。共有された成果目標に向かって公益のための戦略的なマネジメントを行う人材の育成があわせて必要になります。

　そして、ソーシャルビジネスが、真に新しい公共の担い手であるかどうか

は、多様な価値観をもった市民自らが市場を通じて判断することになります。的確な判断がなされるためのしくみづくりと、社会の変革に一人ひとりがどう携わっていくのかが問われていくでしょう。

（服部篤子）

参考文献

Alter, Suita, K.（2004）*Social enterprise typology*, Virtue Ventures LLC Bibb, Elizabeth, Fishberg, Michelle, Harold, Jacob and Layburn, Erin（2004）*The Blended Value Glossary*（http://www.blendedvalue.org/wp-content/uploads/2004/02/pdf-blendedvalue-glossary.pdf）2014.4.14

Bloom, Paul, N.（2012）*Scaling Your Social Venture : Becoming an Impact Entrepreneur*, Palgrave Macmillan

Crutchfield. R. Leslie, Grant M. Heather,（2008）Forces for Good ; The six practices of high-impact nonprofits, Jossey Bass

Dees, Gregory, J.（1998）Enterprising Nonprofits, *Harvard Business Review*, January-February 1998 pp. 55-67

Dees, Gregory, J.（2001）*The meaning of Social Entrepreneurship*, Center for Advanced study of Social Entrepreneurship（CASE）, Fuqua Business School, The Duke University（http://www.caseatduke.org/documents/dees_sedef.pdf）2014.4.14

Defourny Jacques, Nyssens Marthe（2012）, The EMES approach of social enterprise in a comparative perspective, EMES WP. No 12/03（今村肇訳（2014）），

Drucker, Peter, F.（1989）Managing the Nonprofit Organization, Harper Collins（上田惇生・田代正美訳（1991）『非営利組織の経営―原理と実践』ダイヤモンド社）

Emerson, Jed（2003）The blended Value Proposition : Integrating Social and Financial Returns, *California Management Review*, Vol. 45, No. 4 pp. 35-51

服部篤子・武藤清・渋澤健編著（2010）『ソーシャルイノベーション―営利と非営利を超えて』日本経済評論社 pp. 35-36

Hindustan Unilever Ltd.（2012）Unilever Sustainable Living Plan Progress Report 2012 INDIA p. 17
（http://www.hul.co.in/Images/USLP%E2%80%93India-2012-Progress-Report_tcm114-241468.pdf）2014.4.14

Kylander, Nathalie and Stone, Christopher（2012）The Role of Brand in the Nonprofit Sector, *Stanford Social Innovation Review*, Spring 2012 pp. 36-41

Kramer, Mark and Kania, John（2011）Collective Impact, *Stanford Social Innovation Review*, winter 2011. pp. 36-41

Mulgan, Geoff（2009）*The Art of Public Strategy : Mobilizing Power and Knowledge for the Common Good*, Oxford University Press

岡田仁孝（2014）「制度変革と BOP ビジネス―持続可能性と分散知識―」『国際ビジ

ネス研究』第 5 巻第 2 号、p. 17
Phills, James, A.; Deiglmeier, Kriss and Miller, Dale, T.（2008）Rediscovering Social Innovation, *Stanford Social Innovation Review*, fall 2008, pp. 34-43
Salamon, Lester, M.（1994）The rise of Nonprofits Sector, *Foreign Affairs*, Vol. 73, No. 4（「福祉国家の衰退と非営利団体の台頭」『中央公論』1994 年 9 月号）
渋沢研究会編（1999）『公益の追求者・渋沢栄一：新時代の創造』山川出版社
W. K. Kellogg Foundation（2001）Logic Model Development Guide
㈶農林水産奨励会農林水産政策情報センター訳（2003）『ロジックモデル策定ガイド』政策情報レポート 066）
　（http://www.maff.go.jp/primaff/kenkyu/gaiyo/pdf/066.pdf）2014.4.14

第8章
CSR（企業の社会的責任）と持続可能性

1 世界で高まるCSRの要請

　企業の社会的責任とは何でしょうか。Corporate Social Responsibility（CSR）の日本語訳で、持続可能な発展に貢献するために、企業が経済的な利益を追求するだけではなく、事業活動が社会や環境に与える影響について責任をもつことです。本来、企業は社会のために存在するものです。しかし日本でも高度経済成長期に深刻な公害問題が発生してしまったように、経済利益を優先するあまり世界中で環境問題や社会問題が引き起こされてきました。企業には、社会や環境に与えるマイナスの影響を予防または最小化し、もし与えてしまった場合は迅速にかつ誠実に対処することが求められています。同時に、本業や社会貢献事業を通して社会の課題解決や持続的な発展に貢献し、社会的な価値を創造するというプラスの効果を最大化することも期待されています。企業がCSRを進める上で、企業に何らかの利害関係をもつステークホルダー（従業員、株主、労働組合、消費者、NPO等）との対話や連携、地域社会への参画などが重要なポイントになります。

1.1 グローバル化とCSR

　企業の社会的責任という概念（CSR：Corporate Social Responsibility）は新しいものではありません。第二次世界大戦前に遡るという諸説もありますが、現在、使われている「CSR」の概念は1945～1960年代の冷戦時代に企業利益を自由市場資本主義の発展に結びつける際に用いられたといわれています（Carroll and Shabana 2010）。日本においては、江戸時代に生まれた近江

商人の「三方よし（売り手よし、買い手よし、そして世間よし）」という経営哲学を今日のCSRの起源とする説が多いようです。

しかしながら、CSRが世界で加速的に広く使われるようになった背景に、グローバル化の「光と陰」があります。1980年代にグローバル化が加速化するに従い、世界経済や金融、IT技術などが活発になりました。その一方で、企業活動が国境を越えて拡大するに伴い、社会や環境に与える負の影響が深刻になりました。

熱帯林では、10秒ごとに東京ドーム1個分の天然林が減少しているといわれますが、多国籍企業による違法伐採の事例がいくつも報告されています。グローバル化によって、私たちが身につけるカジュアルウェアやスポーツシューズから、日常使っているコンピュータやタブレットまで、途上国で作られている製品はとてつもない数になっています。その製造・生産現場で児童労働や賃金未払いといった労働・人権問題が発生することも少なくありません。また、チョコレートの原料であるカカオ生産地やコットン栽培地では、いまだに多くの子どもたちが働いています。経済発展の「陰」で起きているこれらの問題が地球社会の持続可能性を脅かしているという共通認識が、世界中でCSRの関心を高めてきたのです。

また米国で起きたエンロン事件に象徴されるように、世界で企業の不祥事が頻発していることも企業へのCSRの要請を高めました。他にもインターネットの普及により情報量がグローバルに増加したことや、NGOや市民社会組織が台頭してきたこともCSRの推進に拍車をかけた要因となりました。

1.2 国連グローバル・コンパクトとトリプルボトムライン

1999年、当時のコフィ・アナン国連事務総長は、世界の企業経営者に対しすべての人がグローバル化の恩恵にあずかれることを求めました。これを受けて、国際連合では、2000年に人権、労働、環境の分野における9原則からなる企業の行動原則を定め、国連グローバル・コンパクトとして発表しました。その後、「腐敗防止」が追加されて10原則になりました（表1参照）（国連グローバル・コンパクト・ジャパン・ネットワーク）。

表1　国連グローバルコンパクト

人権	原則1：人権擁護の支持と尊重 原則2：人権侵害への非加担
労働	原則3：組合結成と団体交渉権の実効化 原則4：強制労働の排除 原則5：児童労働の実効的な排除 原則6：雇用と職業の差別撤廃
環境	原則7：環境問題の予防的アプローチ 原則8：環境に対する責任のイニシアチブ 原則9：環境にやさしい技術の開発と普及
腐敗防止	原則10：強要・賄賂等の腐敗防止の取り組み

　CSRの軸となるのがトリプルボトムラインの考え方です。企業はその事業活動において経済的な側面だけではなく、環境的な側面と社会的な側面を視野に入れることで、持続可能性を高めるという考え方です（図1参照）。

　トリプルボトムラインは、オランダに本部を置くグローバルレポーティングイニシアチブ（GRI）という組織が発行したGRIガイドラインの基軸にもなっています。これは、企業が持続可能性レポートやCSRレポートを作成する際に参考とするガイドラインで、現在、日本企業も含め世界中の多くの企業が採用しています。経済、環境、社会の三つを重視するトリプルボトムラインは、CSRの分野だけでなく国連における持続可能な開発の基礎的な考え方にもなっています。

図1　トリプルボトムライン

2 日本の CSR の歩み

　日本では CSR は企業を中心に発展してきました。欧米に比べ、日本では、政府、NGO、消費者といった企業をとりまくステークホルダー（利害関係者）の監視や評価、関与が比較的弱いこともその理由に挙げられます。

2.1　CSR 元年は 2003 年

　日本では、CSR はおもにコンプライアンス（法令順守）と環境と社会貢献活動を中心に発展してきました。その背景を見てみましょう。

　まず、法令違反に関する企業の不祥事が頻発したことからコンプライアンスが重視されました。環境に関しては、高度経済成長期に発生した深刻な公害問題を教訓に、公害防止や汚染防止、環境技術開発などを経て、比較的早い段階から地球環境への取り組みに着手する企業も少なくありませんでした。また米国との貿易摩擦の教訓から、多くの企業はバブル期から社会貢献にも前向きに取り組んできました（藤井、新谷 2008）。この頃、企業財団が作られ、文化芸術活動を支援するメセナも広がりました。1991 年に、経団連（当時は経済団体連合会。2002 年より日本経済団体連合会）は「社会貢献部」を設置、また企業行動憲章を制定しました。この頃から社会貢献活動はより体系化されるようになりました。

　世界の CSR の潮流はグローバルに事業展開する日本企業にも大きな影響を与えてきました。2003 年 3 月に経済同友会が、第 15 回企業白書「『市場の進化』と社会的責任経営——企業の信頼構築と持続的な価値創造に向けて」を発行した頃から日本でも CSR への関心が一気に高まりました。同白書には「今日的な意味で世界的に使われる CSR」が言及され、「CSR は企業にとって『コスト』ではなく、企業の持続的な発展を図るための『投資』である」と書かれています（経済同友会 2003）。

　2003 年が日本の「CSR 元年」と呼ばれていますが、その頃から多くの企業は社内に CSR 担当部署を設置、あるいはこれまでの環境担当部署を CSR 部署に変更するなどして社内推進体制を整えるようになりました。2007 年

には、環境・CSR報告書の発行社数は1,000社を超えました。その後も、2008年秋からの金融危機を経ても微増しています。

2.2 CSR取組みの課題

しかしながら、CSRのなかで重要性が高まるサプライチェーンにおける人権・労働問題への取り組みに関してはまだ課題が多いのが実情です。サプライチェーンとは、原材料の段階から製品やサービスが消費者の手に届くまでの経済的プロセスのつながりのことです。サプライチェーンについては、本章第4節を参照ください。

また、ステークホルダーとの対話やコミュニケーションも形式的なものにとどまるケースが多いようです。これは企業だけでなく、企業をとりまくステークホルダー側の意識や関心の度合い、専門性の有無なども関係していると考えられています。

3 投資を通じた市場の評価

3.1 社会的責任投資

CSRに注目が集まり、環境や社会への悪影響が経営リスクと認識されるようになると、市場が企業やCSRを評価する動きが加速化しました。SRIと呼ばれる社会的責任投資は、従来からの企業の財務分析に加えて、社会的責任への取り組みを判断基準として投資する手法です。2006年には、当時のコフィ・アナン国連事務総長が、金融業界に対して責任投資原則を提唱しました（大和総研グループ 2011）。これは、投資分析や意思決定の際に環境と社会と組織統治（ESG）に配慮した責任投資を行うことを宣言したものです。

2012年時点で、世界のSRI市場の規模は13.6兆ドル（約1,220兆円）で、欧州、米国、カナダ市場が全体の97%を占めています。日本の投資残高はわずか100億ドルで全体の0.1%にも満たない状況です（大和総研グループ 2013）。

■3.2 インパクト・インベストメント

インパクト・インベストメントは、経済的な収益だけでなく、社会や環境問題の解決に寄与することを目的とする投資です。投資先は主にBOP（ベース・オブ・ザ・ピラミッド）と呼ばれる途上国・新興国における貧困層を対象に革新的なビジネスを行うベンチャー企業や社会起業家などです。英国で教育ビジネスを手がけるピアソンという大手企業は、PALFというファンドを立ち上げ新興国・途上国における貧困層向けの低価格な教育ビジネスに投資をしています（渡辺・菅野 2014）。日本では、合同会社ARUNがカンボジアの社会的企業に投資をしながら、日本発のグローバルな社会的投資プラットフォーム構築をめざして活動しています。

インパクト・インベストメントは、2020年までに1兆ドルに増加すると言われている成長分野であり、G8サミットの公式サイドイベントにも取り上げられるなど、世界の注目を集めています（菅野 2013）。

4 サプライチェーンにおけるCSR

■4.1 バングラデシュでの倒壊事故

2013年4月24日、バングラデシュの首都ダッカ近郊で8階建てビル「ラナ・プラザ」が倒壊、1,100人以上の従業員が命を落とすという悲惨な事故が起きました。このビルには、5つの縫製工場が入っていました。この倒壊事故は、「世界の縫製工場」と呼ばれるバングラデシュで過去最悪の事故となってしまいました。直接の原因は、5階以上を違法に建て増したことだといわれていますが、事故の悲惨さと同時に縫製工場で働くバングラデシュの工員たちの劣悪な労働環境が浮き彫りになりました。このニュースが衝撃とともに世界を駆けめぐると、縫製工場における労働環境改善を求める声が一斉に高まりました。

バングラデシュの縫製工場の取引先の多くは、欧米や日本のアパレル会社です。この崩壊事故を受けて策定された「バングラデシュにおける火災予防

およびビル建設物の安全に関わる協定（以下安全協定）に、欧米や日本の大手アパレル会社やスポーツ用品メーカーなどが次々と署名をしました（下田屋2013）。

4.2 サプライチェーンにおけるCSR

　企業がサプライチェーンにおけるCSRを重要視するようになったのは、バングラデシュの痛ましい事故に象徴されるように、グローバルに伸びているサプライチェーンにおいて労働や人権、環境などのリスクが高まっているからです。

　企業がサプライチェーン・マネジメントにCSRの要素を組み入れて、取り組みを強化する動きが強まっています。具体的には、契約関係にある取引先を対象とした行動規範の作成です。それに基づき、取引先の実態を調査するために、アンケートやヒアリングを実施する企業は増えています。アンケート結果と現実に乖離がある場合に、取引先に足を運び実地調査を実施する企業もあります。

　サプライチェーンにおけるCSRが注目された当初は、調達元の企業が自ら、または第三者に依頼して社会監査を行うなど、取引先を監視するやり方が多くありました。しかしながら、最近では現場の課題と向き合うなかで、マネジメントの力点を監視から取引先の能力開発への支援に移して双方のコミュニケーションをとりながら一緒にCSRを推進していくケースも増えています。

　資源採取や農産物生産においては、採取・生産地までさかのぼり、サプライチェーンの各段階における人権、労働、環境、腐敗などの課題やリスクについて情報収集し、対応策を講じることが重要だとされるようになりました（Global Compact & BSR 2012）。国際NGOのオックスファムは、「企業は自社のサプライチェーンのどこに社会的弱者が存在しうるかを特定し、それをもとに自社の活動がどのような影響を与えやすいかを考えるべきである」と述べています（Oxfam 2013）。このようにサプライチェーンにおけるCSRの推進には、企業とサプライヤーだけでなく、その地域の政府機関やNGO、地

域の団体などとの連携も重要になります。

5 CSRのルールづくり

CSRの発展において重要な役割を果たしてきたのが、CSRの行動規範やガイドラインなどのルールづくりです。主な規格やガイドラインについて紹介します。

■ 5.1 産業界による規格やガイドライン

CSRが世界的に注目されるにつれて、多くの企業は自主的にCSRに関する行動規範を制定しました。またサプライチェーンにおける行動規範を作成し、取引先にその遵守を求める企業や業界団体も増加しました。NGOの要請により行動規範策定に着手したところもあります。世界的なIT企業であるHP社らが中心となって策定した「電子業界サプライチェーンにおける行動規範（EICC）」はその一例で、英国NGOがサプライチェーンにおける労働条件の改善を求めたのがきっかけでした。日本においては、電子情報技術産業の業界団体であるJEITA（一般社団法人電子情報技術産業協会）は、EICCを参考に「サプライチェーンCSR推進ガイドブック」を作成しました。経団連は企業行動憲章実行の手引き第6版（2010年9月14日発行）で、CSRに関する行動規範の作成、明確化、社内外への徹底、CSRの推進などを求めています。

■ 5.2 国際機関による規格やガイドライン

国際機関は、比較的早い時期に多国籍企業に対して責任ある行動を求める基準やガイドラインを策定しました（功力・野村 2008）。国際労働機関（ILO）は「多国籍企業及び社会政策に関する原則の三者宣言」を1977年に採択しました（2000年と2006年に改定）。この文書は、雇用、訓練、労働条件・生活条件、労使関係等の分野において、多国籍企業、政府、使用者団体および労働者団体に対してガイドラインを提供しています。

OECD（海外経済開発機構）は、1976年に「OECD多国籍企業行動指針」

を採択しました。これは OECD 加盟国と行動指針参加国の多国籍企業に対して、企業に対して期待される責任ある行動を自主的にとるよう勧告するための行動指針です。これまで、世界経済の発展や企業行動の変化などの実情に合わせ、5回（1979年、1984年、1991年、2000年、2011年）改訂されています。また2000年には、アナン国連事務総長（当時）が前年の世界経済会議の席上で提唱した国連グローバルコンパクト（135ページ）が発足しました。

5.3 NGO（非政府組織）による規格やガイドライン

NGO は、世界的に CSR 推進に大きな役割を果たしてきたといわれます。途上国の貧困問題や環境問題に取り組む NGO が CSR に関心を払うのは、企業活動が社会的に弱い立場に立たされている人やグループ（子ども、先住民、女性、障がい者、マイノリティ・グループなど）に与える影響に強い関心をもっているからです。企業行動を監視、評価するのみならず、NGO が企業の行動規範や基準の制定に積極的に関与した事例も少なくありません。主なものに、前述の GRI ガイドラインや、AccountAbility（社会倫理説明責任研究所）の AA1000 シリーズ、SAI（ソーシャル・アカウンタビリティ・インターナショナル）の SA8000、FLA（公正労働協会）の労働基準、国際フェアトレード認証ラベル、森林管理協議会の FSC ラベル、持続可能なパーム油認証などがあります。これらの NGO 規格は、多様なステークホルダーが参加するマルチステークホルダー・プロセスという方式で作られているのが特徴です。これは、3者以上のステークホルダーが、対等な立場で参加・議論できる場を通し、合意形成などの意思疎通を図るプロセスです。1992年にブラジルのリオデジャネイロで国連環境と開発会議（通称：地球サミット）が開催された頃より、持続可能な社会を支える新たなガバナンスのあり方として発展してきました。CSR の分野においても実践的手法として用いられることが多く、特に NGO に推奨されてきました。

5.4 ISO（国際標準化機構）による社会的責任に関する規格：ISO 26000

　CSR の推進に ISO（国際標準化機構）も大きな役割を果たしてきました。ISO は、工業標準の策定を目的に 1947 年に発足した民間の国際機関です。最近では、企業の品質管理マネジメント ISO 9000 シリーズや環境マネジメント ISO 14000 シリーズのように、経営改善に役立つ規格も発行しています（関 2011）。

　CSR が世界的に注目されるようになると、ISO は 2001 年より CSR の国際基準化の議論を始めました。持続可能な社会に貢献するのは企業だけではない、という議論が大方を占めたため、途中から「あらゆる組織」を対象とした「社会的責任のガイダンス文書」として規格開発をすることになりました。これが ISO 26000 と呼ばれる国際規格で、社会的責任に関する包括的かつ詳細な文書です。ISO は、前出の国連グローバル・コンパクト、ILO、OECD、GRI と個別に覚書を結び、今後の規格開発における相互協力関係を約束しています。ISO 26000 は 2005 年から 5 年余の歳月をかけて、6 つのステークホルダー（政府、産業界、NGO、労働、消費者、その他有識者[1]）と、国連などの専門機関などが参加する作業部会で、マルチステークホルダー方式により策定され、2010 年 11 月 1 日に社会的責任のガイダンス文書として発行されました。

　ISO 26000 では、社会的責任を進める上で、ステークホルダーを特定して双方向の対話をもつことが重要だとされています。ステークホルダーは「利害関係者」と和訳されますが、組織から一方的に影響を受ける人――たとえば工場排水により環境汚染を受けている人々――なども含まれています。そのなかでも本規格は、社会的に弱い立場に立たされていて影響を受けやすい人々やグループを重要視しています。

1）原文では、Service、Support、Research and Others となっています。

6　CSR の原則と中核となるテーマ（ISO 26000 を参考に）

　次に、企業が社会的責任を進める上で尊重すべき原則と取り組むべきテーマについて，社会的責任の包括的な文書である ISO 26000 を参考に見てみましょう[2]。ISO 26000 は、7 つの原則と 7 つの中核主題を明確に示しています（表 2）（日本規格協会編 2011）。さらに中核主題と関連する課題と具体的なアクションプランを挙げ、社会的責任の理解、信頼性やコミュニケーションの向上、パフォーマンスの改善など、社会的責任を組織に統合する上での推奨事項を示しています。

　「人権」は、原則にも中核主題にも取り上げられているように、社会的責任においてが重要な概念です。企業と人権については第 7 節で詳しく取り上げます。

　7 つの中核主題は、それぞれが切り離されているのではなく、相互に関連

表 2　社会的責任の原則と中核主題

社会的責任の 7 つの原則 （組織が尊重すべきもの）	社会的責任の 7 つの中核主題 （組織が取り組むべきテーマ）
説明責任	組織統治
透明性	人権
倫理的な行動	労働慣行
ステークホルダーの利害の尊重	環境
法の支配の尊重	公正な事業慣行
国際行動規範の尊重	消費者課題
人権の尊重	コミュニティへの参画および コミュニティの発展

出典：日本規格協会編（2011）26 ページを参考に著者作成

2）ISO 26000 の詳細は，日本規格協会（2011），関（2011），熊谷（2013），社会的責任向上のための NPO/ NGO ネットワーク（2011）を参照ください。

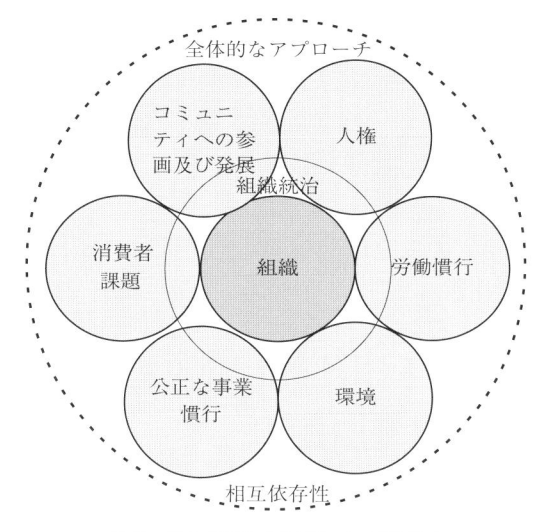

図2 ISO 26000 の図式による概要図
出典：日本規格協会編（2011）p. 81 を参考に筆者作成

し合い、全体最適をめざしたアプローチが必要であり有効です（図2）。

7 企業と人権

7.1 国連「保護・尊重・救済」枠組み

　ここ数年、CSR の議論の中でも関心が高まっているのが「企業と人権」です。人権の基本は「人を大切に」です。企業は、その事業活動を通して、自社の従業員だけでなく、関係する企業や従業員、消費者、さらに事業活動を行う国内外の地域社会の人々の生活や環境にも影響を及ぼしています（アジア・太平洋人権情報センター 2014）。具体的には、職場での採用に関する差別、ハラスメント、過剰労働時間や残業代の未払いから、サプライチェーンにおける児童労働の問題、資源採取や鉱山開発時に地元住民や先住民族に与える深刻な影響（強制立ち退きや環境、健康被害など）まで、実に幅広いです。

「企業と人権」の基本的な指針になっているのが、国連「保護・尊重・救済」枠組みとこれを実践するための「ビジネスと人権に関する指導原則（以下指導原則）」です[3]。この枠組みは、最も権威のある国際文書である国際人権章典[4]と ILO の宣言、条約や慣行をベースにして作られています。国連「保護・尊重・救済」枠組みは、次の 3 本の柱により構成されています。
- 人権侵害から保護するという国家の義務
- 人権を尊重するという企業の責任
- 人権侵害の被害者の実効的な救済手段へのより容易なアクセス

人権を尊重するために企業が行うべきこととして、指導原則には次のプロセスが示されています。

① 人権を尊重するという方針を立てる
② デュー・ディリジェンス・プロセス＊に従うこと
  1）人権の影響の評価
  2）社内の部門およびプロセスの中への組み込み
  3）報告と取組みの継続的評価
  4）継続的評価の中身を対外的に報告・発表
③ 人権への負の影響を改善、また救済手段を整える

＊デュー・ディリジェンス・プロセスとは、企業が人権を侵害することを避け、侵害による被害者を救済するために取るべき手段を示すものです。

この枠組みと指導原則は、企業や業界団体が作成する行動規範や、ISO 26000、OECD 多国籍企業行動指針、世界銀行グループのスタンダード、

3）「保護、尊重、救済」枠組みについての記述は、人権理事会（2011）「人権と多国籍企業及びその他の企業の問題に関する事務総長特別代表、ジョン・ラギーの報告書―ビジネスと人権に関する指導原則：国際連合『保護、尊重及び救済』枠組実施のために」の和訳を参考にしました。英語原文と日本語訳はアジア・太平洋人権情報センターの HP に掲載されています。
（http://www.hurights.or.jp/japan/aside/ruggie-framework/）2015.2.28
4）国際人権章典は、世界人権宣言、市民的及び政治的権利に関する国際規約、経済的・社会的及び文化的権利に関する国際規約及びこれらの規約に対する選択議定書により構成されています。

GRI ガイドライン、欧州委員会の CSR 戦略などに大きな影響を与えています。このように、今日、国連「保護・尊重・人権」枠組みは、企業の人権ガイドラインの基本的な指針になっています。

7.2 紛争鉱物

人権に関する最近の動きに、携帯電話等にも使われているレアメタル（希少金属）に関してその原産地の報告を義務づけるための法制化があります。2010 年 7 月に成立した米国金融規制改革法（ドッド・フランク法）の第 1502 条では、紛争鉱物（タンタル、すず、金、タングステン）を必要とする米国上場企業に対し、紛争鉱物の使用について米国証券取引所（SEC）に報告することを義務づけております[5]。同条項は 1996 年以来、国内紛争が絶えないコンゴ民主共和国の武装集団の資金源を絶ち、人権侵害を回避することを目的としています。

OECD は、ドッド・フランク法の成立を受けて「OECD 紛争地域及び高リスク地域からの鉱物の責任あるサプライチェーンのためのデュー・ディリジェンス・ガイダンス（すず、タンタル及びタングステンに関する補足書を含む）」を発行しました[6]。

ドッド・フランク法には日本の関連する製造業でも大きな影響を受けており、各企業での取り組みのほか、電気・電子産業や自動車産業など業界団体でも対策を講じています。

8　企業経営への CSR の統合

CSR に関連するここ数年の世界的な動きや議論をみると、2008 年から CSR の基準やガイドライン、法制化などが活発になっていることがわかり

---

5)「米国の紛争鉱物開示規制」については、経済産業省の以下のページに詳細が掲載されています。（http://www.meti.go.jp/policy/external_economy/trade/funsou/）2015.2.28
6) ガイダンスの和訳は経済産業省のホームページの「OECD 紛争鉱物ガイダンスに関する関連資料」に原文と一部和訳が掲載されています。
（http://www.meti.go.jp/policy/trade_policy/oecd/html/guidance.html）2015.2.28

ます。主なものを列挙してみました。

2008年秋以降の金融危機を経ても多くの企業においてCSRへの取組みは変わらず、また企業のトップは持続可能性に今まで以上に取り組むようになったという報告があります。2013年にアクセンチュア社と国連グローバル・コンパクトが1,000人の経営者を対象に行ったサステナビリティ調査によると、「サステナビリティが重要」と回答した経営者は全体の93％、また73％が「サステナビリティをコア・ビジネスに組み込むことが収益の向上と新規の機会につながる」と答えています。（UN Global Compact & Accenture 2013）

また国連グローバル・コンパクトの報告書には、企業は、私的な利益と持続可能性など公共の利益が重なる部分が増加していることを意識していると、書かれています。（UN Global Compact 2013）企業の経営戦略においても経済的価値だけでなく、社会的価値や環境の価値を重要視するトリプルボトムラインが重要視されてきているといえるでしょう。

さらに欧州委員会が打ち出したCSRに関する2011-14における新欧州連合戦略（欧州連合CSR新戦略）は、CSRへの戦略的なアプローチは企業の競争力にとってますます重要であり、CSRは社内外のステークホルダーとの対話や双方向のコミュニケーションを必要とする、という文章で始まります。同戦略では、「持続可能な成長」、「責任ある企業行動」、「中長期における持続的な雇用創出」の条件を整えることをCSRの主目的であるとしています。

日本においても、2014年2月に公表された「日本版スチュワードシップ・コード（責任ある機関投資家の諸原則）」や2015年3月末までに制定が予定されている「コーポレート・ガバナンス・コード」により、これまで以上にESG（環境、社会、ガバナンス）に注目が集まりそうです。

9　NGOによるCSR推進に向けた働きかけ

CSRの推進に、欧米を中心としたNGOが大きな役割を果たしてきたことは先に述べたとおりです。次に、監視や批判とは異なり、持続可能な発展に

表4　CSRに関する最近の動き

2008	ビジネスと人権「保護・尊重・救済」枠組提案
2010	欧州連合 CSR 新戦略 2011-14 発表 米国証券取引所（SEC）金融規制改革法 1502 条成立 米カリフォルニア州サプライチェーン透明法成立 ISO 26000 発行
2011	OECD 多国籍企業ガイドライン改定 ビジネスと人権「保護・尊重・救済」枠組実施のための指導原則 国際金融公社（IFC）社会・環境面の持続可能性に関するスタンダード改定
2012	SEC 金融規制改革法 1502 条規則採択
2013	GRI サステナビリティ・ガイドライン第 4 版（G4）発行 赤道原則改定 国際統合報告評議会（IIRC）統合レポーティング枠組み発行 ISO 26000 発行後 3 年目の見直し

向けて NGO が企業にかかわり、問題解決に向けて働きかけをする事例を取り上げたいと思います。NGO が企業に関わる事例は山のようにありますし、ここ数年、両者の連携事例もますます増加しています。ここでは日本における二つの取り組みを紹介します。

9.1 「クライメートセイバーズ・プログラム」

　世界的な環境保全団体として知られる WWF は、1961 年に絶滅のおそれのある野生生物を救うことから活動をスタートさせました。現在では、スイスの WWF インターナショナルを中心に、50 カ国に事務所を持ち約 100 カ国で活動しています。WWF は企業とも積極的に連携を行っています。
　数々の事業の中に、クライメートセイバーズ・プログラムがあります。これは、WWF と企業がパートナーシップを結び、企業の排出削減の計画とその実施を行っていくプログラムで、企業は、WWF との対話を通じて削減目標を掲げ、温室効果ガス削減目標とその実行を、WWF と第 3 者認証機関が

検証するというものです[7]。

現在、世界の大企業29社が参加、日本からは、佐川急便株式会社、ソニー株式会社の2社が参加しています（2012年3月現在）。このプログラムへの参加のメリットとして、WWFは以下の三つをあげています。

① 温室効果ガス削減に関する最新情報
② 企業としての信頼性向上
③ WWFの国際的なネットワークの利用

温室効果ガス削減の絶対値目標の設定がこのプログラムへの企業の参加を躊躇させているといわれていますが、ソニーはこのプログラムへの参加により、その後の国際世論の急速な変化に伴う加速的な取り組みの要請に対して余裕をもって対応できたといわれています（長坂 2011）。

同社は、2006年に設定された2010年度までの削減目標を達成、2009年には、環境負荷ゼロを目指す環境計画「ロード・ツー・ゼロ」とともに、2015年度までの温室効果ガス削減の更新目標を発表しました[8]。

9.2 「ボーン・イン・ウガンダ・オーガニック・コットン」プロジェクト

二つ目は日本の事例です。ジーンズ・メーカーのリー・ジャパンは、2009年よりウガンダ名産であるオーガニック・コットンから作ったジーンズを販売しています。その売り上げの一部は、日本のNGOであるハンガー・フリー・ワールド（HFW）を通して、ウガンダにおける井戸建設支援に役立てられています[9]。コットンの生産地には、児童労働をはじめ労働人権問題が発生しやすいことから、HFW側は単に寄付を受けるだけではなく、社会的責任の一貫として、生産現場の監査協力も行いました。具体的には、第三者

---

7) WWFクライメートセイバーズの詳細は以下をご覧ください。（http://www.wwf.or.jp/activities/climate/cat1297/cat1298/） 2015.2.28
8) ソニー株式会社の取り組みについては以下をご覧ください。（http://www.sony.co.jp/SonyInfo/csr/eco/vision/wwf.html） 2015.2.28
9) このプロジェクトへの取り組みは、リー・ジャパンのHP（http://lee-japan.jp/uganda/）に詳細が載っています。

のACEというNGOが、依頼を受けて人権や労働にかかわる国際基準が守られているかを確認するCSRレビューを実施しました。

これをきっかけにACEは、リー・ジャパンと2011年より毎年5月10日（コットンの日）にエシカルコットンサミット（当初はコットンサミット）を開催しています。

このように、反対キャンペーンや不買運動などを展開するだけではなく、NGOが企業の環境やサプライチェーンにおけるCSR推進に積極的に働きかける取組みが増えています。

10　持続可能な発展に向けて

世界では、2015年のあとに国際社会が取り組むべき「ポスト2015開発アジェンダ」の議論が活発化しています。「ポスト2015開発アジェンダ」とは、2015年に達成期限を迎えるミレニアム開発目標（MDGs）に続く、2016年以降の国際開発目標のことです。MDGsの未達目標に、2012年にブラジル・リオデジャネイロで開催された「国連持続可能な開発会議」で策定が決まった「持続可能な開発目標（SDGs）」を統合する形で議論が進められています（2015年9月、持続可能な開発目標（SDGs）は国連サミットで採択されました）。

企業セクターも国連グローバル・コンパクトや持続可能な経済人会議（WBCSD）などを中心に、ポスト2015開発アジェンダに企業がどう貢献するべきか、という議論が始まっています。国連グローバル・コンパクトは、企業の持続可能な発展への貢献に以下の二つをあげています（UN Global Compact 2013）。

- サステナビリティに関する普遍的原則の尊重（グローバル・コンパクトの10の原則、ISO 26000、OECD多国籍企業行動指針など）
- 新しい製品、サービス、ビジネスモデルなどによる持続可能な発展への貢献

2011-14における新欧州連合戦略（欧州連合CSR新戦略）では、CSRを再定義し、その目的を「株主やその他ステークホルダーと社会の間で共通価値の創造を最大化すること」と「企業の潜在的悪影響を特定、防止、軽減する

こと」としていますが（European Commission 2011）、この考え方はポスト2015開発アジェンダの議論にも反映されており、新しい企業と社会の関係性のあり方を明示しているといえるでしょう。

　また、持続可能な発展に向けて多様なセクター間の連携の重要性はますます高まっています。前出のマルチステークホルダー・プロセスは、国内でも取り組みが少しずつ進んでおり、このプロセスを採用して地域の課題解決を目指す基礎自治体も出てきました[10]。実際は、代表制の課題、対等性の確保など課題もありますが、民主的なガバナンスを確保するために、この手法をいろいろな場面に取り組み、より進化させていく価値は高まっていると思います。

　この章では、CSRを中心に議論を進めてきました。持続可能な社会をつくるために、企業はもちろんのこと、それぞれのステークホルダーが社会的責任を果たし、またセクターを超えた連携がますます求められてきています。それぞれが知恵を絞り、資源や知見、ネットワークなどを持ち寄り、叡智を結集することでしか持続可能な未来は築けないという考え方が一般的になってきているからです。

　今後は、持続可能性に向かうために果たす社会的責任が、異なる背景、立場にいる組織や個人をつなぐ「共通言語」になっていくことが期待されます。

（黒田かをり）

参考文献
藤井敏彦・新谷大輔著（2008）『アジアのCSRと日本のCSR―持続可能な成長のために何をすべきか』日科技連出版社
伊藤正晴（2012）『環境・社会・ガバナンス（ESG）ESGキーワード―責任投資原則』大和総研グループ（http://www.dir.co.jp/research/report/esg/keyword/023_pri.html）2015.3.12
人権理事会（2011）『人権と多国籍企業及びその他の企業の問題に関する事務総長特別代表，ジョン・ラギーの報告書―ビジネスと人権に関する指導原則：国際連合『保

10）詳細は「社会的責任に関する円卓会議」（http://sustainability.go.jp/forum/）（2015.2.28）や「社会的責任向上のためのNPO/NGOネットワーク」（http://sr-nn.net）（2015.2.28）をご覧ください。

護，尊重及び救済』枠組実施のために』日本語訳　アジア太平洋人権情報センター
河口真理子（2013）『コラム：世界のSRI（社会的責任投資）市場は13.6兆ドル、シェアは22％に。日本はここでも出遅れるのか？』大和総研グループ（http://www.dir.co.jp/library/column/20130207_006785.html）2015.3.12
国連グローバル・コンパクト・ジャパン・ネットワーク（2013）『国連グローバル・コンパクト4分野10原則の解説（仮訳）』（http://ungcjn.org/gc/pdf/GC_10.pdf）2015.3.12
熊谷謙一（2013）『ISO 26000と労使の課題』日本生産性本部
功刀・野村（2008）『企業・市民社会・国連のシナジー——社会的責任の時代』東信堂
長坂寿久（2011）『NGO・NPOと「企業協働力」——CSR経営論の本質』明石書店
日本規格協会編（2011）『日本語訳・ISO 26000：2010 社会的責任に関する手引』日本規格協会
日本労働組合総連合会（2010）『労働組合のためのワーカーズキャピタル責任投資ガイドラインハンドブック』日本労働組合総連合会
Oxfam（2013）Business and Human Rights – An Oxfam perspective on the UN Guiding Principles www.oxfam.org（2015.2.28）
下田屋毅（2013）『バングラデシュ、ビル倒壊の教訓——下田屋毅の欧州CSR最前線』オルタナ（http://www.alterna.co.jp/11504）2015.3.12
菅野文美（2013）「インパクト・インベストメント——新興国市場を勝ち抜くための新しい智慧」『JRIレビュー』vol. 9, no. 10, pp. 90-103
関正雄（2011）『ISO 26000を読む』日科学技連出版会
UN Global Compact（2013）Report to the UNSG – Corporate sustainability and the United Nations post – 2015 development agenda, United Nations Global Compact
UN Global Compact and Accenture（2013）The UN Global Compact – Accenture CEO study on sustainability 2013 – Architects of a better world, United Nations Global Compact
UN Global Compact and BSR（2011）Supply Chain Sustainability – A Practical Guide for Continuous Improvement, United Nations Global Compact
渡辺珠子、菅野文美（2014）『教育産業の巨人・英ピアソンの挑戦　27歳の女性リーダーがBOP市場創りに疾走』ダイヤモンドオンライン（http://diamond.jp/articles/-/51346）2015.3.12

第 9 章

公共経営とソーシャル・キャピタル
── 人と地域社会をつなぐ絆

1　ソーシャル・キャピタルとは？

　本章では、「公共経営においてソーシャル・キャピタルが重要な役割を果たすので、重要な要素として考えていきましょう」ということを説明していきます。「公共経営」と「ソーシャル・キャピタル」はいずれもこれまでにあまり聞いたことのない用語かもしれません。前者の公共経営は本書全体のテーマですので、公共経営とは一体何であるかについて、これまでの章で多くを考えてきたかと思います。本章では、後者のソーシャル・キャピタルを中心に据えて話を進めていきます。まずは直感的な理解を促した後に、どのような視点をもってこれをとらえるのか、また実際の社会でどのような役割や影響をもつのかについて説明したいと思います。

　「ソーシャル・キャピタルは何か」ということですが、日常的によく聞いたり使ったりする言葉でいうと「絆」、「人と人のつながり」、「連帯」、そしてこの章の副題の「人と地域社会をつなぐ絆」といったものを挙げることができます。またソーシャル・キャピタル（Social Capital）を日本語に直訳すれば「社会資本」になりますが、日本語で社会資本といえば、一般的には水道や電気、道路や空港などの社会の基盤となるハード面のインフラを指します。そこで多くの邦語文献では、「社会関係資本」と呼んだり、カタカナ表記で「ソーシャル・キャピタル」と表現しています。特に深い意味はありませんが、本章ではキーワードとして用いるために、カタカナ表記で進めていくことにします。

　主題から外れてしまうのでここでは多くを述べませんが、キャピタル（資

本）という用語を用いることについての批判もあります。通常、経済学では物的資本、人的資本、文化的資本といったものの説明で資本という用語を使いますが、これらの定義に照らし合わせるとソーシャル・キャピタル（社会関係資本）は資本には該当しないという議論もあります。しかしその一方で、これは社会的資源としてとらえられるものであり、キャピタルに該当するという議論があります。細かな定義は本書の課題ではありませんので、ここではそのような議論もあることに留めます。

　ソーシャル・キャピタルそのものについて行われている詳細な議論やその役割について話を進める前に、そもそもなぜソーシャル・キャピタルという絆や人とのつながりといったことを、公共経営を考えるなかで話題として取り上げるのか、またなぜともすれば絆が大事であるという当然であろうことに紙面を割くのか、ということについて考えてみましょう。

　「人と人のつながりが重要であるということは、社会が存在する限り、時代と場所を問わず変わることのない普遍的な原則です」と言っても問題ないでしょう。その一方で、われわれの実際の生活においてつながりが十分でないことが現代社会の問題として議論されています。人と人がつながらないことによって、個人の問題、集団の問題、地域の問題、そして国家的な問題が生じています。地域の公共経営という観点からみると、それに対応できるつながりを地域社会の一員であるわれわれが有していないことを指摘できます。たとえば、郵便局の配達サービスで近所の人に預けるという選択肢がありますが、それを使っている人はかつてに比べるとかなり少なくなっているのではないでしょうか。これらの様子が変わってきた理由には、経済的に豊かになり、モノを入手する場所が多くなったり、インターネットを通じてすぐにサービスを受けられるなど便利になっていることと同時に、共働きなどによる生活時間の変化や、近所の人々との関係性や責任問題への対処方法の複雑化によって、隣の人に預けるのが難しくなったりしているということがあるでしょう。

　さらに大きな視点からみれば、これらの背景には安定的な経済社会制度の構築や科学技術の発展がありますが、経済を取り巻く制度がより精密にな

り、科学技術が飛躍的に発展しても、ひとたび阪神・淡路大震災や東日本大震災のような状況に陥ると、それらの制度や技術が即座にかつ十分に機能しないことを改めて認識することになります。同様に、地域で日常的に生じているような問題もその多くが制度や科学技術の活用だけではやはり不十分であるといえます。そして個々人が自身のもつ経済的な豊かさだけで災害や苦難を乗り切ることは困難です。災害対応に限りませんが、地域の公共経営を考えるとき、「自助・共助・公助」という言葉が必ず出てきます。これは「補完性の原理」ともいいます。自分でできることは自分で、地域住民で助け合ってできることは地域住民で、自分たちでできないことは政府や行政の力を使って社会を運営しましょうということを意味しています。この章では「共助」の部分が中心的な関心事になります。

　本節を簡単にまとめるならば、次の二つになります。一つは、社会や人々が抱えるリスクの低減や不安の緩和、地域社会の集合問題の解決や解決に向けた取り組みには、地域住民間の人と人のつながりや絆が重要であるということです。そしてもう一つは、それらが「ソーシャル・キャピタル」の源泉であるということです。次節では、なぜソーシャル・キャピタルが公共経営の中で検討されるべきものであるかについて考えてみましょう。

2　公共経営でソーシャル・キャピタルに注目する理由

　なぜ公共経営でソーシャル・キャピタルに注目するのかと問われれば、「政府や行政に依存した公共財のあり方の検討や、その供給では地域の運営がうまくいかなくなったから」といえるでしょう。政府の主導という点でみれば、戦後の日本社会では護送船団方式という言葉で表現されたように、政府が銀行をしっかりと保護し、われわれの生活経済や企業の経済活動を支える金融基盤を強固なものにしました。競争力の弱さに関して弊害が指摘され、金融というわれわれの社会生活の基盤を支える機関だからといって政府が必ず保証するということはなくなりました。結果、日本長期信用銀行や山一証券の破綻といったことが生じました。政府や行政の主導による不都合が地域においても同じように発生するようになり、行政が実施する事業に対して住

民の理解が得られにくくなっています。

　もちろん供給側の政府や行政だけが悪いというわけではなく、取り巻く環境が変化していることにも理由があります。その一つには、社会が複雑かつ高度化しているため、政府や行政が、戦後の高度成長期のように多くを掌握することが困難になったということがあります。たとえば、ハイテク産業で生み出される製品に関しては専門家のみが理解可能で、その他の人々は細部を知らずにユーザーとして製品を使用しています。つまり、細部を掌握していない政府や行政による主導や社会の方向づけは弊害を生みやすくなります。

　日本では 1960 年代以降、全国総合開発計画の中で大都市に人やカネが集中しすぎないように「地域間の均衡ある発展」が目指されたり、人の地域への定着を目的に「人間居住の総合的環境の整備」がなされてきました（国土交通省 website）。日本経済が成長するにつれてこれらの構想の思惑とは異なる方向へと進み、地域間の格差が顕在化するようになりました。21 世紀に入るとそのような事態に鑑みて、基本目標を「多軸型国土構造形成の基礎づくり」とし、「地域の選択と責任に基づく地域づくり」が重視されるようになりました。

　従来の公共経営のあり方では、多くの人の賛同を得られなくなった上、政府や行政が実施することに対する人々の確信が失われ、政府・行政と市民の間の信頼関係が崩れていることも挙げることができます。たとえば、世界価値観調査（World Values Survey：電通総研・日本リサーチセンター編 2004）によると、日本では政府および行政を信頼しているという人はそれぞれ 25.4%と 29.4%であり、7 割を超す人々が信頼していないことが示されています。見方を変えれば、行政主導による公共経営ではなく、行政と公共のユーザーであるわれわれがともにその細部までを考えていくことが求められるようになったといえます。

　また、需要側の市民の状態の変化もあります。たとえば人口だけをとってみても、人口増加の地域もあれば減少地域もあり、人が定着している地域があれば人の出入りの多い地域もあり、高齢者比率が高い地域があればそれほ

どでもない地域もあり、外国人の多い地域があれば少ない地域もあります。人口以外にも地域の都市化の度合い、経済状況、社会環境などでも差異があります。そしてこれらの差異は人々の考え方や好みなどにも影響を及ぼしうるため、個々人がより多様化するといえます。つまり、多くの地域において過去よりも現在の方が地域に住む人々の同質性が失われ、異質化しているといえます。

　以上のような社会の変化を受けて、21世紀に入り自民党が「新たな公」というメッセージを打ち出し、日本中が政治的盛り上がりをみせた劇的な政権交代後、民主党がそれを「新しい公共」という形で再度提唱しました。これらの考え方では、地域づくりを行うに当たって行政とその他のアクターが同じように主体的にかかわり、すべてのアクターが相互に連携して社会の改善と向上に取り組むことが示されています。つまり、地域社会における多様な主体が積極的に地域課題へと取り組むことが求められています。

　地域の選択と責任、地域の主体間の連携のいずれからもわかることは、地域をどのようにしていきたいか、どのように実施するか、また誰が実施するかといったことを地域に住む人々や団体が自分たちで考えて行動しなければならないということです。このときに重要となるのがソーシャル・キャピタルの存在で、このような一連の過程においてソーシャル・キャピタルが基盤としての役割を果たします。

　現代の公共経営における大きな問題は、自分たちの公共空間としての街をどのように運営していくかを決めるために、住民間の合意形成をいかに成し遂げるかということにあります。制度としては首長や議員を住民が選挙で投票し、信任を受けた首長や議員が議論をして決まります。かりに議会がない状況を想定したとして、このとき住民全員で議論することが可能であるとすれば、理想的な結果は満場一致で街の運営方針が決まることです。しかし地域に住んでいる人が皆同じように物事をとらえ、同じように街のあり方を考えているということはあり得ないことといえるでしょう。多くの人から意見を聞けば聞くほど、合意形成は困難になります。

　最近では、地域のことは地域で決めることを押し進めていこうとする自治

体もあります。なかには、財源と権限まで地域に移譲されるところもあります。かりに皆さんが住んでいる街でこのような取り組みがあったとすれば、わが街ではどのような動きがみられるでしょう。コミュニティの人々は議論に参加するでしょうか。合意形成に向けて議論は活発になされるでしょうか。あるいは皆さんはいかがでしょうか。理想的な姿は、地域の全員が参加し、全員が意見を言い、全員が議論を交わし、全員が納得した上で事業が実施され、全員が満足のいく生活を地域で営むことでしょう。しかし、どう考えてもそれは現実的なストーリーではありません。

　一般的な地域の意見のまとめ方の手順は、近所のある程度の世帯数単位の代表者がその地区の意見を集約し、その後順に大きな単位へと意見が運ばれていき、決定に至るという方法がとられます。ほとんどの地域ではこれを遂行するために自治会や町内会の仕組みが活用されています。自治会や町内会において話し合いをしたり、あるいは話し合いまでいかなくても意見を聞き集めた上で合意形成をしようとすれば、そこに住む人々が自治会や町内会に加入していたり、お互いに顔見知りであることが必要になります。

　現実はどうでしょうか。図1は日本全国の地方自治体にみた自治会・町内会への加入率です。100%の加入率の地域もあれば、50%を下回る地域もあります。もちろん自治会や町内会が地域内の連絡網のすべてではありませんが、大半の地域では居住地域における行事や工事などの各種通知はこれらの会の回覧板や掲示板などで行われています。そうすると100%の地域では全員が基本的に同じ情報を共有しており、50%の地域では半数の世帯のみが同じことを知っていて、残りの半数の世帯は知らないということになります。つまり、地域のことを議論するための基盤となるつながりがない地域があり、公共のことを自分たちで決めるにしても情報がうまく伝達しない可能性があります。自治会や町内会を通じなくとも、地域のことを考えるための手法として、パブリックコメント、座談会、円卓会議、タウンミーティングなどさまざまな形で市民の声を聞くということが行われていますが、かなり積極的に情報収集をしないかぎりこれらの機会を知ることはないでしょう。したがって、地域で行われていることを知る手段としては、やはり自治会や町

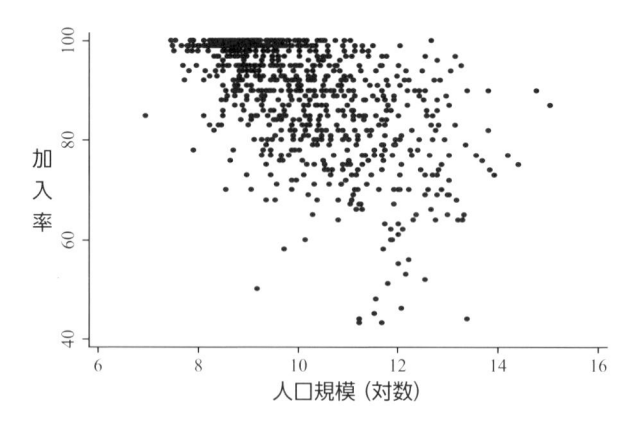

図1　地方自治体ごとにみた自治会・町内会への加入率
出典：関西社会経済研究所（2005）調査データより筆者作成
注：アンケート調査による結果のため、すべての自治体を網羅していない。

内会での情報伝達というものが重要であるといえます。

　非常に身近なご近所の話をしていますが、地域といっても単位を小学校区や中学校区とすれば、自分の知らない人がそれなりにいるのではないでしょうか。地域の単位をさらに大きくして市区町村とすれば、知らない人は大勢になります。そのような地域社会を念頭に置いたとき、人と人とが実際に顔見知りであるというつながりの達成は非現実的であるため、そのようなつながりばかりを議論してもあまり意味をもたないでしょう。そこで人と地域社会のつながりを念頭においたソーシャル・キャピタルの議論を考える必要があります。大きな社会を条件に考えていきますが、小さなコミュニティでも同じことは当てはまります。

　繰り返しになりますが、本書の中心テーマは「公共経営」です。公共にかかわる主体は、先述のように行政だけでなく、企業やNPO、そして市民も含まれます。企業では近年、社会的企業というものが注目されており、公共的な仕事を担う民間企業が台頭していますし、民間営利企業でもCSR（企業の社会的責任）などを背景に、企業市民として社会貢献や地域貢献を行い、公共分野に影響を与えるようになっています。またNPOも阪神・淡路大震災およびNPO法の制定のあった20世紀終盤から日本でも注目を浴びるよう

になっています。これらの動きと並行して、古くから存在している財団法人や社団法人、学校法人や宗教法人などのさまざまなタイプのNPOのあり方についても改めて議論がなされていますが、変わらず重要な役割を担っています。さらには市民レベルでも、ボランティアや寄付を通して、あるいは自治会や町内会による活動によって公共的課題の克服や解決に寄与しています。違う観点からみれば、「善い」公共経営のためには「市民社会」の形成が重要であるともいえるでしょう。

これらの動きもソーシャル・キャピタルをめぐる議論のなかでとらえられています。そこで次節では、これまでにソーシャル・キャピタルがどのような視点でどのようにとらえられてきているかについて説明していくことにします。

3　ソーシャル・キャピタルのとらえ方

「ソーシャル・キャピタルは人と人とのつながりである」という直感的にわかりやすい表現でここまで話を進めてきました。ここで少し丁寧にその定義をみておきたいと思います。

「つながり」とは一体何でしょうか。どのような状態を指しているのでしょうか。最近はインターネット上でのつながりが対面でのつながりと同じくらいに（あるいはそれ以上に）多くありますので、そのようなコミュニティのつながりもあわせて考えてみてもよいでしょう。「つながり」を「ネットワーク」と言葉を置き換えることはどうでしょうか。「つながり」を「絆」と言葉を置き換えることはどうでしょうか。どちらも置き換えてよさそうです。しかし前者と後者では少し意味合いが異なっていると感じられたかもしれません。後者はほぼ同義ですが、絆という言葉の方がより結びつきの関係性が強いといえます。英語で見れば、「つながり：connection, relationship」、「絆：bond, ties」が辞書で見る一般的な対訳です。前者のネットワークは、放送網や情報網、あるいは人々が情報などを交換するための集団というように、何かと何かがある目的のために物質的に結ばれている状態を表すのが一般的であるといえます。

161

絆もネットワークもソーシャル・キャピタルとその効能を検討する議論のなかでは重要で、どちらの議論もよく出てきます。ネットワークについては、もともとソーシャル・ネットワーク論という領域で研究蓄積があります。ソーシャル・キャピタル論では（議論はさまざまありますので一概にはいえませんが）、絆の意味に近いところでのつながりの議論が展開されているといえます。日本語で絆というと、そこには人々が「共有する何か」があるように感じるのではないでしょうか。英語で bond や ties という場合もそれは同じです。

　人々が「共有する何か」に何が当てはまるかについてですが、ソーシャル・キャピタルの議論でキーワードとして頻繁に出てくるのは、「信頼」と「規範」です。信頼でよく取り上げられるのは、自分以外の人々に対する一般的な信頼や、さまざまな組織に対する信頼です。規範については、秩序やルールといったものから、社会参加する意識や美徳のようなものが議論されています。これらのキーワードと公共経営のあり方は、深いかかわりがあるといえます。

　古くは、アレクシ・ド・トクヴィルが1840年に刊行した『アメリカのデモクラシー』（松本訳 2008）の議論にも通じます。フランス人のトクヴィルは、アメリカの民主主義と人々の生活を観察し、コミュニティが政治的組織へ影響を与えたり、法律を遵守する市民を育てたりすることによって繁栄するという社会をみました。またその根拠となっているのは、トクヴィルが驚嘆したという市民活動団体の形成とその活動への参加のあり方です。そして、一般市民のそのような市民的精神をもった姿勢とそれに基づく行動が、公共の福祉を生み出してアメリカの成功をもたらしていると結論づけています。

　同じような議論は近年も行われています。その一つは、現代のソーシャル・キャピタル論の火付け役と考えられているパットナム（1993）のイタリアを舞台とした研究です。北部や中部のイタリアと南部のイタリアを比較してみたときに、後者よりも前者の方が繁栄していることを示して、それらの差異を作り出している政府組織に注目しています。そして、強い力を持ち、

迅速に対応できる有能な政府組織がつくられる条件が何であるかを検討して、社会的な信頼が広く定着し、市民参加の水準が高いことが国家の繁栄に大きな影響を与えると論じています。また自発的に結社され活動が行われる市民活動団体ができる背景を説明するために、ソーシャル・キャピタルを議論しています。パットナムは、ソーシャル・キャピタルを信頼や規範、またネットワークといった社会組織の特徴として定義しています。そしてそれは、協調行動を促進して社会の効率性を高めるととらえられています。さらにパットナムは、公務員の市民目線での姿勢や行動にも関心を寄せており、それらが行政経営の成果に関係することを論じています。

パットナムと同じくらいに頻繁に引用されるコールマン（1990）は、ソーシャル・キャピタルを人と人との関係性の中に存在するものであり、関係性が密で比較的閉じられた社会構造のまま長い時が経過すれば、信頼や互恵関係という規範が形成されると主張しています。そして合理的個人であれば、そのような規範の存在があるがゆえに協調行動を行うことを選択するだろうと指摘しています。

21世紀に入ってからソーシャル・キャピタルの実証研究はますます多くなっており、やはりそのなかでも同様の結果がみられます。ナック（2002）は、アメリカの州を単位として分析し、社会の信頼関係やボランティア活動への参加、そして国勢調査への回答が高い水準にあれば、政府の実行成果も高くなると主張しています。またコフェとゲイズ（2005）は、自治体がそれぞれに有する社会経済的条件・政治的条件の違いを考慮した後でも、ソーシャル・キャピタルが政府の財政運営の質の向上に寄与している、と主張しています。

信頼や規範について有名な文献を中心に説明しましたが、これらの要素を測定する指標を考えることも必要です。つまりお話だけでなく、実際にそうであることがデータで示されれば、政策などの検討に活用することができます。地域性を加味すれば、より詳細な指標づくりも可能であり、それをもとに地域政策を展開できれば実りはより大きくなるでしょう。

ここではその指標となる例よりも、ソーシャル・キャピタルのとらえ方の

視点を提示することにします。過去の研究では、ソーシャル・キャピタルの信頼や規範といった要素を測定する指標を、「認知」的ソーシャル・キャピタルと「構造」的ソーシャル・キャピタルとして分類しています。すなわち、信頼しているかどうかや、社会参加への考え方といった意識面のデータと、家族や友人とのつきあいの状況や、社会参加しているかどうかといった実際の行動を表すデータとして得られるものとに分けられます。

　他にもソーシャル・キャピタルを測定する際の視点があります。先に「ネットワーク」について言及しましたが、これに着眼した場合には、ボンディング（bonding：結束）型とブリッジング（bridging：橋渡し）型のソーシャル・キャピタルという分類の議論があります（ナラヤン 1999）。これらと並列的な分類ではありませんが、リンキング（linking：連結）型のソーシャル・キャピタルという視点も議論されています（シュレター 2002、サンクイストら 2014）。

　「ボンティング」型のネットワークは、「強い紐帯（人と人を結びつけるさまざまな条件）」や「コミュニティ内の紐帯」という用語でも議論されていますが、特定のメンバー内における互酬性が安定したり、連帯が強化されやすいという特徴があります。例としては、特定の民族で構成されている互助組織、宗教団体、あるいは極端な例ではありますがマフィアといったものがよく挙げられます。このような集団に属している人は、困ったことがあれば集団のメンバーから物的なサポートや人的なサポート、さらには情緒的なサポートを受けることが期待できます。このようなサポートがあれば、たとえば災害時のような困難な状況をなんとか乗り切ることができますし、平時であっても何か困ったときの基礎的な生活の支えになるといえます。

　「ブリッジング」型は、より広範囲にわたるアイデンティティや一般的な互酬性を形成するという特徴があります。「橋渡し」というように、関係性は外部志向かつ開放的であるといえます。例としては、環境に関心をもっているメンバーで構成されている団体や、多様なメンバーで構成されているスポーツクラブなどを挙げることができます。「弱い紐帯」や「横断的紐帯」という用語でも議論されますが、このような集団の優れている点としては、

外部集団との連携や情報伝播が行いやすく、また行われやすいということがあります。このような優位性をもつことは、たとえば起業などを行う際の助長する力になるといえます。

　ボンディング型とブリッジング型にはそれぞれの特徴がありますが、この二つのネットワーク形態はそれぞれに排他的なものではありません。つまり、自分自身のことで考えてもらえればよいですが、友人との間で感情的なサポートが期待できればボンディング型のつながりをもっているといえますが、同時にその友人が異なるグループにも属していれば自分が入手しないような情報を届けてくれることも考えられるため、友人との間でブリッジング的な役割をお互いに担うことも可能です。また組織間の関係性であってもそのなかに個人的な関係性が存在することも十分に可能です。したがって、社会調査によって人と人とのつながりを測定しようするときには、友人関係であるからどちらの型であるというように、必ずしも明確に区別できるわけではないことについて留意する必要があります。

　「リンキング型」は、市民と社会の公式的あるいは制度的に権力をもつ人々との関係ということができます。ボンディング型やブリッジング型のつながりは、同じような社会的立場の人々同士の関係であるのに対して、連結型のネットワークは立場の異なる人と権力勾配との関係性といえます。この関係では、両者がお互いにもつ信頼を基礎として、お互いに合意した互恵的な目標を達成するために努力するという民主的で権限付託的な性質をもっています。日本でもたとえば自治会長や町内会長、あるいは（会長でなくとも）市民のなかには、行政や政治家とのつながりをもって、コミュニティの発展のためにさまざまな協力を行っている人々がいます。災害後でも被災地域の個人が政治家や行政、あるいは災害救援を行うNPOやNGOとの間に関係をもっていると速やかに支援を受けられるという議論もあります。わかりやすく言えば、良い意味での「コネ」があれば素早く復旧や復興に着手できるといえます。

　ソーシャル・キャピタルに関する研究は1990年代以降急速に増えており、公共経営にかかわるさまざまな課題に対して有効な役割をもつことが、本節

で述べたような視点のもとで論じられています。日本政府や地方自治体の政策や施策にもソーシャル・キャピタルという用語が21世紀になって多く用いられるようになっています。また市民社会の形成の重要性に対する議論の盛り上がりや、実際の活動としてのNPOやボランティア活動の活性化など、民間部門における展開もみられています。次節では、これまでの日本の調査研究で得られたデータを用いて、ソーシャル・キャピタルの指標がどのようなことを示唆しているかをみていきましょう。

4　データと事例でみるソーシャル・キャピタルと公共経営

　ソーシャル・キャピタルの指標はさまざまなものが考えられるので、前節では枠組みの提示だけを行いました。本節では、そのうちいくつかの指標だけを取り上げて、日本におけるソーシャル・キャピタルの現状とそれがもたらしうる効能をみていきます。また事例をもとに公共経営の展開可能性について考えていきます。

　図2は「近所づきあい」の程度と「頼りになるか」の程度との関係性をグラフで示したものです。自身の近所の人とのつきあいの程度がどのようなも

つきあいの程度	大いに頼りになる	ある程度頼りになる	あまり頼りにできない	全く頼りにできない	どちらともいえない
生活面で協力しあっている人もいる	14	59	11	7	10
日常的に立ち話をする程度のつきあい	2	39	37	12	10
あいさつ程度の最小限のつきあい	1	12	36	38	13
つきあいは全くしていない	0	1	18	70	11

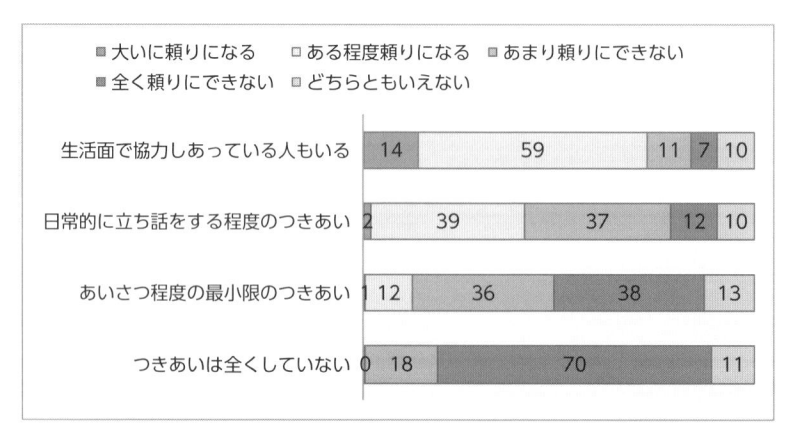

図2　近所づきあいと頼りになるかどうかの関係性

出典：内閣府経済社会総合研究所編（2005）調査データをもとに筆者作成

のであるかについて、「生活面で協力しあっている人」、「日常的立ち話をする程度のつきあいをしている人」、「あいさつ程度のつきあいをしている人」、そして「全くしていない人」という4つのグループに分けています。このようにしてみると、その近所の人々をどのように頼りになると考えているかの傾向がグループ間で大きく異なっていることがわかります。すなわち、生活面で協力するほどの関係をもっている人は、近所の人々のことを「大いに頼りになる」（14%）あるいは「ある程度頼りになる」（59%）と考えています。それが立ち話をする程度の関係をもっている人の場合は、それぞれ2%と39%となっており、先の関係よりずっと頼りになると考えている人が少ないといえます。そしてあいさつ程度となるとそれぞれ1%と12%、さらにつきあいがないという人においては、自然なことではありますが頼りになるという回答者はおらず、「あまり頼りにできない」（18%）、「全く頼りにできない」（70%）という状況です。

　この結果から、近所のつきあいというボンディング型のネットワークを有している人は、近所の人々が頼りになるととらえています。当然すぎることと思われるかもしれませんが、この当然の関係を築くことが難しくなっています。築こうと思わない、築きたくないと考える人もいるでしょう。また場合によっては築きたくても築く機会がないということもあるかもしれません。自然災害がたくさん起こるからということだけが理由ではありませんが、それでも地震大国であり、その上台風による暴風と豪雨からも頻繁に被害を受ける日本ですので、いざというときにまず頼りにすることのできるご近所の人々との関係、いわゆる本章の議論におけるボンディング型ソーシャル・キャピタルの関係性をもつこと、そして強めることは重要であるといえます（石田 2008）。

　地域コミュニティの希薄化については1960年代にすでに国民生活審議会において指摘があり、以来ずっと日本の地域社会の課題として掲げられてきています。高度経済成長期も1990年代初頭のバブル崩壊とともに終わり、その直後の1995年に阪神・淡路大震災という惨事があり、日本社会の方向性が問われるなかで、「豊かさとは何か」、「幸福とは何か」といったことが

論じられるようになりました。そのなかで、コミュニティのあり方が改めて議題として上がるようになりました。また時を同じくして、社会参加や地域貢献の重要性がいわれるようになり、その過程でソーシャル・キャピタルが熱心に議論されるようになったといえます。

特に阪神・淡路大震災からの復興過程の検証において、コミュニティの重要性に関する提言が数多くなされてきました。その一つとして、被災者の仮設住宅への割り振りに関する問題が取り上げられています。阪神・淡路大震災は、高度経済成長後の人口密集地に初めて生じた大災害となりました。神戸や阪神間で大規模な地震が起こることは専門家によって予測されていたのですが、そこに住むほとんどの人がそれを認識していなかったことに加えて、大規模災害がしばらくなかったこともあって政府や行政の備えも十分とはいえない状況でした。そのような背景があり、仮設住宅ができた際にはコミュニティの維持ということについては配慮が十分にできず、高齢者や弱者を優先して割り振りを進めていきました。これは見方によっては人道的に正しいともいえますし、当時の日本全体の体制と神戸地域の混乱のなかでの対応としては非難されるべきものではないはずです。

しかしながら、ソーシャル・キャピタルという観点からは、図2の結果で論じたように、このような当時の対応は「頼りになる人」が自分の周りからいなくなることを意味しています。割り振りの当たり方によっては、「全くつきあいのない人」ばかりが周囲に突如現れることとなり、心細く不安な生活を余儀なくされたといえます。そのようなこともあり、災害救助法では、災害時の仮設住宅への割り振りや避難所での過ごし方などの対応について、「従前のコミュニティ単位で」ということが随所で指示されています。

いざというときに助け合うということがコミュニティに課せられた課題であるといえますが、場合によってはその地域で経済活動を営んでいる民間企業もその助け合う一員となります。曜日や時間帯によるところがありますが、事業所にはいざというときの人手が集まっています。事業所としては自社の復旧と事業再開が最優先事項になりますが、社員の多くにとっては自分の生活する地域の復興も同じく重要な事柄となります。特に高齢化の進む地

域では事業所と地域とで人手の取り合いになると考えられます。この点においても、地域住民と事業所の連携が重要となります。

図3は、兵庫県豊岡市という地方の市部において事業所が自社内と地域のなかでどのような防災関連行動をとっていて、それが一体誰をきっかけとして開始されたかについてグラフにしたものです。結果をみると、最も多くの事業所できっかけとなっているのは「事業所長」ですが、興味深いことにその次に「地域住民」が多く挙げられています。つまり、地域住民が事業所に働きかけることによって、事業所が地域での活動に関与するということです。事業所の地域属性が明確でないために地域住民との関係性がボンディング型かブリッジング型かを特定することはできませんが、両方のケースがあると考えられます。またとらえ方によってはリンキング型の関係性として機能するとも考えられます。筆者による分析では、平時において地域住民と能動的な関係を有している事業所が、地域の消防訓練や防災訓練に参加する傾

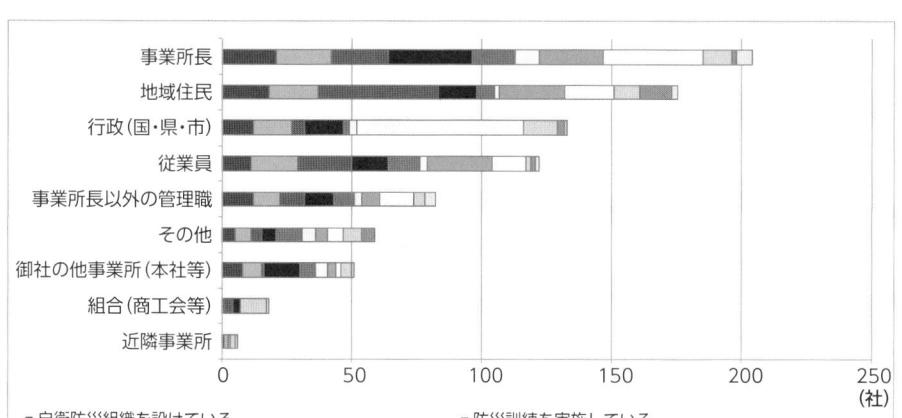

図3 兵庫県豊岡市における住民自治組織と事業所の関係性

出典：ひょうご震災記念21世紀研究機構編（2009）調査データをもとに筆者作成

向にあることが示唆されています（石田 2013）。

　このように地域のソーシャル・キャピタルをさまざまな指標を用いて把握することができますが、測定方法の難しさもあります。指標そのものの妥当性もありますが、多くの社会調査では個人を対象にするため、地域のなかの点をとらえることになります。ソーシャル・キャピタルという概念を踏まえると、コミュニティという面でとらえるという試みも必要といえます。たとえば、町丁目単位でのソーシャル・キャピタルをとらえ、地域属性の違いをあわせてみることによって、地域のソーシャル・キャピタルがどのように地域のレジリエンスに影響を与えているかという研究も可能となります（藤澤・石田 2014）。数多くの実証的な研究において、ソーシャル・キャピタルが社会的影響をもつ要素であることが立証されています。

5　ソーシャル・キャピタルを重視したこれからの公共経営

　最後に、これからの公共経営をソーシャル・キャピタルの視点を中心に据えながら考えてみましょう。冒頭で社会の多様化や高度化といった地域社会を取り巻く環境が大きく変わっていることに触れましたが、それを乗り切って行くために新しい形の公共経営で対応していくことが求められています。また行政、企業、NPO、そして住民といった地域の主体が協働して公共を担うという形が現代の公共経営のあり方として考えられていることについて述べました。

　公共経営のあり方として実践されている手法として、「地域資源」に着目し、有効活用するというものがあります。たとえば明石市魚住町という地域に、ふるさと創生を目標とした「うおずみん」という団体があります。この団体では、地域の自治会、協議会、NPO法人、そして学校などの各種団体や機関をつなぐことによって、地域課題の解決や地域の活性化に尽力しています。そして、各種団体をつなぐという点で地域連携を促進する組織であるといえます。また活動の一つに「地域資源」の発掘への取り組みがあります。地域資源として、歴史や文化にもとづく遺産や地域住民の愛着のある場所な

ども挙げられますが、特技や技術をもった人や団体もあります。その他にうおずみんの興味深い活動に、地域の主体の活動を主軸に据えた「祭り」の開催があります。「コミュニティ」を定義するものが何かということを考えたときに、地域性というものが一つにありますが、もう一つに「共同性」というものがあります。地域の人々が同じことを一緒に経験することによって育まれる要素です。

　モノだけでなく人をつないでいくことが、「公共」問題を解決する連携による経営に必要であると考えられます。バート（1992）は、異なる集団間をつなぐ「構造的隙間」を埋めるような位置を占めることが「仲介者」としての機会を得ることになることを指摘しています。まさにうおずみんという団体が地域のブリッジング型ソーシャル・キャピタルの形成に寄与しているといえます。また祭りが長年にわたって開催されれば、それは無形の地域資源となる上に共同性も生まれます。それが達成されれば、地域の各種組織をつなぐというブリッジング型ソーシャル・キャピタルによって、地域住民のボンディング型およびブリッジング型のソーシャル・キャピタルを創出することに発展すると考えられます。

　ここまで、ソーシャル・キャピタルの存在が社会的に「善い」影響を与えることばかりの説明をしてきましたので、最後に社会全体でみれば「善くない」影響も及ぼしうることについて示し、本章を締めくくります。2004年にアメリカで発生したハリケーン・カトリーナはニューオーリンズの街を水没させました。そのため仮設住宅が必要になりましたが、その設置場所を巡って、自身の地域には設置してほしくないと考えた住民がボンディング型ソーシャル・キャピタルの特徴を発揮して設置を回避しました。アルドリッチ（2012）は、そこに住む住民は元通りの安定した生活を過ごすことができることになった一方で、地域全体の復興という観点からみると設置場所の選定にさらなる時間がかかってしまうため、復興が遅れるという結果にもなると論じています。つまり、小さな単位でのコミュニティにおいて便益をもたらすものとして機能するソーシャル・キャピタルは、必ずしも大きな単位でみた広域地域の運営に正の影響を与えるわけではないことが示唆されていま

す。したがって、ソーシャル・キャピタルは公共経営において諸刃の剣になりうるといえます。

　信頼と規範という社会的資源の埋め込まれた人と人のつながりを形成していくことが公共経営の基盤となることについて説明してきました。「人と地域社会をつなぐ絆」を実際にどのように取り扱っていくかを再考することが、公共経営にとって必要不可欠です。まずはみなさんの身近なところを見廻し、社会参加し、自身の地域でのソーシャル・キャピタルの形成を図りながら、信頼と規範がどのように変化していくかを感じとってみませんか。

（石田　祐）

参考文献

Aldrich, Daniel P.（2012）*Building Resilience: Social Capital in Post-Disaster Recovery*, Chicago University Press（石田祐・藤澤由和訳（2015）『災害復興におけるソーシャル・キャピタルの役割とは何か──地域再建とレジリエンスの構築』ミネルヴァ書房）

Burt, Ronald S.（1992）*Structural Holes: The Social Structure of Competition*, Harvard University Press

Coffé, Hilde and Geys, Benny（2005）Institutional performance and social capital: An application to the local government level. *Journal of Urban Affairs*, vol. 27, no. 5, pp. 485-501

Coleman, James S.（1990）*Foundations of Social Theory*, Harvard University Press

電通総研・日本リサーチセンター編（2004）『60カ国価値観データブック』同友館

藤澤由和・石田祐（2014）「新たな地域防災政策への可能性(1)：コミュニティ・レジリエンスの地域間比較」『ESTRELA』no. 246, pp. 8-13

ひょうご震災記念21世紀研究機構編（2009）「自然災害を始め、社会の様々な不安に対する　安全・安心の仕組みづくり方策」ひょうご震災記念21世紀研究機構

石田祐（2008）「コミュニティとソーシャル・キャピタル」稲葉陽二編『ソーシャル・キャピタルの潜在力』日本評論社，第3章

石田祐（2013）「地域防災体制の構築におけるソーシャル・キャピタルの役割─民間事業所と地域住民の関係性を中心に」『ECO-FORUM』vol. 28, no. 4, pp. 51-67

Knack, Stephen（2002）Social capital and quality of government: Evidence from states, *American Journal of Political Science*, vol. 46, no. 4, pp. 772-785

国土交通省国土政策局（website）「全国総合開発計画（概要）の比較」『インターネットでみる国土計画』（http://www.kokudokeikaku.go.jp/document_archives/ayumi/21.pdf）

内閣府経済社会総合研究所編（2005）「コミュニティ機能再生とソーシャル・キャピタルに関する研究」内閣府経済社会総合研究所

Narayan, Deepa（1999）*Bonds and Bridges: Social Capital And Poverty*, World Bank

Putnam, Robert D.（1993）*Making Democracy Work: Civic Traditions in Modern Italy*, Princeton University Press（河田潤一訳（2001）『哲学する民主主義―伝統と改革の市民的構造』NTT 出版）

Sundquist, Kristina; Hamano, Tsuyoshi; Li, Xinjun; Kawakami, Naomi; Shiwaku, Kuninori; and Sundquist, Jan（2014）Linking social capital and mortality in the elderly: A Swedish national cohort study, *Experimental Gerontology*, DOI: 10.1016/j.exger.2014.03.007

Szreter, Simon（2002）The state of social capital: bringing back in power, politics and history, *Theory and Society*, vol. 31, no. 5, pp. 573-621

Tocqueville, Alexis de（1840）*De La Démocratie En Amérique*（松本礼二訳（2008）『アメリカのデモクラシー』第二巻（上），岩波書店）

第10章

グローバル化と新しい公共

1 グローバル化とは何か

　地球は英語で Earth（アース）といいますが、Globe（グローブ）ともいいます。20世紀に入り交通や通信手段が急速に発達し、人類が自由に地球規模で交流して友好を深めたり、事業を始めたりすることが盛んになりました。特に1970年代ごろから、自国だけでなく、地球全体を対象に人類共通の課題に取り組むべきだという意識が生まれはじめました。このように国家や地域単位ではなく、地球を一つの単位ととらえた社会や経済の動きのことをグローブが転じてグローバル化といいます。私たちは日常の生活のなかで、衛星放送で外国の社会の出来事やスポーツ中継などをリアルタイムで観ることができるし、海外旅行や留学などもこれまでよりかなり自由にできるようになりました。また、経済の分野でも大幅に規制が緩和され、各国の資金が以前より自由に世界中に投資されています。これらの新しい経済現象によって、自国の景気が外国資本による株価操作で大きく変動するなどの状況も生じてきました。また、各国で、歴史と伝統を誇る名門企業が外国資本に買収されることなども日常茶飯事となりました。

　かつて各国は自国の経済を守るため、輸入品に高い関税をかけて自国の産業を守ろうとしてきましたが、その垣根も大幅に低くなり、また、金融面での規制も大幅に緩和されて、資本がさまざまな国に投下されるようになりました。今や、世界経済は地球という一つの市場で動いているような様相を呈しています。このことによって、一国の経済危機が他国の経済に大きな影響を与えることがよくあります。たとえば、2002年のアメリカの金融市場で

起きた大恐慌（リーマンショック）は世界中に波及し、日本の経済も大きな打撃を受けました。これも、金融・経済のグローバル化によるものといえます。

2 国際公共財「地球環境」の危機

　私たち人類は、地球温暖化という深刻な問題に直面しています。それは、地球を覆っている大気圏の中の「温室効果ガス」、主に二酸化炭素（CO_2）の急増による気温の上昇が原因で、深刻な異常気象に遭遇する危険にさらされているからです。

　地球は、約1,000キロメートル（エベレスト山の高さの約114倍）の高さの大気圏に覆われています。大気圏は酸素（21％）、窒素（78％）等で構成されていますが、さらに大気圏の中には「温室効果ガス」と呼ばれる二酸化炭素0.04％、アルゴンガス0.9％などの気体が含まれています。地球を覆っているこの大気圏に「温室効果ガス」がなければ太陽から到達した太陽光がそのまま地球表面から反射して大気圏外に戻っていくので、地球全体の平均気温はマイナス19℃になり生物は極寒の世界に住むことになります。しかし、「温室効果ガス」が大気中に含まれているため、地球の平均気温はプラス14℃前後に保たれており、地球に住む生物はこの条件の下で、何億年もかけて進化を遂げながら生きてきたのです。しかし、過剰な大気中の二酸化炭素は地球を暖め続け、様々な悪影響を地球環境にもたらし始めています。

3 「温室効果ガス」の急増と気候変動

　木材や化石燃料（石炭、石油、天然ガス等）を燃やすと燃焼の過程で二酸化炭素が発生します。1760年代から1830年代にイギリスで起こった産業革命で、主に石炭を燃やして水を加熱して水蒸気を発生させ、その水蒸気の圧力で機械や機関車を動かして大量生産や大量輸送を可能にしました。この工業化はアメリカ合衆国や欧州先進国などにも広まり世界は一段と大量の二酸化炭素を排出し続けることになりました。これにより大気中に滞留する二酸化炭素の量は急速に増えていったのです。ある研究機関の計算によると、人

175

類は1860年から2010年までの150年間で1万倍近くのエネルギー消費量に達しました。原子力や水力などのエネルギー源を除いた化石燃料（材木、石炭、石油、天然ガスなど）だけでも、1860年に比べて約9,000倍以上の使用増を示しています。この間に、膨大な量の二酸化炭素が大気圏内に放出されて滞留してきました。それが、今の地球温暖化をもたらしてきたといえます。

2011年にIEA（国際エネルギー機関）が発表した世界の二酸化炭素排出量を主な国別の比率でみると、中国25.5％、アメリカ16.9％、インド5.6％、ロシア5.3％、日本3.8％、ドイツ2.4％などとなっています。これらの工業先進国や多くの人口を抱えている国々を中心に二酸化炭素排出削減への取り組みを地球規模で展開することが緊急の課題となっています。

確実に進展する地球温暖化。企業活動やわれわれの生活から大気中に排出される大量の二酸化炭素が徐々に地球の気温を高め、大きな悪影響を人類に及ぼしてきました。たった一つしかない私たちの地球に異変が起き始めているのです。以下にいくつかの事例を挙げてみます。

(1) 北極の氷が急速に溶け始めている

この現象により北極グマやアザラシなど多くの動物が絶滅の危機に瀕しています。北極圏を生息の場としているこれらの動物たちは海面を覆う氷原の溶解により十分な餌を採れず餓死することが多いのです。また、北極海の氷原や氷山が溶けることによって海面が上昇し、海岸が波に覆われる地域が世界各地で急増しています。さらに、サンゴ礁を基盤として生まれた国、ツバルやモーリシャスの島々では、大潮の時、国土が海水に覆われて作物が全滅するなどにより、将来住民は他国に移住しなければならないという深刻な予想がなされています。また、日本でのシミュレーションでは海水が1m上昇すると、日本の砂浜の80％が消えるとの予測もなされています。

(2) 世界の随所で干ばつが起こり多くの人類が食糧不足に悩んでいる

遊牧民が牧草地として気温の上昇によって地表の水分の蒸発が促進され、

農耕地が干ばつに襲われる地域が世界規模で増えています。これにより食糧危機が懸念されています。利用していた草原が温暖化で砂漠化して家畜の餌がなくなり近隣の農耕民族の耕作地に押し寄せ、多数の死者が出る深刻な紛争が起きています。

(3) 海水温度の上昇で世界規模の異常気象が多発している

　地球温暖化で海水の温度が上がり、台風やハリケーンなどの勢力が強大化して集中豪雨や竜巻などの異常気象が世界規模で多発するようになってきました。皆さんは近年、日本の気象庁が次のような通報をしていることに気づいていませんか。その通報とは「今夜から明日の朝にかけて、○○地方ではこれまでに経験したことのないほどの激しい豪雨に見舞われることが予想されます。洪水や土砂災害に十分注意して下さい」というものです。これはまさに、近年前例のないほどの異常な気象状況に陥っていることを表しています。また、世界のサンゴ礁の20％で、海水の温度上昇によって、サンゴが死んで白くなる白骨化を起こしています。

(4) 地球全体で気温が上昇することにより熱帯特有の疫病が温帯地域にも広がりつつある

　主に熱帯地域で発生していたデング熱やマラリアなどの疫病が広がりつつあります。地球全体で高温化が進んでいるため、亜熱帯の地域には熱帯の動植物・疫病が、また日本などの温帯地域には亜熱帯の動植物・疫病が現れ始めています。これからは、各地域において未経験の病原菌などへの予防が必要となってくることが懸念されます。

　「茹で蛙」の話を聞いたことがありますか。熱いお湯を入れた鍋に蛙を放り込むと、蛙はあわてて鍋から飛び出します。次に、常温の水を張った鍋に蛙を入れ、下からトロ火でゆっくりと鍋を温めます。少しずつ水温が上がって行くのに気づかず蛙はじっとしています。やがて水が高温になり、蛙が気づいた時にはもう動けなくなりそのまま茹でられて死んでしまうという寓話です。ビジネスの世界では、社会の環境が少しずつ変化しているのに気づか

ず、事業が社会環境に取り残されて衰退することを戒めたたとえ話です。しかし、この寓話はビジネスの世界での話だけではありません。私たちの日常生活のなかにも、地球温暖化の影響がじわじわと押し寄せてきつつあるのです。「大変なことになった」と気づいた時にはもう遅いのです。私たちも早急に地球温暖化に強い関心をもち、地球温暖化防止策に協力していくことが必要なのです。

4 　地球温暖化を止めるための国際連合の活動

4.1 　「気候変動に関する国際連合枠組条約」

　世界の平和と秩序を維持するために世界の 150 余りの国々が参加している国際連合が立ち上がり、1992 年に「気候変動に関する国際連合枠組条約」を締結して本格的な温暖化防止活動に乗り出しました。特に、工業が古くから発達して長期にわたって大気に温室効果ガスを排出し続けて来た先進国は大きな責任を担うべきだという声が開発途上国などを中心に強まりました。これにより、アメリカ、イギリス、日本、ドイツなど 23 カ国と EU（ヨーロッパ連合）は締約国会議（COP）を定期的に開き、温室効果ガスの排出基準引き下げの規則を決めることになりました。そして、1995 年の第 1 回会議を皮切りに、COP はほぼ毎年開かれてきました。しかし、世界中の二酸化炭素排出ガスのうち 26％を排出する中国やこれから工業化を進めようとするインドやブラジル、南アフリカなどはこの二酸化炭素削減の枠組みには入っていません。早い時期から工業化を進め、大量の二酸化炭素を排出してきた先進国こそ温暖化の犯人であり、これから経済発展をしようという途上国に排出の制約を課すのは不公平であると強く主張しており、当面は先進国から二酸化炭素削減に取り組もうという状況になっています。

　わが国は、2012 年の第 4 次環境基本計画において、長期的な目標として 2050 年までに 80％の温室効果ガスの排出削減を目指すことにしています。日本は、世界最高水準の省エネ技術をもっています。世界に先駆けて燃料消費量が約半分で済むハイブリッドカーを開発して売り出したのは日本の自動

車メーカーでした。日本には世界の先頭に立って省エネや再生エネルギー技術による地球温暖化防止に貢献する事が期待されているのです。

4.2　国連の「気候変動に関する政府間パネル」(IPCC)

政府間の機構である IPCC は、国連の専門機関によって設立されました。国際的な専門家を集め、地球温暖化についての科学的な研究の収集、整理をする専門家集団で、科学的根拠に基づき数々の警告を発表しています。この集団は 2007 年に温暖化に関する数々のアドバイスや警告の功績が認められて、ノーベル平和賞を受賞しています。この IPCC は 2013 年に日本の猛暑、豪雨だけではなくヨーロッパや北アメリカ等で大きな被害を出した異常気象は地球温暖化が関与している可能性があると発表しています。私たちは何としてでも地球温暖化防止に邁進しなければならないのです。

4.3　温室効果ガス削減と経済成長との相反する目標

地球温暖化の原因となる温室効果ガスの削減と経済の成長という相反する目標をどう達成していけばいいのでしょうか。特に、これから経済発展を遂げようとしている途上国には、どのような成長手段を適用すべきかが大きな課題となっています。産業革命以降、人類は無限の拡大を目指して大量生産、大量消費を続けてきました。その結果として、地球的規模で環境問題や資源の枯渇など負の遺産が積み上がってきたのです。しかもまだ、途上国をはじめ過半数の人類がこれから大量生産・大量消費の社会に参入しようと待ち構えています。早急に、「経済成長」の質の転換を図り、持続可能な社会の構築を図らなければなりません。つまり、大量廃棄社会から循環型社会へ転換すべきだということです。

特に、企業を中心とする経済界においては、大量生産・大量消費という「動脈産業」ばかりでなく、循環型社会のための 3R（リデュース：Reduce、リユース：Reuse、リサイクル：Recycle）活動、すなわち、「静脈産業」の育成にも取り組み、地球環境に負荷をかけないゼロ・エミッション社会（廃出物を極力減らす社会）の構築に努める責務があるのです。また、一般消費者にも、

これら環境問題に積極的に取り組む企業を支援する姿勢が望まれます。

発展途上国と先進国とがバランスを取りながら、経済発展、生活の向上を図ることが非常に重要なテーマとなってきています。

5 グローバル化社会の国際公共財としての規範

第2節では地球温暖化という地球規模の難題について説明しましたが、グローバル化がもたらすもう一つの課題は人類に共通の規範（ルール）を作ることです。人や企業などが自由で活発に交流するようになってくると地球上のすべての人々に守るべき規範を提示する必要があります。人種や宗教、経済状況、さらには教育レベルなどが大きく異なる地球上の人々が活発に交流するためには、多くの規範を設定して守らせなければ各地でトラブルが発生することになります。しかし、人類には大きな格差があります。世界資源研究所・国際金融公社の『次なる40億人』（2007）によると、世界の人口の過半数を占める40億人が、一人当たり年間所得3,000ドル以下世帯という、貧困のなかで暮らしています。このように生活様式も多様であり、また、宗教・文化なども千差万別の人類に共通の価値観、行動基準などを一方的に押しつけることはできません。したがって、グローバル化社会のなかで人類はどのような規範を定め、共存社会を作り出すべきかを考えて行く必要があります。これこそが地球規模の「公共」を実現させていく第一歩なのです。

6 メガコンペティションの影響

各国の企業同士の競争が激烈になり、他国の企業の強みに対抗して自国の企業も厳しい効率化を迫られてきました。以下に、グローバル化によるメガコンペティション（大競争）の影響を列記します。

まず、各国の間の壁が低くなり人と経済の両方で交流が活発になるにつれて、最も経営効率のよい企業モデルに各国の経営システムが変わりつつあります。世界の経営方式のなかで最もシビアに利潤を追求するのはアメリカの企業であるとよくいわれます。資本の論理（徹底した経営効率化と企業買収などによる競争力の強化）が徐々に世界に広まりつつあります。かつての日

本の企業の典型的な経営形態は、従業員は決められた定年まで勤務する「終身雇用」であり従業員の忠誠心も高まって労使一体となって会社の繁栄に取り組んできて、日本全体の経済発展に寄与してきたといえます。しかし、メガコンペティションの時代になると海外からの資本がどんどん日本企業に注入されたり、あるいは海外企業との事業提携などで最も効率良く利潤を上げる経営方式に変えざるを得なくなり、海外企業なみに不採算部門の切り捨てやレイオフ（解雇）も頻繁に行われるようになりました。

　また、発展途上国に生産拠点を移してしまった日本企業もあります。発展途上国の中には労働賃金が日本の賃金のよりかなり安い国があるからです。日本企業のなかには、これらの低賃金の地域に生産拠点を移し、製品を日本に逆輸入して低価格で大量に販売して大きな企業に成長した事例もあります。当初は農水産品や衣料、日用雑貨などが中心でしたが、徐々に電気製品、自動車なども大量に製造され日本に逆輸入されるようになりました。私たちが普段使っているさまざまな製品が海外で作られていることが多くなっています。例えばタイ国の首都バンコクの郊外には広大な工業団地が広がっており、この工業団地の中には400を超す日本企業の工場があり、そこで作られた製品はそのまま東南アジアやインド、オーストラリアなどの地域に輸出される物が多いといわれています。その方が消費地への輸送コストが日本から送るより格段に安いからです。このように、日本企業が海外で製造しそのまま海外に販売するという様式が増えたため、日本での製造業の雇用の場が海外に移り、日本での雇用情勢に大きな影響を与えました。わが国で、1999年から若年層の間で所得格差が拡がっていきました。その原因は、非正規社員の率が1995年の20％から2011年には約40％に上昇したことだといわれています。そしてその背景にあるのは長期不況と経済のグローバル化だといわれています。前述した厳しいメガコンペティションのなかでは、不採算部門は縮小か切り捨てを日本企業も海外企業と同じようにせざるを得なくなったのです。日本政府も規制を緩めて非正規雇用制度の導入を認めざるを得なくなりました。就職機会の平等を進めて格差の固定化を防ぐ制度設計を早急に進める必要がありそうです。

7　国際公共財としての規範システム

　グローバル化が進むなかで、公正でスムーズな経済活動を行っていくためにさまざまな国際機関が規範づくりに力を注いでいます。以下に、健全な市場経済のための公正なルールづくりを行う機関をいくつか紹介します。

(1) OECD（経済協力開発機構）のコーポレート・ガバナンス原則

　1999年5月に、①できるだけの経済成長、雇用の増大、生活水準の向上を図ること、②経済発展途上にある諸地域の経済の健全な拡大に寄与すること、③多目的かつ無差別な世界貿易の拡大に寄与することなどを目的としてグローバルに活動しようとする企業等に対してのルールの原則を示しました。

(2) WTO（国際貿易機関）

　自由貿易促進を目的として創設された国際機関。貿易を巡っては紛争が絶えないことから紛争解決のための国際的ルールの設定や、ルールの対象をモノの貿易だけでなく、サービス業務や知的財産などのソフトの貿易にも広げています。現在、約160カ国がWTOに加入しスムーズな貿易活動の恩恵にあずかっています。

(3) 国連のグローバル・コンパクト（2000年7月）

　国連は多くの分野で世界の平和や人権保護など人類のための活動を行っています。そのなかの一つとして、経済活動のグローバル化で世界を舞台に活躍しているグローバル企業に対して守るべき行動基準（国連グローバルコンパクトの10原則）を提示しています。各企業がそれを守る盟約（コンパクト）を宣言し、毎年国連にその盟約の実施状況を報告することを呼び掛けたところ、全世界で7千社に及ぶ企業と3千を超える団体がこの盟約に参加して現在に至っています。なお、国連グローバル・コンパクトの10原則の中身については、第8章表1を参照してください。

(4) 国際標準化機構（ISO）

国際標準化機構（ISO）とは、工業分野の世界的な標準（国際規格）を策定するための民間の非営利法人でスイスに本部を置いています。特に、EU（ヨーロッパ連合）諸国などはこの基準を活用して新興国などからの商品を厳しくチェックして低価格の不良品などを排除していました。工業製品などの品質をチェックする ISO 9001 シリーズの規格に加えて、さらに世界のニーズに応えて環境マネジメントをチェックする国際規格 ISO 14001 シリーズが投入されました。これは、地球温暖化に対する危機意識の高い国々の政府や経済界から賛同を得て「地球環境に優しいマネジメント」を実施していることの証として、国際規格 ISO 14001 の認証を取得する企業・団体などが続出しました。

(5) 男女共同参画社会への前進（ILO 156 条約）

ILO（国際労働機関）は 1919 年に発足しましたが、1946 年に国連の専門機関となりました。また、1969 年にはノーベル平和賞を受賞しています。

ILO の主な活動目的は、「1 日 8 時間労働」「母性保護」「児童労働に関する法律」「職場の安全」「平和な労使関係」などの推進です。1981 年に ILO は 156 号条約を採択し、①「家族に対する責任は女性のみが担うのではなく、男女が平等に担って働く」、②「育児や介護のために休暇をとった家族的責任を有する労働者を差別しない」を決めて各国政府に要望しました。これを受けて、わが国では 1986 年に「雇用の分野における男女の均等な機会及び待遇の確保等女子労働者の福祉の増進に関する法律」（「男女雇用機会均等法」）が施行され、職場での男女平等が確保され家庭と仕事が両立できるよう法整備が行われました。

8　グローバルな規範づくりの長い道のり

第 8 節で地球規模での規範づくりの具体例を挙げましたが、これらが地球上のすべての人々に適用されるようになるには長い年月がかかることを覚悟しなければなりません。地球上には極端な貧富の差や知識の差などが存在し

ています。前述した国連や ILO、WTO など多くの国際機関が長年かけてグローバルな規範の普及に努めていますが、各地域に長年はびこっている因習[1]や宗教などで女性の地位が極めて低い地域や、貧困や生活様式（遊牧民や密林生活種族）などで児童労働が当たり前になっている地域なども多く存在します。地球規模の市場経済に参加できている人々の数は全地球人口の半分にも満たないともいわれています。人権の尊重や公正な経済活動など人類にとっての「望ましい価値観」は、先に気づいた人々による気の長い働きかけで徐々に地球上の人々すべてに広まって行くことが望まれます。

（宇都弘道）

---

1) 古いしきたりにとらわれて新しい考え方を取り入れようとしないこと。

事例編

第11章
文化による地域づくり

1 文化と地域

1.1 文化とは

　公共経営を考えるとき、文化の振興ということが大切なテーマの一つになってきます。文化は私たちの生活・社会にとって欠かせないものだからです。では、「文化」とは何でしょうか。厳密な定義は、学者によっても異なり一定していません。文化のつく言葉を挙げてみても、「文化の日」「文化勲章」「日本文化」「文化財」「文化遺産」といったものから、身近な「文化祭」「文化施設」や「文化教室」「食文化」まで、さまざまな意味に使われています。

　英語のCulture（文化）は、もともと「耕す」という語源をもっています。西洋では、人間が自然に手を加えて作り上げてきたものをCultureと呼び、衣食住をはじめ科学・技術・学問・芸術・宗教など幅広い内容を含んでいます。

　文化人類学者の梅棹忠夫は、文化の特徴を産業や交通など「腹の足し」「筋肉の足し」になるものに比べて、「心の足し」になるものと表現しています。「心の足し」、つまり生活を楽しく心を豊かにするものが文化だというわけです。

　ここでは、「文化」を以上のような広い意味でとらえておきます。具体的には、学問・芸術・宗教などの高度な精神文化から衣食住・つきあい・遊び・スポーツなどの生活文化までを視野に入れて、「文化」は人間生活を精神的に豊かにするものと考えます。

ところで文化（Culture）はもともと人間の住む土地や自然とのかかわりが深く、ある一定の土地に住む人間の集団が共有する生活様式を特徴づけています。同じようなものを食べ、同じようなものを着て、同じような家に住み、同じ言葉を話し、宗教や生活習慣を共有することから民族文化が生まれてきました。同じ民族でも、地域ごとに異なる歴史と伝統が形成されると、その地域独自の「地域文化」というものが成立することになります。また世代ごとに異なるライフスタイルが形成されると、「若者文化」といった世代文化が誕生します。

　このように文化は、ある一定の人間の集団が価値観や生活習慣を共有することから形成されるものだといえるでしょう。

1.2　地域とは

　文化はもともと一定の土地に住む人間の集団が共有するものと述べましたが、では一定の土地の範囲とはどういうものでしょうか。

　時代によっても変わります。たとえば、江戸時代ぐらいまでの日本では、ほとんどの人は生まれた村や町で一生を過ごすのが普通でした。山に囲まれた盆地というのが典型的な日本人のふるさとのイメージでした。山や海に囲まれた風土のなかで生活圏が形成され、それぞれに特色のあるふるさとの文化が育まれていたのです。そこでは、神社や寺院が重要な役割を果たし、季節を彩る祭りは地域の住民の心をつなぐ大切な行事でもありました。

　ところが、近代以後の工業化社会は、産業・交通等の飛躍的発展と都市化の進展により、人々の生活圏を一変させました。就学・就職・結婚から余暇生活まで、人々の行動範囲は大きく広がり、今では生まれた町で一生過ごす人のほうがめずらしいぐらいになっています。それとともにかつての近隣のつながりを中心にした「地縁型社会」が崩れ、所属する企業や団体を中心にした「社縁型社会」が都市部から普及していきました。これは、日本の終身雇用制を前提とした就業形態を反映したものですが、最近ではその前提も崩れつつあり、改めて生活の舞台としての地域が見直されています。

　自分自身の生活を考えてみると、普段の生活圏・行動範囲はどうでしょう。

通常、近所のつきあいや小・中学校区、通勤・通学、ショッピングの範囲などが日常の生活圏でしょう。

それは昔の小さな村や町とちがって、今日ではだいたい都市が中心になっています。行政的には「基礎自治体」といわれる市や町が基本です。ただ生活・文化圏という面からみると、歴史的経緯や経済的背景等により、必ずしも行政上の一都市・一町が一つの単位ではなくて、いくつかの市や町が一つの地域文化圏を構成したり、一都市の中のある地域が文化圏としてまとまっていたりする場合もあります。

1.3 地域づくりと文化力

都市の時代といわれる今日、それぞれの都市や地域は元気で魅力のある地域づくりに取り組んで競争しています。それでは地域の力は何によって決まるのでしょうか。もちろん文化もその一つですが、それだけではありません。地域の力のもととなる資源にはどんなものがあるか考えてみましょう。

①自然力

まず地域の風土がもつ自然というものが、大きな資源になります。山・川・海・平野といった地形から気候、さらに動植物や鉱物などの自然の恵みを、人々の生活を支えるもっとも基本的な要素として挙げることができるでしょう。

②経済力

自然資源を活用した産業も、私たちの生活に大きな役割を果たしています。産業は、農漁業・鉱工業・商業・サービス業など地域によってその構成・内容は異なります。また産業を支える基盤となる交通・通信やエネルギーなどを含めたものが地域の経済力の源になります。

③政治力

地域に住む人々の秩序・まとまりを形成する政治の力が重要なことはいうまでもありません。安全で住みよい地域社会をつくるのは行政府だけの仕事ではなく、住民の意識・参画が重要な役割をもっています。

④住民力

　住民自身の力です。地域には子供から老人までの各世代、男性・女性、外国人などさまざまな人々が住んでいます。同じ地域に住む人々が、多様な関係・つながりをもって地域社会の活力を発揮する原動力になります。こうした人と人とのつながりをベースにした住民の力は、「ソーシャル・キャピタル」と表現されることがあります。

⑤文化力

　そして本章で取り上げる「文化」が、地域を特色づけ、地域の魅力を高める力として重要な要素になるのです。

　以上の、自然力・経済力・政治力・住民力・文化力を総合的に発揮して、地域が有する資源を十分に活用することが、「地域力」の向上につながっていくのです。したがって、それぞれの要素は相互に関連をもっているわけですが、ここで文化資源の活用による地域づくりの例として「祭り」を取り上げ、具体的に考えてみましょう。

【祭りの効用——岸和田だんじり祭】

　祭りは、神社や寺院の宗教的な儀式を中心に行われるのが一般的ですが、関連するさまざまな祭礼行事が加わって、地域の年中行事としてにぎわいを見せるものがたくさんあります。京都の祇園祭や大阪の天神祭は、毎年百万人以上もの人たちが各地から観光にやってきます。いずれも伝統のある祭りで、長年京都や大阪の市民によって支えられ、発展してきました。

　祇園祭や天神祭のような大都市の祭りでなくても、各地にはそれぞれ特色ある祭りがあります。なかでも大阪府岸和田市のだんじり祭は、豪快な「やりまわし」で有名です。「やりまわし」とは、200人を超える曳き手が重さ4トンもあるだんじりを、道路の交差点で直角に曲がりながら勢いよく駆け抜けるというもので、大勢の見物人はその迫力に興奮します。

　岸和田のだんじり祭は江戸時代に始まったものですが、今日まで続けられ発展してきたのは、これを支える町の人たちのだんじりへの愛着と長年にわたる努力の結果です。市内の町会ごとに祭礼組織がつくられ、町会長のもと

に世話人・若頭・組・青年団・少年団・子供会といった祭礼団体が年齢別に構成され、それぞれが役割を分担し、年々の祭りの当番役を果たしています。次の世代へと受け継いでいく仕組みがしっかりつくられているのです。

　岸和田では9月の祭りが終われば、すぐに翌年の祭りの準備が始まります。1年中、心の中にだんじりがあり、子供の時からだんじりとともに成長していくので、大人になって他の町へ出て行っても、多くの人が祭りの日には岸和田に帰ってくるといわれます。

　岸和田のだんじり祭をもとに、文化資源としての祭りが地域にもたらす効用を挙げると次のようなものがあります。

　①長年培われてきた地域の伝統文化・シンボルであり、住民の誇り・心の支えになる。
　②地域住民が力を合わせて取り組む行事であり、住民のコミュニケーション・連帯感を醸成する。
　③年に一度の「ハレ」の行事として、大きな喜びと楽しみをもたらす。
　④祭礼関連の産業振興、商店街の賑わい、観光ビジネス等を通じて経済効果をもたらす。
　⑤祭礼関連の芸術・芸能が地域文化の発展を促す。
　⑥祭りを通じて他の地域との交流が生まれる。

以上のように、祭りのような地域固有の文化資源を活用することは、地域社会の活性化に大きな効果をもたらしてくれるのです。

2　政府による文化振興

2.1　国の文化政策

　文化は人間の自由で創造的な活動ですから、一人ひとりの住民やそれぞれの地域の自主的な意思にもとづいて取り組むべきものだといえるでしょう。文化活動の主役は、一人ひとりの個人なのです。

　しかしながら、生活の豊かさ、特に心の豊かさが住民の幸福に果たす重要

な役割を考えると、個人や地域の自主性・自由を尊重しながら、国全体あるいは地域の文化を振興することは、公共的課題であり、行政の大切な仕事にもなってきます。

　日本では現在、国全体の文化行政を担当する役所として文化庁が置かれ、文化の振興を図っています。国の文化振興策は「文化の頂点の伸長」と「文化の裾野の拡大」を基本に進められています。「文化の頂点の伸長」というのは、芸術・文化活動の質を高め、創造活動を活発にして、文化をリードしていくことだといえます。「文化の裾野の拡大」というのは、それぞれの地域の特色を生かしながら、日本全体に文化を普及し、文化水準を引き上げていくことです。

　国の文化政策をまとめると次のようになります。
①文化基盤の整備
　文化振興のための制度や施設の整備、人材の育成など
②芸術・文化活動の奨励・援助
③文化への参加と享受の機会の拡充
　国民が平等に文化の恩恵を受けるための施策
④文化財の保存と活用
⑤文化の国際交流の推進
　②の「芸術活動の奨励・援助」という芸術振興策は、おもに「文化の頂点の伸長」に、③の「文化への参加と享受の機会の拡充」という文化普及策は「文化の裾野の拡大」につながるものです。

　これをお金の面からみると、国の文化関係予算は、絶対額でも国家予算に占める比率でも、フランスやイギリスなどヨーロッパ諸国に比べると少ないことがわかります。アメリカは民間の個人・団体による芸術・文化への支援活動が活発なため、国家予算は少なくなっています（表1）。

　しかも日本の文化庁予算の中身は、文化財の保護が多くを占め、芸術・文化の振興や普及のために予算があまり配分されていないのが特徴です（図1）。ただ、近年は芸術・文化に対する国民の関心の高まりを反映して文化関

2 政府による文化振興

表1 文化関係予算の国際比較 2008年

国名	文化関係予算額（億円）	国家予算に占める比率（％）	備考
日本	1,018	0.12	文化庁平成20年度予算
フランス	4,817	0.86	文化・コミュニケーション省予算
ドイツ	1,759	0.39	連邦政府首相府文化メディア庁予算
イギリス	2,554	0.23	文化・メディア・スポーツ省予算
アメリカ	889	0.03	
韓国	1,389	0.79	文化体育観光部・文化財庁予算

出典：文化庁調べ

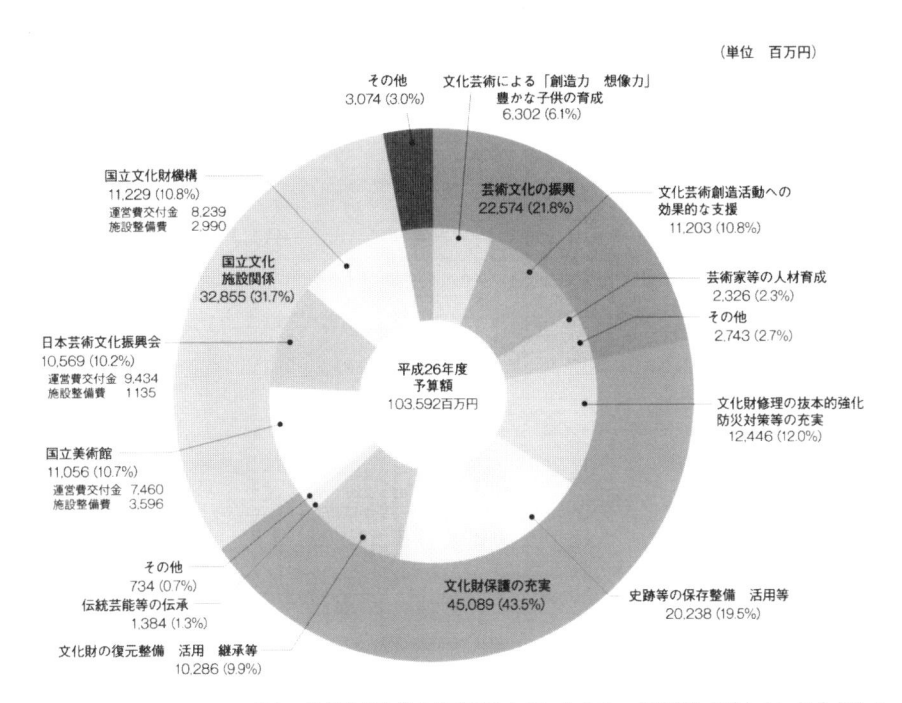

（単位 百万円）

その他 3,074（3.0％）

文化芸術による「創造力 想像力」豊かな子供の育成 6,302（6.1％）

国立文化財機構 11,229（10.8％）
　運営費交付金 8,239
　施設整備費 2,990

芸術文化の振興 22,574（21.8％）

文化芸術創造活動への効果的な支援 11,203（10.8％）

国立文化施設関係 32,855（31.7％）

芸術家等の人材育成 2,326（2.3％）

日本芸術文化振興会 10,569（10.2％）
　運営費交付金 9,434
　施設整備費 1,135

その他 2,743（2.7％）

平成26年度予算額 103,592百万円

国立美術館 11,056（10.7％）
　運営費交付金 7,460
　施設整備費 3,596

文化財修理の抜本的強化 防災対策等の充実 12,446（12.0％）

その他 734（0.7％）

伝統芸能等の伝承 1,384（1.3％）

文化財の復元整備 活用 継承等 10,286（9.9％）

文化財保護の充実 45,089（43.5％）

史跡等の保存整備 活用等 20,238（19.5％）

注1．単位未満を各々四捨五入しているため、合計額と合致しない場合がある。

図1 平成26年度文化庁予算額（分野別）

出典：文化庁「我が国の文化政策 平成26年度版」
（http://www.bunka.go.jp/bunka_gyousei/pdf/bunkacho2014.pdf）

第11章 文化による地域づくり

係予算も増加を続け、2003年以降は1,000億円を超える規模になっています（図2）。

2.2 地方自治体における文化行政

では、地方自治体における文化振興はどうでしょうか。戦後の中央政府主導の高度経済成長を終えた日本では、「中央と経済」に重心が偏りすぎたことの反省もあり、1970年代後半ごろから各地で「地方の時代」、「文化の時代」というスローガンが掲げられ、大阪府、埼玉県、神奈川県の知事などが地域文化振興の先導的役割を果たしました。

そして80年代に入ると、それまでの教育委員会中心の文教行政だけでな

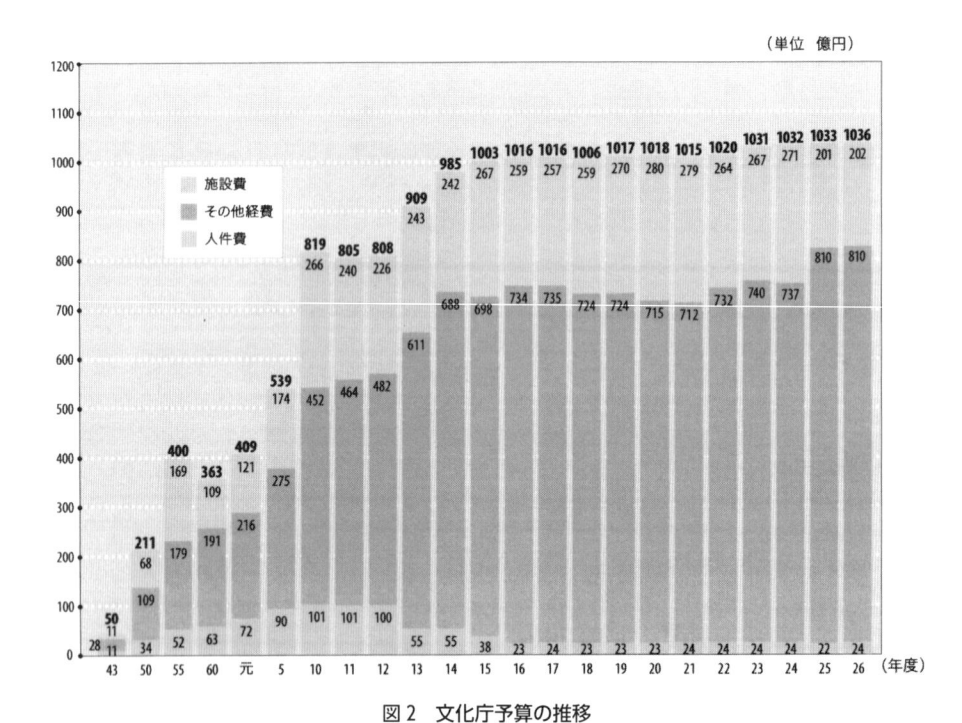

図2　文化庁予算の推移

出典：文化庁「我が国の文化政策　平成26年度版」
(http://www.bunka.go.jp/bunka_gyousei/pdf/bunkacho2014.pdf)

く、知事や市長の首長部局が主導するまちづくりの一環としての文化行政が全国に広がっていきました。

　この時期に特徴的なことは、文化振興策として全国各地に公立の劇場・ホールやミュージアムなどの文化施設が続々と建てられるとともに、「地方博覧会」をはじめとして多彩な芸術・文化イベントが開催されたことです。

　ただし自治体によってははっきりしたビジョンもなく、地域文化の振興という時代の流れに乗って、ホールや美術館など（ハード）を建設しただけのところも多く、その活用策（ソフト）が十分でなかったために「ハコモノ行政」という批判を浴びることにもなりました。

　もちろんしっかりした方針にもとづき、地域の文化拠点として地域文化の向上に寄与した公立文化施設もたくさんあります。一例として、兵庫県が1978年に尼崎市に設立したピッコロシアターを取り上げます。

【地域の文化拠点——ピッコロシアター】

　「ピッコロシアター」は、イタリアのミラノにある「小劇場」（「ピッコロテアトロ」）にあやかってつけた愛称で、正式には「兵庫県立尼崎青少年創造劇場」といいます。

　名前のとおり、若者のための演劇文化拠点として設立されました。ホールは若者の発想を取り入れ、舞台やバックヤードを広く設計してあります。運営スタッフに専門家を招き、公立文化施設でははじめての演劇学校や、美術・照明・音響等の舞台技術学校、さらには「ピッコロ劇団」も設けて人材の育成にも力を入れています。

　文化庁芸術祭優秀賞はじめ多くの賞を受けるなど各界から高く評価される活動を続け、地域における文化創造活動の拠点づくりの先駆的なモデルとして全国から注目を浴びています。

　70年代以降、このような個性的な文化施設が各地に誕生しました。市民挙げて手づくりの芝居を創造する岩手県遠野市の「市民文化センター」（1974年）、田んぼの中の音楽ホールと親しまれる宮城県加美町の「中新田バッハホール」（1981年）、山里の暮らしの知恵を現代に伝える愛知県豊田市の「三

州足助屋敷」(1980年)、鉄の博物館を拠点に国内外に文化情報を発信する島根県雲南町の「鉄の歴史村」(1986年) などの文化施設は、それぞれの地域の活性化に貢献するばかりでなく、他の地域との交流の拠点ともなっています。

　一方都道府県や大都市レベルでは、より高度な芸術文化の振興をめざした動きも出てきました。1990年に開設した茨城県水戸市の芸術館が代表的な例です。同館は、美術・音楽・演劇の各分野にプロの芸術監督を置いて、美術館と専属の楽団・劇団の企画・運営を行っています。スタート以来高度な芸術文化の創造活動を続け、水戸市民だけでなく関東一円あるいは全国各地からファンがやってきます。

　関西でも、滋賀県が1970年代から進めてきた文化施設整備計画の一環として、1998年には大津市に、日本でも数少ないオペラ専用劇場「びわこホール」を開設しました。西日本最大のオペラ文化の拠点として存在感をもち、国際的にも高く評価される活動を続けています。ところが、年々の経費が多額に上るため、2008年には予算削減の是非をめぐって各界の議論が沸き起こりました。

　これは文化の公共性を考える上で、なかなか難しい問題です。水戸芸術館でもびわこホールでも、質の高い芸術文化の創造をめざせばめざすほど建設費も管理・運営費も大きくなります。一方で、「地元県民よりも他府県の人々がその恩恵を受けている」といった不満の声もあります。

　芸術文化の公共的役割と財政・お金との兼ね合いの問題もあります。特に不況期になると、文化に回すお金は削ろうという話がよく出てきます。

　けれども地域に世界に誇る文化施設があることは、地域の文化水準を上げ、情報を発信し、地域外との交流を促進し、結果的に地域の人々の生活の質を高めることに寄与します。

　多くの人が訪れる世界各国の魅力的な都市には、必ずと言っていいほど優れた文化施設があります。それらは、都市や町の誇りとして、貴重な文化資源として、そこに住む人々によって支えられているのです。

　芸術文化の創造をめざす公立の文化施設の使命（ミッション）は、まさに

この点にあり、水戸芸術館やびわこホールがその先進的な役割を担っているものといえるでしょう。

2.3 文化行政から文化政策へ

すでに述べたとおり、80年代以降の国民の文化への関心の高まりと文化行政の全国的展開を背景に、国も文化政策を大きく見直し、2001年には「文化芸術振興基本法」を制定して、国の文化政策の基本理念と文化芸術の社会的意義、文化振興における国・地方自治体の責務・役割などの指針を示しています。

こうした流れを汲んで、地方自治体でも単なる「ハコモノ」や「イベント」による文化振興ではなく、住民の生活の質的向上や地域の活性化を視野に入れた上で、文化を政策の柱に位置づけるという動きもみられるようになっています。文化振興を明確にした地域づくりのビジョンや条例、推進組織、財政的措置を整える自治体も増えつつあります。

行政における文化政策の重要性は、人々の生活の質的向上へのニーズの高まりとともに今後ますます大きくなると考えられます。しかしながら、他方で財政悪化を背景に行政効率化が叫ばれ、文化行政にとっては厳しい逆風が吹いているという面も無視できません。

人々の心を豊かにするという文化施策の効果は、具体的な数値や目で見える形で表しにくいため、行政改革の対象に挙げられ予算も削られやすいという側面があります。

たとえば、行政効率化の手段として2003年から導入された「指定管理者制度」が多くの自治体で、文化施設にも採用されています。これは、もともと自治体がつくった文化施設等をその効率的運用のために、広く一般から各施設の管理・運営を行う事業者を募集して、適任者を選び、民間のノウハウや人材を活用しようというものです。

ところが文化施設の場合、この指定管理者制度導入により、施設の管理・運営が改善されたケースばかりとは必ずしもいえないのが実状です。確かに人件費等の費用面では効率化が進んだ例は多いのですが、施設の利用者であ

る市民にとってのサービス面や地域の文化振興に果たすべき本来の役割といった面でさまざまな問題が生じてきています。

　事業者の選び方、数年で切れてしまう契約期間、予算の運用とその評価、事業者の自由度と自治体の文化政策との整合性等々の問題がありますが、あまり効率化を優先しすぎると企業や NPO などの民間のノウハウも十分に生かされないことになります。

　やはり大切なことは、地域と住民のための文化政策をまず確立して、その上で各文化施策や施設の役割を位置づけ、民間のノウハウも取り入れた効果的・効率的な資源の配分・活用により、市民文化の活性化と地域文化の創造を図ることでしょう。

3　企業の芸術・文化支援

3.1　企業メセナ

　行政とは次元が異なりますが、民間企業も芸術・文化の発展を支える大きな役割を担っています。今日の社会では、企業の存在は大変大きく、企業がもっている「人・もの・金・情報」といった経営資源は、企業のために役立つばかりでなく、公共の分野にも大きな影響力をもっています。

　欧米では、企業家や企業が芸術・文化分野の支援を行うことが盛んで、特にフランスでは「メセナ」活動と呼ばれています。メセナとは、古代ローマで芸術家を庇護したことで有名な将軍マエケナスの名前からとったもので、マエケナスのフランス語の読みが「メセナ」になったものです。

　そうした伝統・風土が、世界に冠たるイタリアやフランスの芸術・文化を花開かせた一因になっているともいえるでしょう。

　日本でも、かつて江戸時代の富裕な商人たちが芸術家や学者・文化人を支援した例はありますが、第二次世界大戦後の高度成長期には、日本企業は経済一辺倒になっていった印象があります。高度成長期を経てようやく日本も「豊かな社会」「文化の時代」の到来がスローガンとして叫ばれ、1980 年代以降急速に企業の社会・文化活動が活発になってきました。

1990年には、所得の1%以上を社会貢献のために寄付する経団連の「1%クラブ」や、芸術・文化支援を目的とした「企業メセナ協議会」の活動がスタートしました。

表2にみるように、多くの企業が、芸術・文化支援のための助成財団をつくっています。助成財団は、美術・音楽・演劇・伝統芸能などそれぞれの得意分野で、芸術家の支援や人材育成、NPOなどへのサポート活動等を行っています。

地方でもそれぞれ特色ある芸術・文化支援活動が展開されています。たとえば、岡山県倉敷市にある大原美術館はクラボウなどを創業した大原孫三郎の地域貢献として戦前から有名ですが、戦後においても広島市の広島銀行始め多くの企業が美術館をつくって地域の美術文化に貢献しています。またベネッセは、岡山市や瀬戸内海の直島を中心に活発な芸術・文化活動を行い、地域づくりに寄与しています。名古屋市では、カレーチェーン店のCoCo壱番屋の経営者が、「宗次ホール」を設立して地域の音楽文化に尽くしています。

3.2 企業の文化支援活動の意義

以上のように、企業が芸術・文化支援を行う方法としては、
①寄付・協賛などによる金銭的支援
②文化活動への施設・もの・人材等による援助
③文化的イベントの開催
④美術館・ホールなどの文化施設を通じた活動
⑤企業財団を通じた継続的助成・支援活動
など、さまざまな形があります。

企業のメセナ活動は、行政の活動と比べると規模や広がりという点では小さいものですが、すでにいくつかの例でみたように、それぞれの企業がある特定の芸術・文化分野や地域の文化に対する強い思いをもって取り組んでいる場合が多いのです。

したがってそれぞれの思いや志の実現に個々の企業がもつ人・物・金・情

表2 おもな芸術・文化助成財団

名称	設立年	助成分野	対象事業	備考(出捐企業など)
サントリー芸術財団	1970	音楽	公演、出版	
日本交響楽振興財団	1973	音楽(オーケストラ)	公演	
ソニー音楽財団	1977	音楽(クラシック)	公演、顕彰	
鹿島美術財団	1982	美術	調査研究、出版、国際交流、顕彰	
冲永文化振興財団	1985	地域文化(伝統芸能)	公演、調査研究、出版	
セゾン文化財団	1987	現代演劇、現代舞踊	留学・研修、創造環境整備、国際交流	
三菱UFJ信託芸術文化財団	1987	音楽、オペラ	公演	
アフィニス文化財団	1988	音楽(オーケストラ)	公演、留学研修、調査研究	日本たばこ産業
三井住友海上文化財団	1988	音楽、伝統芸能	公演、国際交流	
アサヒグループ芸術文化財団	1989	美術、音楽、オペラ	公演、国際交流	
三菱UFJ信託地域文化財団	1989	地域文化	公演、展示	
五島記念文化財団	1990	美術、オペラ	公演、留学研修、顕彰	東急グループ
野村財団	1990	美術、音楽、舞踊等	若手芸術家育成、国際交流、社会科学研究	野村グループ
花王芸術・科学財団	1990	美術、音楽、科学技術	展示、公演、芸術・科学技術の研究	
ローム ミュージックファンデーション	1991	音楽、オペラ	音楽活動全般	
明治安田クオリティオブライフ文化財団	1991	音楽、伝統芸能	人材育成	
全国税理士共栄会文化財団	1991	地域文化	人材育成	
よんでん文化振興財団	1991	四国地方の地域文化	公演、展示、人材育成	四国電力
朝日新聞文化財団	1992	美術、音楽	展示、公演	
ユニオン造形文化財団	1994	空間造形デザイン	調査研究、国際交流、留学研修、顕彰	
ローランド芸術文化振興財団	1994	音楽	電子技術を応用した芸術文化活動	
エネルギア文化・スポーツ財団	1994	中国地方の地域文化	公演、展示、保存・伝承、顕彰、スポーツ振興	中国電力
新日鉄住金文化財団	1994	音楽(洋楽、邦楽)	公演	

出典:「芸術文化助成団体協議会」2013年

報等の経営資源が活用されれば、個性的で特色ある支援活動が工夫されることになり、多彩な芸術・文化の振興にまた地域社会の発展にとって大きな役割を果たすことが可能になるといえるのです。

4　市民が主役の文化活動

　文化活動の主役はなんといっても地域の住民です。全国各地で活発な地域文化活動が展開されており、地域の元気の源になっています。さまざまな文化活動がありますが、主な分野として次のようなものがあります。

　①芸術・芸能活動

　演劇・音楽などの舞台芸術や各地の伝統芸能、映画祭、美術・工芸のコンクール、ミュージアムを拠点とした活動などです。

　市民が中心の劇団や楽団・合唱団の活動は、盛んに行われています。北海道函館市では、市の歴史的名勝五稜郭を舞台にスケールの大きい野外劇を毎年5月に市民の手で開催しています。

　長野県飯田市は、古くから人形芝居の伝統のあるところですが、1979年から始まった人形劇の全国フェスティバルを30年以上も続け、今日では「いいだ人形劇フェスタ」として市民が中心となり、町を挙げてのイベントとして定着しています。

　岩手県陸前高田市は、太鼓祭の伝統を生かした「全国太鼓フェスティバル」を開催してきました。2011年の東日本大震災で町も太鼓も大きな被害にあいましたが、「全国太鼓フェスティバル」を町の誇りとして復活しようと町を挙げて取り組んでいます。

　美術の分野では、北海道東川町の野外氷彫刻や新潟県佐渡市の版画村運動、山口県宇部市の野外彫刻コンクールなどが長く続けられています。

　山形市の「国際ドキュメンタリー映画祭」も、当初市が中心になって始めましたが、今では市民が中心になって活動を支え、世界から注目される映画祭になっています。

　②歴史・出版活動

　地域の歴史をテーマに、市民が中心になって調査・研究し、成果の発表会

や出版活動が各地で盛んに行われています。たとえば大阪市では、「大阪春秋」という雑誌が、市民有志によって1973年の創刊以来、大阪の歴史と文化を掘り起こす活動を長年続けています。

③自然・環境保護

地域の自然環境を守り・生かすことを目的としたさまざまな活動があります。

兵庫県豊岡市のコウノトリは行政と市民が一緒になって、絶滅から復活させ「コウノトリと共生するふるさとづくり」に取り組んでいます。鹿児島県出水市では「日本一ツルが来る町」を維持するために中学生が率先して観察・保護活動を続けています。トンボを保護する公園や蛍の里づくりも各地で盛んです。

松原やふるさとの森づくり、花や水や星さらにはきれいな夕日をテーマに環境づくりを進めている地域もあります。植物や動物などの生き物から水・空まで、豊かな自然を守りながら、地域の誇りとしてまた観光資源として生かす工夫が重ねられているのです。

④食文化

衣食住の生活文化のなかでも、食をテーマにした地域おこしが活発です。高知県馬路村の「ゆず」、徳島県上勝町の「ツマモノの葉っぱ」、大分県姫島の「車えび」など、地域特産の農産物や水産物をブランド化して、町の活性化に成功しています。 また、ラーメンやヤキソバなどのご当地グルメも人気で、2006年から始まったB級ご当地グルメのコンクール「B-1グランプリ」は、年を重ねるごとに活気をみせています。

⑤祭り・イベント

祭りの効果は岸和田のだんじり祭の例で紹介しましたが、祭りは地域の大きな財産でありシンボルです。伝統的な祭りがない町でも、新しい祭りやイベントを工夫して成功している例はたくさんあります。

札幌市の「YOSAKOIソーラン祭り」や山形県上山市の「全国かかしまつり」、富山市の「チンドンコンクール」、各地の「花火まつり」など市民のアイデアを生かしたユニークなものは、地域の文化として根をおろしていま

す。

⑥町並み保存

歴史的な町並み・景観を保存して、町づくりに活用している地域もたくさんあります。長野県南木曾町の妻籠宿は、住民挙げて昔の中仙道の宿場町のたたずまいを残す運動に取り組み、観光地として復活し過疎化に歯止めをかけています。

滋賀県の長浜市、愛媛県の内子町、大分県の湯布院なども町の景観を守ることと観光を両立させ、単なる通過型ではない交流型の新しい観光文化を切り開きました。

⑦国際交流

文化の振興にとって他の地域の人々との交流は大切な要素ですが、グローバル時代を迎えた今日、直接海外の地域との文化交流活動も盛んになってきています。政府間だけでなく、民間レベルで直接に国境を越えた交流を行うことは、相互理解や平和の促進にも貢献します。とくに芸術やスポーツ、ボランティア活動などを通じた草の根の交流活動が、これから大きく広がっていくことでしょう。

以上挙げてきた各地の文化活動の事例では、中心になっているのはその地域の住民だと述べましたが、長く続いているケースでは、行政や企業が何らかの形で支援したり、連携したりしていることが多いことも見逃してはなりません。市民・企業・行政——最初の旗振り役が誰であっても、この三者が「地域のために」という目標にベクトルを合わせて、活動の継続と発展をめざしてうまく連携することが大切です。

5　文化が地域をつくる

これまでみてきたように、地域にはそれぞれ固有の文化があり、地域を舞台に個性あふれる文化活動が多彩に展開されています。そして文化が地域の人々を結びつけ、地域の誇りともなり、地域を愛する心を育てているのです。

自分の町には、文化的な資源は何もないという人がいるかもしれません。

でも、文化は人間が「つくる」ものですから、町づくりに対する強い志と情熱があれば、地域の宝物（文化資源）を発掘し、文化活動を立ち上げることは困難ではありません。

　前節で紹介した各地の活動例から汲み取れるポイントは、①多くの人が取り組める良い「テーマを発見する」こと、②そのテーマに沿って、地域の資源を発掘し、関連づけて「編集する」こと、③地域の人や地域の外に向かって魅力ある施設やイベント、事業として「プロデュースする」ことの三点にあります。

　「テーマ・編集・プロデュース」の三つがうまくいって、文化活動を立ち上げても、それを継続して続けなければ地域づくりへの効果があまりありません。前節で取り上げた事例の多くは、10年以上つづけられています。

　活動を継続するためにはそれぞれが大変な工夫と努力を重ねています。「テーマ・編集・プロデュース」をマンネリにならないように、時代や人々のニーズに合わせて絶えずリフレッシュしていくことも大切です。また、活動継続のためには「ヒト・モノ・カネ」という資源が必要ですが、それを確保するために組織をつくるというのも有効な工夫です。たとえば、最初は仲間の集まりやネットワークで始めた活動も、きちんとした実行委員会をつくったり、NPOや社団・財団などの法人にしたりして継続的に事業を行う態勢を整えて成功している活動もあります。

　活動を「つづける」態勢が整えば、さらに活動の輪を広げ、次の世代へと「つたえる」ことが課題になってきます。そのためには、世代を超えた人々の交流と地域を越えた交流が重要です。伝統的な祭りが長く受け継がれている町は、子供の時から地域の祭文化に親しむ仕組みができているところが多いのです。また他の地域との交流は、新しい情報と刺激を受けることにつながり、新しい展開のきっかけになることが少なくありません。

　こうした地域や世代の壁を越えた交流が容易にできるのが、文化活動の利点かもしれません。美しいこと・おいしいこと・楽しいことには、人間誰しも心を開くからです。

　それぞれの地域の人々が、地域への思いと情熱と知恵をもって、多彩な文

化活動を「つくり」「つづけ」「つたえる」ことが、その町固有の文化の花を咲かせ、住む人の目が輝く元気な地域をつくりあげていくことになるのです。そして日本全体が、各地に色とりどりの文化の花開く魅力的な国になることにつながるでしょう。

(伊木　稔)

参考文献
文化庁監修（2009）『文化芸術立国の実現を目指して』　ぎょうせい
助成財団センター編（2007）『民間助成イノベーション』　松籟社
根木昭（2001）『日本の文化政策』　勁草書房
上野征洋編（2002）『文化政策を学ぶ人のために』　世界思想社

第12章

スポーツ振興と地域づくり

1 スポーツのもつ公共性を入口として

　スポーツは古来より狩猟や戦闘行為などを起源としながら、神事・祭礼などにより伝承され、国や地域を越えて広く伝播されて発展してきました。また、スポーツのもつ爽快感、偶然性のもたらす娯楽性などから遊びとしての要素も多く、その芸術性なども加えて世界共通の文化として広く受け入れられています。

　また、スポーツによる身体運動の実施は、体力の維持や向上のみならず、運動不足などによる生活習慣病の予防や軽減といった健康科学的な視点からもその重要性が増してきています。近年の高齢化社会では医療費の削減、要介護者の減少などの意味からも注目されています。厚生労働省によるヘルスプロモーション「健康日本21」の展開のなかでの運動・スポーツの奨励活動も今後ますますその重要性が高まるでしょう。さらに、学校教育での体育カリキュラムに限らず、スポーツ活動による青少年の人間形成に対する教育的な価値にも大きな期待があるものといえます。

　サッカー日本代表女子チーム「なでしこジャパン」のワールドカップでの優勝は記憶にも新しいものですが、2011年に起こった東日本大震災からの復興に向けて「がんばろう日本」を掲げた選手たちの活躍は、広く国民を勇気づけ、夢と感動を与えてくれたと思います。国民栄誉賞を受賞したこの活躍は日本社会の活力となりました。スポーツは人と人が、あるいはチームとチームがその所属する団体や地域を代表して対戦するといった形態をもつことからも、地域の一体感を構築したり、地域と地域の交流を促進したりしう

るものとしても期待できます。

　また、スポーツは古代オリンピック以前からも競技者、観衆、運営者といった参加形態の多様性を含み、近年ではこれらは「する」「みる」「支える（育てる）」といったように表現しています。そして、地方公共団体であれ民間組織であれ、また、営利を目的とした活動であれ非営利であれ、それらの多様なスポーツ活動をさらに継続・発展させるために、今後さらに求められるのが、スポーツを「営む」という4つ目の視点になります。もちろん、公共経営での学びは、スポーツやここで述べるような範囲に限定されたものではありませんが、「スポーツ」は、メディアによって提供される情報量や、日常的な参加の機会も多く、学びやすい視点となるかもしれません。

2　東京オリンピックとスポーツ基本法

　2013年9月にブエノスアイレスで開かれたIOC（国際オリンピック委員会）において、2020年に東京でのオリンピック・パラリンピック開催が決定しました。夏季オリンピックの日本での開催は1964年の第18回東京大会以来56年ぶりとなりますが、この前回大会時には、名神高速道路や東海道新幹線といった公共交通にかかわるインフラの整備拡充はもとより、「スポーツを競技として行うこと」に限らないさまざまな産業の成長を促すこととなりました。コンピューターのシステムを用いた競技記録のリアルタイムでの情報配信技術、民間の警備会社の参入、選手村で提供される世界各地の食事の大量配給を担うサービスシステムや食文化の理解など、枚挙に暇がありませんが、その後のさまざまな公共サービスに対して、大きな影響をもたらしたものといえます。

　2020年の東京大会へ向けても、競技施設、宿泊施設や公共交通にかかわるインフラの拡充は最も大きな課題であり、東日本大震災にかかわる復興事業と合わせて、労働力の確保のために外国人労働者の獲得に向けた政府の施策も急務となっており、「スポーツ」のもたらす経済活動への影響は計り知れないものといえます。

　また、各地のオリンピック開会式でみられる各国の民族文化や歴史の披

露・発信は、国内でのさまざまな文化活動を改めて振興させる機会ともなり得ます。

しかし、一方で、スポーツのもつ社会的な注目の高さから、政治的なプロパガンダとしても利用されることや、過剰な商業主義的な利用に対しての問題もしばしば取り上げられます。また、アマチュアリズムについての論議、ドーピングなどの倫理的な問題なども抱えていることも事実です。しかしながら、現代社会においてスポーツは、その関連する産業として、スポーツ用品産業、フィットネス産業、プロスポーツの興行、スポーツ関連IT産業、スポーツツーリズムなど、その領域の広さから、消費文化のコアとしての地位、存在を確立しているものといえます。

ここで述べてきたように、スポーツの現代社会での役割や位置づけは多岐にわたりますが、2011年8月に施行された「スポーツ基本法」の前文に、スポーツの果たす社会的役割やその価値について簡潔に示され、国のスポーツ振興に対する基本的な姿勢が述べられました。

スポーツ基本法（前文）

スポーツは、世界共通の人類の文化である。

スポーツは、心身の健全な発達、健康及び体力の保持増進、精神的な充足感の獲得、自律心その他の精神の涵（かん）養等のために個人又は集団で行われる運動競技その他の身体活動であり、今日、国民が生涯にわたり心身ともに健康で文化的な生活を営む上で不可欠のものとなっている。スポーツを通じて幸福で豊かな生活を営むことは、全ての人々の権利であり、全ての国民がその自発性の下に、各々の関心、適性等に応じて、安全かつ公正な環境の下で日常的にスポーツに親しみ、スポーツを楽しみ、又はスポーツを支える活動に参画することのできる機会が確保されなければならない。

スポーツは、次代を担う青少年の体力を向上させるとともに、他者を尊重しこれと協同する精神、公正さと規律を尊ぶ態度や克己心を培い、実践的な思考力や判断力を育む等人格の形成に大きな影響を及ぼすもの

である。

　また、スポーツは、人と人との交流及び地域と地域との交流を促進し、地域の一体感や活力を醸成するものであり、人間関係の希薄化等の問題を抱える地域社会の再生に寄与するものである。さらに、スポーツは、心身の健康の保持増進にも重要な役割を果たすものであり、健康で活力に満ちた長寿社会の実現に不可欠である。

　スポーツ選手の不断の努力は、人間の可能性の極限を追求する有意義な営みであり、こうした努力に基づく国際競技大会における日本人選手の活躍は、国民に誇りと喜び、夢と感動を与え、国民のスポーツへの関心を高めるものである。これらを通じて、スポーツは、我が国社会に活力を生み出し、国民経済の発展に広く寄与するものである。また、スポーツの国際的な交流や貢献が、国際相互理解を促進し、国際平和に大きく貢献するなど、スポーツは、我が国の国際的地位の向上にも極めて重要な役割を果たすものである。

　そして、地域におけるスポーツを推進する中から優れたスポーツ選手が育まれ、そのスポーツ選手が地域におけるスポーツの推進に寄与することは、スポーツに係る多様な主体の連携と協働による我が国のスポーツの発展を支える好循環をもたらすものである。

　このような国民生活における多面にわたるスポーツの果たす役割の重要性に鑑み、スポーツ立国を実現することは、二十一世紀の我が国の発展のために不可欠な重要課題である。

　ここに、スポーツ立国の実現を目指し、国家戦略として、スポーツに関する施策を総合的かつ計画的に推進するため、この法律を制定する。

　そこには、「スポーツを通じて幸福で豊かな生活を営むことは、全ての人々の権利であり」といった表現で「スポーツをする権利」について言及し、「スポーツに親しみ、スポーツを楽しみ、又はスポーツを支える活動に参画することの機会を確保されなければならない」とされています。「スポーツをする権利」についてはヨーロッパ諸国でスポーツにかかわる「憲章」として公

表されてきていますが、日本では初めてのことです。

　また、「地域の一体感や活力を醸成」「人間関係の希薄化等の問題を抱える地域社会の再生」などの記述から、人や地域の交流がもたらすスポーツの地域貢献事業への積極的な取り組みが期待されています。

　さらに、このスポーツ基本法では、国際的な競技力の向上や国際平和への貢献などについても示され、最後に「スポーツ立国の実現を目指し、国家戦略として、スポーツに関する施策を総合的かつ計画的に推進するため、この法律を制定する」と結んでいます。この法律が施行され、その後2020年東京オリンピック開催が決定し、スポーツにかかわる行政の一元化に向けて2015年に「スポーツ庁」が設置されました。

　文部科学省のスポーツ・青少年局、競技団体を統括する日本スポーツ協会、高齢者や身体障がい者を対象に福祉の側面から支える厚生労働省などのもつスポーツ行政の役割が統合され、機能的に「スポーツ立国」が実現していくことに期待せずにはいられません。

3　生涯スポーツの推進

　わが国では1964年の東京オリンピック開催を控えた1961年に「スポーツ振興法」が制定され、国の政策としてのスポーツ振興の骨子が誕生したといってもよいでしょう。それはオリンピックでの競技成績の向上を主眼としたものでしたが、オリンピックでの日本選手の活躍やそれらを伝えるメディアの発達などが追い風となり、一気にスポーツ文化の大衆化と多様なスポーツ関連産業の振興を加速させたといえます。

　1970年代には諸外国で行われていた「スポーツフォアオール運動」や「トリム運動」などの影響も受けて大衆へのスポーツ振興が「社会体育」といったカテゴリーをもつようになり、「コミュニティースポーツ」といった言葉も聞かれるようになりました。しかし、ここでの「コミュニティー」は市町村などの地方自治体を単位とした地域共同体のイメージが強く、行政主導でのスポーツ振興が主なものであったといえるでしょう。

　1980年代になると「生涯スポーツ」という一生を通したスポーツとのか

かわりについての見方や考え方が登場してきます。これは現在も多くの大学で、「生涯スポーツ論」といった授業が教養科目や総合科目として開講されていることからもわかるように、現代の社会においても人とスポーツのかかわりをとらえる重要な視点です。

すなわち、人はそれぞれ人生のある時期だけスポーツとかかわりをもつのではなく、人生の各ライフステージにおいて、生涯を通してさまざまな形でかかわりをもつことが人生を豊かにする一つの方法であるという考え方です。身体の発育・発達を促し、身体機能を高める時期、競技スポーツにかかわり自己の限界に挑戦する時期、コミュニケーションスキルを高めると同時に人間形成を助長させる時期、健康や体力・運動機能を維持する時期など、人それぞれが多様な目的をもってスポーツとのかかわりを継続させていきます。そして、「生涯学習」という概念もそうであるように、「体育」ではなく「スポーツ」という言葉がより自発的で、自主的で主体的な活動であることを表現しているといってよいでしょう。

1990年代には、日本サッカー協会が傘下団体としてJリーグ（日本プロサッカーリーグ）を発足させました。Jリーグは、その活動の理念として、サッカーを核とした地域のスポーツ文化の振興を掲げています。このJリーグが目指したヨーロッパ型ともいえる「地域スポーツクラブ」の考え方や、各チームを地域の企業がスポンサーとなって支える仕組みなどは、今まで行政に頼ってきた部分の多い私たち日本人のスポーツ振興に対する考え方に少なからず影響を与えたものといえます。

現在では、各Jリーグのクラブは、サッカーチームの運営、選手の育成、サッカー教室などの実施に加えて、サッカー以外のスポーツ種目でのプログラムも地域に向けて提供するなど、積極的な活動が展開されてきています。また、バスケットボールのbjリーグも、2014年現在で全国に21チームが設けられ、スポーツを中心としたさまざまな地域貢献活動が行われるようになってきています（bjリーグは2016年よりBリーグとして再編）。

このように、生涯スポーツの視点でのスポーツ行動の重要性は、健康・体力の維持・増進の視点と地域振興の視点から、広く浸透してきているものと

思われます。しかし、実際にスポーツを行う機会を得ることや、逆に、そういったサービスを提供していく仕組みには、さまざまなアプローチが混在しているのが現状であるといえます。

4 総合型地域スポーツクラブの推進

「総合型地域スポーツクラブ」は地域住民による自主的で主体的な運営によるスポーツクラブであり、その「総合型」の意味には、①単一の種目だけではなく複数の種目が準備されていて、同時に複数の種目への参加、シーズンで種目を変えることなども可能なもの、②子どもから高齢者まで多世代を対象として、時には世代を超えたスポーツでの交流なども可能なもの、③初心者から競技志向のトップアスリートまで技術や体力に合わせてクラスを選択できるようなもの、といった3つの多様性を包含しています。また、活動の拠点となる施設を有して、定期的で継続的なスポーツ活動が実施でき、専門的な指導を行うことのできる指導者を有していること、などが求められています。

1995年から始まったこの総合型地域スポーツクラブの推進は、それぞれの地方自治体などによるさまざまなプロモーションや設立支援のためのサポート事業など、行政主導の色が濃すぎるとも指摘されることもありました。また、先述したように総合型地域スポーツクラブに求められる特性、提供できるプログラムの質の向上や維持など、従来は任意の団体としてでしか活動してこなかった住民主体のスポーツ組織には荷が重いところも多かったように考えられます。

しかし、2000年9月に文部省（現文部科学省）は「スポーツ振興基本計画」を策定し、この国家的マスタープランの中で、週1回以上の定期的なスポーツの実施者を欧米諸国並みの50%に到達させるといった具体的目標を設定し、その手段として「総合型地域スポーツクラブ」の育成事業をさらに推進させています。日本体育協会の資料によると、2013年には全国で3,000を超える総合型地域スポーツクラブが活動をしています。

このように、クラブ数を順調に増加させてきた背景にはいくつかの要因が

追い風となっているものといえますが、そこには公共経営や公共サービスについて学ぶ際に不可欠ないくつかの組織運営の仕組みが含まれています。

一つ目は、総合型スポーツクラブの多くが「NPO法人○○クラブ」などといった名称をもち、法人格を有していることです。NPOについては他の章でも詳しく学ぶ機会がありますので、ここでは簡単に触れておきたいと思います。

NPO（Nonprofit Organization）は、広義では非営利団体すべてを指しますが、ここでは日本で1998年に施行された「特定非営利活動促進法」に基づくものとします。この法律では、特定非営利活動として17の項目が定義されました。そして、なかでも「学術、文化、芸術又はスポーツの振興を図る活動」といった項目、さらに「社会教育」「まちづくり」「福祉」「子どもの健全育成」といった項目の存在が民間組織によるスポーツ振興の背中を強く押してくれることとなったと考えられます。

法人格を得ることにより、クラブの組織運営に必要な施設の取得やその管理運営、補助金の取得や事業の受託の拡大が可能となり、経費の管理や人件費の支出をより明確に行いうるようになりました。これらは継続的にスポーツクラブを「営む」上で非常に大切な要因であり、全国の総合型地域スポーツクラブで積極的にその法人化が進められています。

二つ目は、総合型地域スポーツクラブが活動の拠点とするスポーツ施設などを確保し、同時に活動のための収益事業として位置づけることが可能となった「指定管理者制度」です。この指定管理者制度についても他の章で詳しく学ぶことになると思いますが、ここでは事例を紹介します。

筆者の所属する大阪商業大学の近くに、「東大阪アリーナ」があります。この施設は、東大阪市立の総合体育館で、バスケットボールコートが3面入る大アリーナを中心に、50mの室内温水プールやフィットネスルームなども完備した市内最大級の総合スポーツ施設です。しかし、この市立のスポーツ施設を管理しているのは「HOS株式会社」という企業です。ちなみに、この企業の前は、国内最大手のスポーツ用品メーカーがその管理を行っていました。

このように、施設の設置者である地方公共団体が、その施設の管理を企業やNPOなども含めた民間組織に委託できる制度のことを「指定管理者制度」といい、2003年にそれらについて定められた法律が施行されました。もちろん、この法律が適用されるのは、スポーツ関連の施設のみではありません。
　この株式会社東大阪スタジアムは、地元東大阪市内を中心にスイミングスクールやカルチャースクール、ボーリング場を経営する企業ですが、このように地域の公的施設の管理を行うことで、事業の拡大のみならず、より地域に根ざした企業としてのイメージを確立することができます。加えて、従来のフィットネス事業をより発展させる好機にしようとしているでしょう。また、東大阪市にとっては企業のもつ、より合理的な経営手法を取り入れながら、利用者である市民により専門的で個人のニーズに合わせたプログラムを提供できることに期待をしています。
　ここでの事例が民間企業のものになりましたが、住民主体の総合型地域スポーツクラブであっても要件を満たせば、地方公共団体の設置したさまざまなスポーツ施設の管理を受託することが可能であり、実際にそれをもとに活動を活性化させたクラブもあり、今後も増加していくことが予想されます。
　公共のスポーツ施設を利用する機会があれば、その施設をどのような組織・団体が管理しているのか、日常的にどのようなプログラムが提供されているのか、施設事務所などに置かれた資料などを参考に調べてみることもできるでしょう。
　この他にも、総合型地域スポーツクラブの推進の追い風となったものには「スポーツ振興投票」（toto・サッカーくじ）による助成金なども挙げられます。Jリーグの勝敗を予想して投票するもので、発売開始前は、そのギャンブル性などから青少年の健全育成に対する問題点などの指摘もありましたが、スポーツ振興のための財源確保には重要なものとなっています。トップレベルの競技スポーツの強化に加えて広く国民の行うスポーツ環境の整備の一環として総合型地域スポーツクラブの助成を行っています。
　このような助成金などの外部資金を得て、活動を活性化するためにはNPO等の法人格を取得することが近年では基本的な条件となってきていま

す。総合型地域スポーツクラブに限らず、各種のスポーツ競技を統括する団体などについても同様です。学生の競技団体（一般的に学連などと呼びますが）の中でも、2013年には東京六大学野球連盟が一般財団法人となるなど、活動資金の確保や、積極的な運営を展開するためには、アマチュアスポーツ分野での様々な組織・団体も、任意な集まりから法的根拠をもつものへと移行する時代になってきているといえます。

5　スポーツ立国戦略と今後の地域スポーツ振興

　ここまで生涯スポーツの推進、そしてその環境整備の一環ともいえる総合型地域スポーツクラブづくりをもとに述べてきましたが、これらはスポーツ振興のなかのほんの一部であるともいえます。2013年の段階で、総合型地域スポーツクラブは大阪府内に約60のクラブあります。東大阪市ではそのなかの2クラブが活動していますが、このクラブ数については、どのように評価すればよいでしょうか。全国に3,000以上のクラブが設立されたと聞くと、地域スポーツの振興に対して、非常に大きな受け皿があるようにも思えますが、人口約50万人の東大阪市にはわずか会員数100名前後のクラブが二つしかない、と考えるといかがでしょう。

　もちろん、総合型ではない単独のスポーツ種目を扱うスポーツクラブや従来からのスポーツ団体はたくさんあります。福祉の視点からも社会福祉協議会などを中心として障がい者や高齢者のスポーツの支援もしています。しかし、今後は、このようなさまざまな組織や団体が、より連携し協働していくことが不可欠となります。

　日本スポーツ協会は、2013年にも「総合型地域スポーツクラブ育成プラン2013」を示し、今後ますますの推進を呼びかけています。そこでは、これまでの推進事業について、活動基盤、クラブの財政的自立、支援の体制や方法などの課題を整理し、今後のクラブ育成にかかわるマスタープランの見直しがなされています。

　政策イノベーションとして、日本スポーツ協会が取り組む支援方策としては、①支援体制の整備、②人材の育成・強化、③活動施設の確保、④法人格

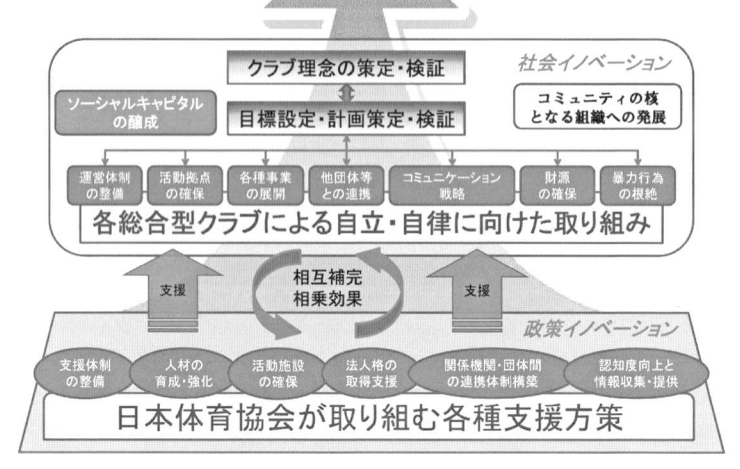

「育成プラン 2013」の構造イメージ図
出典：日本体育協会「総合型地域スポーツクラブ育成プラン 2013」
（日本体育協会は 2018 年に日本スポーツ協会に名称を変更）

の取得支援、⑤関係機関・団体間の連携体制構築、⑥認知度向上と情報収集・提供などを挙げています。また、社会イノベーションとして、各クラブによる自立・自律に向けた取り組みとしては、①運営体制の整備、②活動拠点の確保、③各種事業の展開、④他団体等との連携、⑤コミュニケーション戦略、⑥財源の確保、⑦暴力行為の根絶などの視点を示しています。このような育成プランが機能し、質・量ともに基本理念に示された「スポーツを核とした豊かな地域コミュニケーションの創造」が期待されます。

また、文部科学省は 2010 年 8 月に「スポーツ立国戦略」という新しい施策を発表しました。また、先にも述べたように、2011 年 8 月に政府は、「スポーツ基本法」を施行しました。そして、それらの中では、非常に広範で多岐にわたるスポーツ振興についての方針がある意味簡潔に示されています。詳細な内容の是非は別として、スポーツ立国戦略の重点項目など、その骨子

について紹介しておきます。

「スポーツ立国戦略」では次の5つの重点戦略が示されています。
① ライフステージに応じたスポーツ機会の創造
② 世界で競い合うトップアスリートの育成・強化
③ スポーツ界の連携・協働による「好循環」の創造
④ スポーツ界における透明性や公平・公正性の向上
⑤ 社会全体でスポーツを支える基盤整備

簡単に内容に触れると、①では学校での体育・スポーツから高齢者に至る生涯スポーツの振興について、スポーツの実施率向上の目標を示すことや、トップアスリートによる地域でのジュニアスポーツの育成強化などについて、②ではオリンピックでの具体的なメダル獲得目標やジュニアからの強化体制、スポーツ医科学との連携、トップアスリートのセカンドキャリアなどについて、③では地域スポーツとトップスポーツの連携や大学での社会貢献活動の活用などについて、④では競技団体等のガバナンスの強化や、ドーピングなどの倫理的問題への対応、そして⑤では地域スポーツ活動の推進による「新しい公共」の形成、などが挙げられています。

これらはすべて、この章で述べてきたスポーツの視点から学んでほしい公共経営の基礎的な学びであるともいえます。

また、このスポーツ立国戦略では「スポーツのもつ多様な意義や価値が社会全体に広く共有され、わが国の「新たなスポーツ文化」が確立されることを切に期待する。」と述べられているように、「文化」という言葉が多く使われ、スポーツの文化的意義のさらなる高揚が期待されています。さらに、章の冒頭で述べたように「する人」「観る人」「支える（育てる）人」といった表現が用いられ、「営む」といった表現はないものの「スポーツ団体のマネジメント機能の強化」といった記述をみることができます。

ここまで述べてきた地域スポーツの振興は、地域住民の健康や体力の維持向上、地域のコミュニティーの形成などの視点を中心としてきました。しかし、「スポーツによる地域の活性化」には、地域にあるスポーツ資源の積極的な開発や活用による地域経済の活性化を求める視点にも注目する必要があ

ります。

　プロ野球のキャンプ地となる地域では、町をあげてチームを歓迎する様子が報道されていますが、選手やスタッフはもとより、報道関係者、プロ野球ファンが1カ月近くをその地で過ごすことによる経済効果は非常に大きなものとなります。地域の自然環境を生かしたもの、国民体育大会等で整備された施設の活用など、スポーツツーリズムとして多くの人を受け入れていくことは、地域の観光振興施策とも相まって、地方行政の重要な政策課題となってきています。

　また、このようにスポーツにかかわる政策課題は、2020年の東京オリンピックの開催、「スポーツ立国」とそれに並び立つ「観光立国」との国家戦略の融合、IR（統合型リゾート）法案の成立によるスポーツ・レジャー資源の再開発などと合わせると、国の政策としても今後ますます重要なものとなってくることでしょう。

6　大学による地域スポーツ振興

　スポーツの振興にはさまざまな場面で、連携や協働といった取り組みの重要性が指摘されています。ここまで述べてきたように、スポーツ庁、日本スポーツ協会や各種目競技団体、そして地方自治体の連携はもとより、各地域での住民主導の総合型地域スポーツクラブや地元企業、そして大学なども合わせた協働のスポーツ振興体制の構築が今後ますます必要なものとなってきます。

　大学は、学生の教育と研究活動に加えて、地域社会へ教育機関としての社会貢献の責務を負っています。地域での「知の拠点」として教員を中心とした人的資源の活用に加えて、さまざまな大学施設の開放や提供が期待されています。スポーツ振興についても大学のもつスポーツ施設はもとより、スポーツ種目を指導する教職員、スポーツ科学分野での研究実績を有する教員、クラブ活動に携わる学生など、地域住民にとっては魅力的な資源に溢れているともいえます。

　大阪商業大学でも、2008年にスポーツセンターが開設され、積極的に地

域スポーツの振興事業が進められてきています。春と秋に8週程度のスポーツ教室を各5つのプログラムで企画し、地域住民に提供しています。高齢者を対象としたプログラムには受け付け初日に定員を満たすような盛況ぶりです。また、ママさんバレーボールや中学生サッカー大会、小学生を対象としたバスケットボールフェスティバルといったイベントの開催もされています。さらに、地域でNPOとして活動するさまざまな団体への協力事業も積極的に取り入れています。東大阪市やその教育委員会、市の社会福祉協議会、大阪府の体育協会による後援も受けた事業ですが、今後はさらに、市との協定締結などによる連携と協働の強化が望まれているといってよいでしょう。

　このスポーツセンターの役割は、地域スポーツの振興に加えて、学生スポーツの競技力強化、そして大学の教育活動との融合化が挙げられます。近年、全国の大学で学生と地域や企業との連携といった活動が積極的に行われてきています。地域や企業をクライアントとし、フィールドワークを含むゼミ活動など、地域の活性化や産・官・学の連携の試みが多くみられます。そして、同大学でも各クラブの学生や公共経営学を学ぶ学生を中心として、スポーツセンターの企画する地域スポーツ振興事業への参加を促しています。これら、社会奉仕活動を含めたサービス・ラーニングによる学びは、大学や学生にとっても非常に価値の高い教育機会を生み出すこととなります。スポーツ振興にかかわって、学生による積極的な事業参画を企画することは、大学、学生、地域社会にとって、まさに「三方よし」の活動となり得るのです。

　スポーツは芸術やさまざまな文化と共通して人間の内的快感を生む「美しさ」をもっています。学生の皆さんもスポーツを実践する場で、あるいはテレビなどで観戦することを通してその「美」を感じる機会が少なからずあったと思います。人それぞれで内的快感の感じ方がさまざまでしょうが、鍛えられた肉体の美しさ、極限での動きの美しさ等は皆が共通に感じられます。さらにスポーツマンシップといった言葉などでも表現される「精神的な美し

さ」は、競技者の真剣な表情や涙など直接その人の人格に触れてもいないのに感じることもあるのです。

　そして、これらの「美しさ」は文化としての価値を高めると同時に商業的な価値も高めてくれています。これらは巨額のスポンサーシップを産み、スポーツ活動を支えてくれています。スポーツのもつ公共性の視点からは、スポーツ産業について、その産業構造や、マーケティングにかかわるステークホルダーについて学ぶことも役立つでしょう。

　また、この章では触れませんでしたが、フィランソロピーやメセナとも呼ばれる企業の社会貢献活動（CSR）としてのスポーツ振興への取り組みや、個人や任意の団体で行うボランティア活動など、スポーツを切り口とした公共経営にかかわる学びは、まだまだ大きな広がりがあります。

（宇部　一）

第13章
高齢社会と社会保障

1 日本の高齢化

1.1 超少子高齢化と人口減少社会

　日本は今日、世界で最も高齢化が進んだ国となっています。高齢化率（全人口に占める65歳以上人口の割合）が7％を超えた社会は高齢化社会（aging society）、高齢化率が14％を超えた社会は高齢社会（aged society）と一般に定義されていますが、日本の場合は、1970年に高齢化率が7％を超えて高齢化社会に入り、1994年には14％を超えて高齢社会となりました。2012年時点の高齢化率は24.1％です。その背景にあるのは日本人の長寿化と少子化です。2012年時点の日本人の平均余命は、男性が79.94歳、女性が86.41歳であり、世界的にもトップレベルの長寿国になっています。

　日本の高齢化について注目されるのは、スピードの早さです。欧州諸国では高齢化社会から高齢社会に至るまで40年～100年以上かかったのに対して、日本はわずか24年で高齢社会になりました（図1）。他方で子供の数は減少し続けています。戦後の第一次ベビーブーム期（1947-1949年）には年間出生数は250万人を上回りましたが、2000年以降の年間出生数は100万人程度です。50年間で出生数は半減しました。日本の合計特殊出生率（一人の女性が生涯に産む子供の数）は1974年までは2.0以上でしたが、1993年に1.46となり、2011年には1.39となりました。このため日本は2005年ころから人口減少社会に突入しました（図2）。2010年の総人口は1億2806万人でしたが、2060年には8674万人になると予測されています。

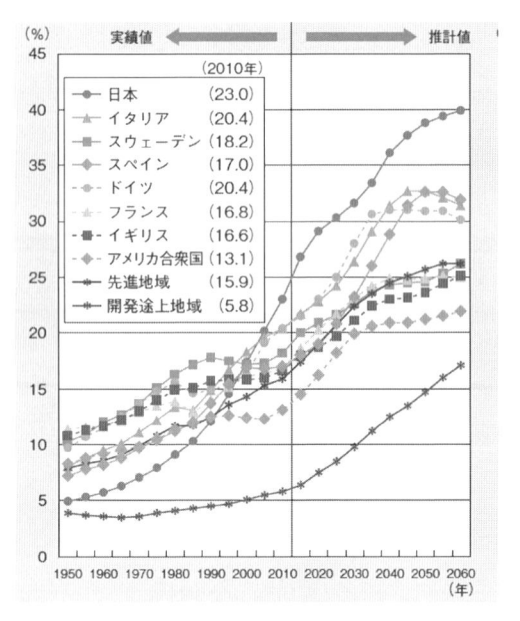

図1 世界の高齢化率の推移

出典:「高齢社会白書 平成25年度版」図1-1-13 (p.12)

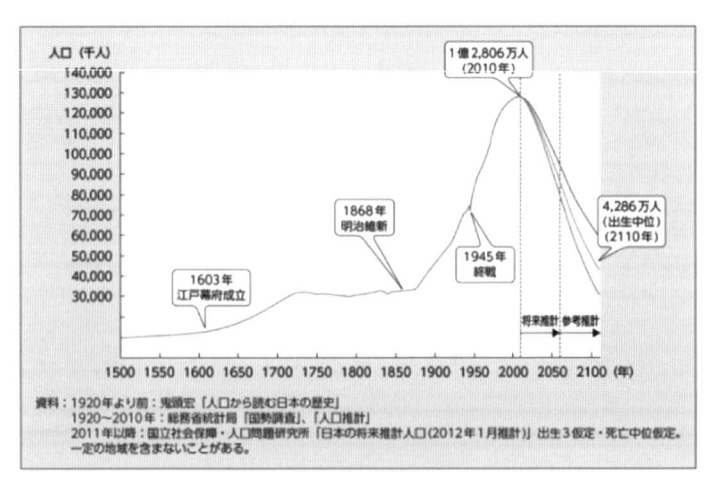

図2 日本の人口推移

出典:「厚生労働白書 平成25年版」図表1-1-1 (p.5)

この間少子高齢化はさらに加速し、2060年には高齢化率が40%に上る見込みです。2010年の生産年齢人口（15-64歳）は8,103万人でしたが2060年には4,418万人に大幅に減少する見込みです。これまでの日本は人口の増加に伴い経済成長を続け、さまざまな公共サービスを拡大してきました。しかし今後の人口減少社会においては、かつてのような経済成長は期待できません。こうしたなかでこれまでの社会のあり方を見直し、社会保障制度を再編することが急がれています。本章では、こうした超少子高齢化時代に対応した社会保障政策のあり方について考えていくことにします。

2 高齢者福祉の発展過程

2.1 社会保障制度とは

社会保障制度とは、自分の力だけで生活することが困難な人々を社会全体で支える仕組みです。たとえば心身に障害をもつ人たち、失業した人たち、病気で仕事ができない人たち、家や家族を失ったホームレスの人たち、親のいない子供たち、高齢になって介護が必要になった人たち。こうした人々を支えることが社会保障制度の役割です。人は幼少期、青年期、壮年期を経て、誰もがいつか高齢者になり死に至ります。現代社会では一生の間に、誰もが社会保障にどこかでかかわると考えて間違いないでしょう。

日本において本格的な社会保障制度が創設されたのは、第二次世界大戦後のことになります。1946年に日本国憲法第25条において「すべて国民は、健康で文化的な最低限度の生活を営む権利を有する」、「国は、すべての生活部面について、社会福祉、社会保障及び公衆衛生の向上及び増進に努めなければならない」ことが示され、「生存権」が規定されたことに始まります。

現在の日本の社会保障制度は、(1)病気、失業、高齢などにより困難な事態になった場合に給付を行うために国民が保険料を負担する社会保険（年金・医療・介護など）、(2)障がい者や母子家庭などを支援する社会福祉、(3)生活困窮者に最低限度の生活を保障する公的扶助（生活保護）、(4)健康や衛生を維持する保健医療・公衆衛生などの幅広い分野から成り立っています。

2.2 社会保障の重点分野の変遷

社会保障制度は一時に整備されたのではなく、時代とともに重点分野が変遷してきました。以下では三つの段階に分けて、その変遷をみていきます。

第一段階である戦争直後の社会保障制度創設期（1940年代～1950年代）に重視されたのは、戦争によって財産や仕事を失った多くの貧窮者、戦闘や公務で負傷した軍人、そして戦災孤児のための対策です。このため、生活保護、身体障がい者福祉、児童福祉の各制度（福祉三法）が設けられました。

第二段階である高度経済成長時代の社会保障制度拡充期（1960年代～1970年代）には、新たなニーズとして老人福祉、知的障がい者福祉および母子福祉の各制度が加わりました（福祉六法）。保育所や障がい者福祉施設などの社会福祉施設が大幅に増加したのもこの時期です。1961年には、医療費の国民皆保険制度および皆年金制度が整備されました。

第三段階は、高齢社会対策の離陸期（1980年代～1990年代）です。高齢社会の到来を目前にして、1983年に老人保健制度が創設され、1985年には年金制度の改革（基礎年金導入）が行われました。また1989年に高齢者保健福祉推進10カ年戦略（ゴールド・プラン）が策定され、在宅福祉と施設福祉のサービス量の大幅な増加が実行されることになりました。

このような変遷を経るなかで社会保障給付費は増加し続け、国立社会保障・人口問題研究所によると2011年の社会保障給付費は107兆円に上ります（図3）。その伸びは経済成長率を上回り、国民所得に対する社会保障給付費の割合は1970年には5.8％でしたが2011年には31.0％に上っています。

今日の社会保障費用のなかで最大の分野は高齢者関係給付費であり、2011年の総額は72兆円で全体の67％を占めています。高齢者関係給付費は、1973年には1.5兆円、1990年には28兆円でしたが、その後21年間で2.5倍近く増加しています（図3）。2011年の内訳は、年金保険が52兆円（72％）、高齢者医療給付費が12兆円（17％）、老人福祉サービス給付費が8兆円（11％）などです。このうち2000年以降急増しているのが老人福祉サービス給付費です（図4）。以下では、この分野について、詳しくみていきます。

2 高齢者福祉の発展過程

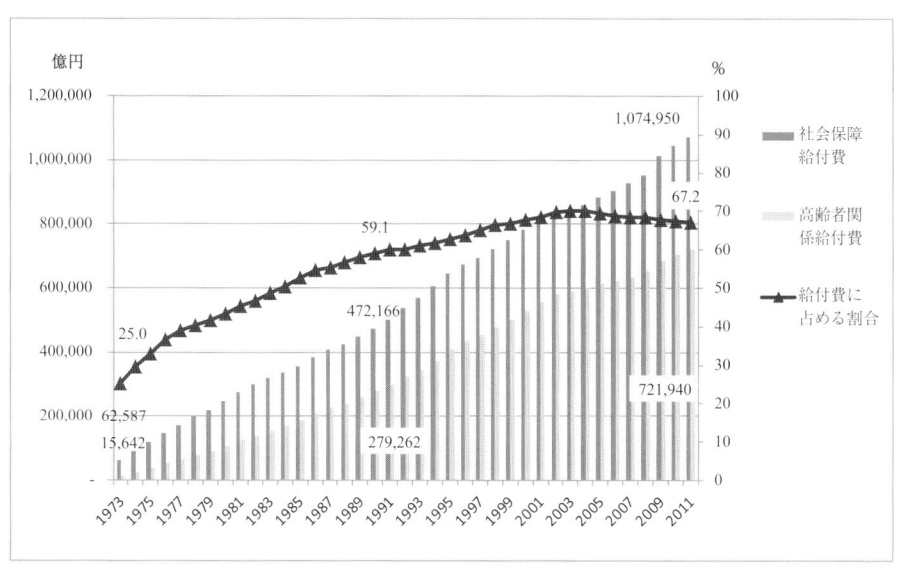

図3 社会保障給付費と高齢者関係給付費
出典：国立社会保障・人口問題研究所「社会保障費用統計」から作成

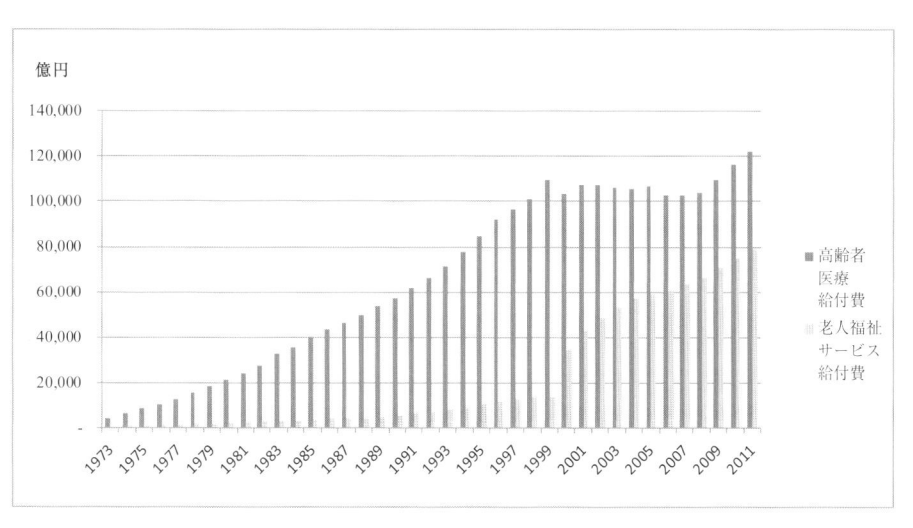

図4 高齢者医療給付費と老人福祉サービス給付費
出典：国立社会保障・人口問題研究所「社会保障費用統計」から作成

第13章 高齢社会と社会保障

225

2.3 高齢者福祉制度の創設と展開

　日本の高齢者福祉制度は、老人福祉法（1963年）により始まりました。同法により老人ホームなどの施設や家庭奉仕員（ホームヘルパー）などの制度が発足しました。ただ1960年代から1970年代初頭までは高齢化率が6%～7%程度であり、高齢者福祉に充てられた国家予算はわずかでした。

　高齢者福祉が低水準であった背景には、日本人の家制度に対する考え方があります。かつての日本の社会では、家制度のもとで三世代同居が多く、子世代が高齢期の親を世話し最期を看取るのが一般的とされてきました。家族のなかでは親の介護は主として嫁の役割とされてきました。しかし高齢者の介護は時には24時間続く気の抜けない重労働であり、また数年から10数年に及ぶ先のみえない務めです。高齢者の寿命が著しく伸びる一方、子供の数が少なくなったため、子供の世代が親の介護のために離職に追い込まれたり、介護に振り回された家族が崩壊するということが、1970年代頃から社会問題化してきました。そのさまは「介護地獄」とも言い表されました。

　その後、日本の急速な高齢化と将来の高齢者福祉の負担増が重要な社会的関心事になっていきます。このため消費税が導入されることになり、国民の負担増と引き換えに公的福祉サービスの拡充策として「高齢者保健福祉推進10カ年戦略（ゴールド・プラン）」が1989年に策定されました。

　ゴールド・プランとは、在宅サービス（ホームヘルプサービス、デイサービス、ショートステイ）と、施設サービス（特別養護老人ホーム、老人保健施設など）の整備目標と計画です。ゴールド・プランはかつてない水準の整備目標を掲げ計画的な整備実行を明示した点で、時代を画する政策となりました。

2.4 介護保険制度の導入

　高齢者福祉サービスはさらに発展して、1997年に介護保険法が成立し、2000年に介護保険制度がスタートしました。「介護保険制度」とは、高齢で介護が必要になった場合に介護サービスを受けられる制度です。

2 高齢者福祉の発展過程

　介護保険制度には二つの大きな目的がありました。第一は、高齢の親の介護を子供の責任とするのではなく社会全体で支えるという「介護の社会化」です。第二は、高齢者福祉サービスと高齢者医療の縦割りの弊害をなくし連携を図ろうとする「医療福祉の連携」です。その背後には、不足する高齢者福祉サービスに代わる手段として、高齢者が病院に長期間入院（社会的入院）が増え、老人医療費が増大し続けるという問題がありました。

　介護保険制度により提供されるサービスは、(1)訪問介護（ホームヘルプサービス）や通所介護（デイサービス）などの在宅サービス、(2)特別養護老人ホームや介護老人保健施設などの施設サービス、そして(3)認知症対応型共同生活介護（グループホーム）や小規模多機能型居宅介護などの地域密着型サービスです。その仕組みは図5のとおりです。介護保険サービスの利用希望者は、自治体に利用を申請し、どの程度の介護が必要かを判断する要介護認定を受けます。介護を必要とするレベルは、要支援1~2および要介

介護サービスの利用の手続き

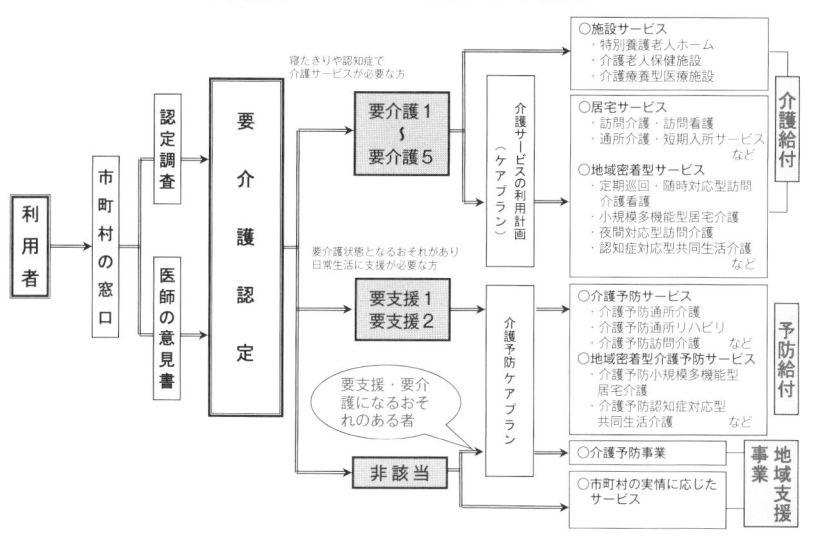

図5　介護保険制度のしくみ

出典：厚生労働省（2013）「公的介護保険制度の現状と今後の役割」p. 18

サービス受給者数の推移

○ サービス受給者数は、12年で約296万人（199％）増加。
○ 特に、居宅サービスの伸びが大きい。（12年で238％増）

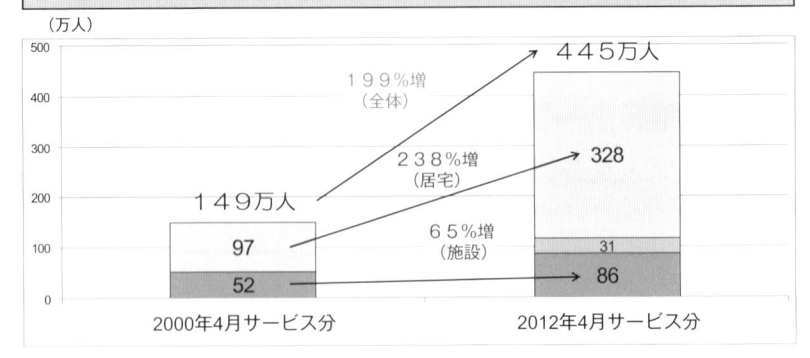

□居宅サービス（2012年4月サービス分は、介護予防サービスを含む）　□地域密着型サービス（地域密着型介護予防サービスを含む）
■施設サービス

出典：介護保険事業状況報告

※介護予防サービス、地域密着型サービス及び地域密着型介護予防サービスは、2005年の介護保険制度改正に伴って創設された。
※各サービス受給者の合計とサービス受給者数は端数調整のため一致しない。

図6　介護保険のサービス受給者の推移
出典：厚生労働省（2013）「公的介護保険制度の現状と今後の役割」p. 35

1~5の7段階に分かれており、要支援の場合は予防給付の対象に、要介護の場合は介護給付の対象になります（2013年現在）。サービス給付額の上限や条件は各々の介護度により定められ、利用者はその範囲内で必要なサービスを選びます。サービス事業者を自由に選ぶこともできます。利用に伴う自己負担は原則としてサービス料金の10％です。

　介護保険制度の利用状況をみると、介護保険給付者は149万人（2000年）から445万人（2012年）と約3倍になり（図6）、介護保険費用は3.6兆円（2000年）から9.4兆円（2013年）に3倍近く増加しています。先にみた老人福祉サービス給付費の急増は、介護保険制度の導入によります。

　介護保険制度では、負担と給付の仕組みを再編した新しい供給体制が導入されました。介護保険制度の特徴の一つは、社会保険方式を採用したことです。従来の高齢者福祉制度は、行政機関が受給者を選別し必要なサービス内容・量を一方的に決め、税金の負担により給付する措置制度に基づいてきた

のに対して、介護保険制度は高齢者介護を社会全体で支え、必要なサービスを受ける権利を保障するために社会保険制度として運営されることになりました。そのことは後に詳しく述べます。

3 社会福祉の公民関係

3.1 歴史的変遷：民間主体から国家主体へ

先に社会保障制度とは、自分の力だけで生活することが困難な人々を社会全体で支える仕組みであると述べました。ここで社会全体というのは、多くの場合、国家が主体となることと同義と考えられています。

しかし歴史的にみると、国家の取り組みに先行して民間の主体による社会的弱者の救援活動が、世界各地で行われてきました。たとえば欧州では、キリスト教などの宗教団体が貧困者や傷病者の救援に広く取り組んできました。国家としての社会福祉は16世紀にイギリスで制定された救貧法から始まったとされています。しかし当時の救援事業は規模も手法も限定されていました。このため18世紀以降になると、産業革命により富と力を得た市民階級が、貧困者や傷病者、孤児あるいは障がい者などを支援する慈善事業に活発に取り組みました。

ただ資本主義経済が発達していくなかで、労働者は劣悪な労働条件と生活環境の下におかれ、貧困問題が拡大し社会の不安定化が大きな問題になりました。民間主体の慈善活動のみでは、こうした問題に対処することに限界があり、このため国家主導による社会福祉が求められるようになります。国家主導の社会福祉は専門的知識・手法に基づく制度として発展し、非専門家が中心であった民間の慈善事業は次第に影が薄くなっていくことになりました。

ドイツやアメリカでも、社会保険制度や年金制度が国家主導により創設されました。その後1942年にイギリスにおいて、ベバリッジ報告により「ゆりかごから墓場まで」という言葉で生涯にわたる社会保障の必要性が示され、他の国々にも大きな影響を与えてきました。

日本の社会保障制度も大まかにはこうした流れに沿って展開し、明治以降の産業化や戦時体制のなかで、貧困救済制度や社会事業施設（今日の社会福祉施設）の整備が進んできました。しかし社会的弱者の支援は家族・親族あるいは地域などの民間での助け合いが基本とされました。また社会事業施設の運営の多くは篤志家や宗教関係者などの民間事業者が担いました。それが変化したのは第二次世界大戦後のことです。前述のとおり社会福祉を国家の責任において実施する体制になり、日本においても民間の慈善事業や社会事業が国家主導の制度に代わっていくことになりました。

3.2　福祉国家の成立と見直し

　第二次世界大戦後、先進各国では経済成長の波のなかで社会保障制度を充実させ、福祉国家化が進んでいきました。福祉国家の概念はさまざまですが、ここでは国家の機能を治安や安全保障に限定する夜警国家に対して、福祉国家とはさまざまな社会保障制度により国民の生活の安定を図る機能をもつ国家と考えます。先進諸国では福祉国家化により、国家主導で医療、福祉、失業保障などの社会保障制度が拡大していくことになりました。

　しかし1970年代のオイル・ショックに伴う世界的な景気後退が、この流れを変えることになります。当時、経済成長の停滞の原因は肥大化した福祉国家にある、言い換えると社会保障制度が充実すると人々はそれに甘んじて一生懸命に働かなくなるという議論が起こり、社会保障を含むさまざまな公共サービスの効率化が政策課題として浮上してきました。

　ここで公共サービスを効率化する手法として注目され始めたのが、民間の力を生かすということでした。その特色の一つは、市場メカニズムを利用して公共サービスの効率化を図る手法です。たとえば政府直営（鉄道や郵便など）の事業を民営化したり、公共サービスの一部（ゴミ収集や給食など）を民間企業に委託したりして、コストを低減させる取り組みが進みました。また、住民やボランティアなどの参加を得て、地域の実情に合ったきめ細かなサービスを行うことも注目されるようになりました。

　第3章で詳しく説明されていますが、こうした動きは、行政に民間企業経

営の手法を導入して公共サービスの効率化を目指そうとする新公共経営論（NPM：New Public Management）が盛んになったことを受けて1980年代以降さらに加速しました。社会保障政策に関しても、民間の団体などが国家に代わって福祉サービスを提供する運営形態が増えてきました。このように公的主体と民間主体が連携することは、公民連携（パートナーシップ）ともいわれます。

3.3 日本の社会福祉における公民連携

公民連携を民間の団体の側からみると次のようになります。社会福祉は営利を直接の目的としない非営利の事業が大半であるため、社会福祉にかかわる多くの民間の団体は、非営利組織（NPO：Non-Profit Organization）と位置づけることができます。この分野の非営利組織の役割を二つに大別すると、サービス提供活動とアドボカシー活動（政策提言）になります。そこで、社会福祉における、これら二つの役割をみてみましょう。

第一のサービス提供活動とは、生活に困難を抱える高齢者や障がい者などを施設や居宅において支援するさまざまな活動を意味します。

日本の社会福祉制度においては、早い段階から公民連携が進められてきました。戦後の混乱期において、国家は社会福祉サービスを直接に提供する力がなかったため、民間事業者の協力が不可欠でした。このため国家の強い関与の下で、国家に代わって社会福祉事業を行う特別な民間事業者として社会福祉法人が創設されました。またさまざまな民間の社会福祉事業を束ねる機関として社会福祉協議会を創設しました。これらの法人には事業費として全面的に税金が投入される一方、国家が厳しく規制し指導監督する対象になりました。いわば日本の社会福祉制度は、国家と官主導のNPO（社会福祉法人と社会福祉協議）による官民一体体制の下で進められてきました。

これに対して、社会福祉制度の不備や不足を民間の力で埋めようとする民主導のNPOも存在しました。たとえば、高齢者のための訪問介護は1963年度に制度化されましたが、当初は低所得であり身寄りがない高齢者であることが支給要件であったため、寝たきりや認知症になった親の世話を背負い、

何の支援もなく困難に陥る家族が多くいました。こうした家族を支援するために、1980年代から地域住民が自発的に立ち上がり結成されたのが住民参加型在宅福祉サービス団体です。この活動は、在宅福祉サービスの提供者と受け手の助け合いと対等な関係を重視しつつ、事業性を考慮して有償でサービスを行うことを特徴としていました。全国社会福祉協議会によると住民参加型在宅福祉サービス団体は増加し続け、2000年には2,000団体を超えました（全国社会福祉協議会 各年）。また高齢者がなじみの地域・場所で過ごせる宅老所や、老人ホームなどの施設とは異なる家庭的な環境のなかで、高齢者同士が地域のボランティアの支援を受けつつ暮らすグループホームも1980年代から増加していきました。宅老所・グループホーム全国ネットワークによると、宅老所やグループホームは90年代後半に急増し1999年時点で1,300カ所を超えました（宅老所・グループホーム全国ネットワーク 2001）。

　第二のアドボカシー活動（政策提言）は、制度の創設や拡充を要望する活動です。民主導のNPOにとっては支柱となる活動であり、運動型の活動とも呼ばれます。たとえば障がい者福祉の分野では、1960年代から障害児の親や教育・福祉関係者が団体を結成し、教育、生活、介護、所得などの保障を求める熱心な運動が展開されてきました。その結果として、養護学校（特別支援学校）の整備や、知的障がい者や精神障がい者のための支援制度が整備されていきました。また障害児が学校卒業後に仕事をする場として、共同作業所づくり運動も全国的に広がりました。1980年代以降は自立生活運動や移動の自由を求める運動も加わり、障がい者の自立支援政策やバリアフリー政策が進みました。

　1980年代以降は高齢者福祉を求める運動も盛んになりました。代表的な活動団体としては「高齢社会をよくする女性の会」や「認知症の人と家族の会（旧 呆け老人をかかえる家族の会）」などが知られています。これらの運動が介護保険制度の創設や改正などに様々な影響を与えてきました。また先に述べた住民参加型在宅福祉サービス団体も、不足する介護サービスを提供するのみでなく、新たな公的サービスの創設を訴える原動力になりました。

　民間主導のNPOの場合には、サービス提供とアドボカシー活動が合体し

ている活動が多くあります。現に不足している社会福祉サービスは自らの手で提供しつつ、その経験をもとにして現行の社会福祉制度に対して課題を提起したり、新しい政策の導入を訴えたりする活動が少なくありません。

このような民間主導のNPOの活動は、一般的に資金や人材が少なく脆弱ですが、1998年に成立した特定非営利活動促進（NPO）法が追い風になり、成長し続けています。第3章でも触れているように、同法は小規模な団体が法人格をもつことを可能にした制度です。さらに法人格を得た民主導NPOは、それまでの独自のサービス提供事業に加えて、社会福祉制度に基づく公的サービスの提供事業者になれるようになりました。

3.4 変わる福祉の供給体制

先にのべたとおり2000年以降、介護保険制度により社会福祉の供給体制は大きく変化しました。その特徴は次の二つにまとめることができます。

第一は、サービス利用者にサービス内容やサービス事業者を選ぶ権利が生まれたことです。それまでの高齢者福祉の基礎であった措置制度では、所得調査などを伴うため、受給することにためらいや抵抗をもつ人も少なくありませんでした。これに対して介護保険制度では、利用者は、サービス事業者を選び自分が望むサービス内容・量を選択できる消費者のような立場になり、サービス利用は契約制度によることとなりました。

第二は、サービス事業者の規制緩和が大幅に進んだことです。従来の社会福祉制度では、サービスを事業者は、市町村および社会福祉法人と社会福祉協議会という官主導NPOに限定されていました。これに対して介護保険制度においては、条件を満たした民間企業、農協、生協、NPO（特定非営利活動）法人など多様な主体がサービス事業者として参入することが可能になりました。先に社会福祉にかかわる民間機関の多くは非営利組織であると述べましたが、介護保険制度は民間の営利組織の参入も可能にするという画期的な政策転換となったのです。

介護保険制度が利用者にサービス選択の権利を与えたこと、またサービス事業者として多様な主体の参入を可能にしたことは、社会福祉サービスの供

給に市場メカニズムが導入された(NPMが適用された)ことを意味します。

　社会福祉サービスが市場化された背景には、行政機関が給付対象者を決定しサービス給付内容を決定する措置制度と、サービス事業者は地方自治体の直営もしくは社会福祉法人に限定する参入規制が、サービス事業者に安定的な収入を保障したことから、結果的にサービスの質が向上しないという問題が長年続いてきたことがありました。介護保険制度では、こうした閉鎖的な仕組みに代わって、市場のメカニズムが働く仕組みが導入され、サービス事業者が利用者から選ばれるように競争するなかで、サービスの質が向上し、効率的な運営がなされることが期待されたのです。

　その後の介護サービス事業者の経営主体別の事業者数をみると、さまざまな公民の事業者の参入が進んでいることがわかります。現在のところ参入規制の緩和が図られているのは在宅サービスと地域密着型サービスです。このうち事業者数が多い訪問介護の場合、民間の事業者が多くを占めていることがわかります(表1)。なかでも進出が著しいのは民間の営利法人となっています。民主導NPOであるNPO法人は一般に小規模な活動が多いのですが、介護保険制度により事業展開の足場を築いていることがうかがえます。こうした状況は通所介護やグループホームの場合も同様です。

　措置時代の社会福祉制度では、公的責任のもと手厚い保護と規制で守られ

表1　経営主体別の訪問介護事業所

年	総数(%)	地方自治体	非営利法人					営利法人	その他
			社会福祉協議会・社会福祉法人	医療法人	協同組合	NPO法人		
2000	9,833 (100.0)	652 (6.6)	4,250 (43.2)	1,023 (10.4)	452 (4.6)	208 (2.1)	2,975 (30.3)	270 (2.7)
2007	21,069 (100.0)	157 (0.7)	5,592* (26.5)	1,522 (7.2)	746 (3.5)	1,242 (5.9)	11,392 (54.1)	418 (2.0)
2012	25,118 (100.0)	101 (0.4)	5,284** (21.0)	1,493 (5.9)	686 (2.7)	1,420 (5.7)	15,731 (62.6)	403 (1.6)

出典：厚生労働省(各年)「介護サービス・事業所調査」から作成
*社会福祉協議会は1,863、社会福祉法人は3,739
**社会福祉協議会は1,619、社会福祉法人は3,665

てきた社会福祉法人・社会福祉協議会などの官主導NPOが、高齢者福祉サービスの供給を独占してきました。しかし今日の介護保険制度の下では、官主導NPOと民主導NPOそして営利法人がサービス事業者として利用者の獲得を巡り競争しており、今後競争は激化することが予測されています。

4 高齢者福祉の今日的課題

4.1 現代社会における高齢者と家族――孤立化と無縁化

「介護の社会化」を目指して導入された介護保険制度により、多くの家族が高齢の親の介護負担を軽減することができました。しかし2000年以降の高齢化の進展と家族の変化は、介護保険制度が検討された1990年代の予測と比べて相当に乖離があるようです。

今日でも家族が担う高齢者の介護の負担は相当な時間に上ります。総務省「社会生活基本調査」によると、介護をしている人の「介護・看護」総平均時間は、1996年には59分であったのが2011年には40分に減少しています。しかし2011年の同調査によると「介護・看護」の行動者平均時間（調査期間中に実際に看護・介護を行った人を対象）は139分であり、このうち「介護支援を受けている人」の場合は153分、「週に4日以上介護支援を受けている人」の場合は166分であり、相当の時間と労力を介護に費やしています。

日本の人口構造と家族は、第二次世界大戦後、大きく変化してきました。高度成長期以降、地方の若者は都市に流出し続け、都市に人口が集中し、産業の発展を支えてきましたが、他方、地方では過疎化が進み、農林水産業は衰退の一途をたどってきました。

こうした人口移動に伴い、家族の形態も大きく変化してきました（図7）。総務省「国勢調査」により家族形態をみると、1960年には夫婦と子どもの世帯が38.2％、三世代同居などが30.5％でした。ところが2010年では、一人暮らし世帯が32.4％で最も多い家族形態となっています。なかでも近年では高齢者の一人暮らしが急増しています。

高齢になり心身の機能が低下し病気を抱えることが75歳以上の後期高齢

家族形態の変化

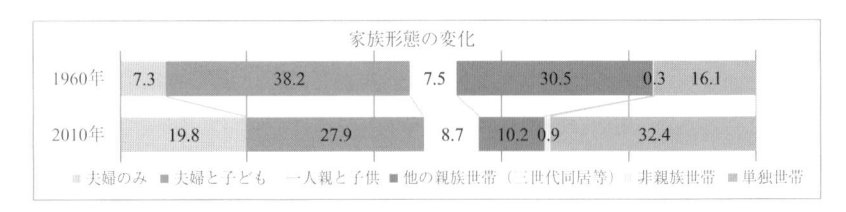

1960年	7.3	38.2	7.5	30.5	0.3	16.1
2010年	19.8	27.9	8.7	10.2	0.9	32.4

■夫婦のみ　■夫婦と子ども　一人親と子供　■他の親族世帯（三世代同居等）　非親族世帯　■単独世帯

図7　家族形態の変化
出典：国立社会保障・人口問題研究所「人口統計資料集（2014）」から作成
総務省「国政調査」による。一般世帯

者になると顕著になります。病気にならなくても、足腰が弱り家事や外出ができなくなる人、判断能力が衰えてくる人など、日常生活を続けることが困難な人が増えてきます。そこで後期高齢者のいる世帯をみると、2010年時点で「単独世帯」は20.5％、「夫婦のみの世帯」は29.3％であり、ほぼ半数が高齢者のみの世帯になっています。「子夫婦と親が含まれる世帯」（三世代同居）は25.4％にすぎません。日常生活や健康上にさまざまな問題を抱えつつ高齢者のみで暮らす家族が主流化しつつあることがわかります。

　高度成長期以降の人口構造や産業構造の変化は、家族の形態のみでなく、地域コミュニティの姿も変えてきました。かつて農業が主要産業であった時代には、各々の集落では耕作や伝統行事などを介して共同体が維持されていました。しかし、農業の衰退や若者の流出により地域のつながりが弱体化し、コミュニティの衰退が進んできました。

　他方、各地からさまざまな人が集まる都市においては、もともと人間関係が希薄なことが多いですが、昨今ではその傾向が一層強まっています。「無縁社会」という言葉も広く聞かれるようになりました。結婚しない人が増え（未婚化）、子供をもつ夫婦や子供の数の減少（少子化）も加わって、「孤族」という言葉が生まれるほど、人々の孤立化が進んでいます。

■ 4.2　今後に向けて—公民一体となった社会保障政策の実現

　社会保障政策は戦後から拡大し続け、急速な少子高齢化によりさらに拡大してきました。しかし財政悪化に直面する現在の国家にとって現行の社会保

障制度を維持し続けることは困難です。このため介護保険制度も改正が繰り返されてきました。たとえば、介護保険費用を抑制するために、生活支援サービスが大幅に制限され、また2015年度の改正では、軽度の要支援者に対するサービスを介護保険サービスとは別枠にすることや、在宅での介護や医療を推進する方向に転換することが議論されています。

　介護保険制度は「介護の社会化」を目的としてきましたが、家族を福祉の含み資産と考える「日本型福祉社会論」の影をひきずっているという指摘があります。近年の改正にもこうした考えが垣間みられます。しかし衰退してきた家族の機能を復活させることは、現実的とはいえません。子世代にすれば自分の家族や仕事などの都合などで、親の介護を担うことがどんどん難しい状況になってきています。介護保険制度を、超少子高齢社会の重要な社会基盤としていくことは必至です。

　ただ介護保険制度には、財政的な制約とは別に本質的な限界があることにも留意が必要です。

　その第一は介護保険制度の硬直化です。介護保険制度は巨大な社会福祉サービスを全国一律のルールの下で運営するために、細かな制約が非常に多くあります。一方対象となる高齢者の人生や家族はさまざまであり、終末に至るまでの生活や介護に望むこともさまざまです。介護保険制度は高齢者の多様なニーズに対応できていないという声が各地で上がっています。

　第二は社会福祉サービスの市場化に伴う競争の問題です。介護保険サービスの市場化は多くの事業者の参入を促し短期間にサービス量を増加させることには成功しました。一方、市場メカニズムの導入が介護保険サービスの質を向上させ効率化を実現できたのかどうかは、現在のところ十分に検証されていません。逆に公民の営利・非営利事業者間の競争激化のしわ寄せが、介護の労働環境を悪化させ介護労働者不足を生み、結果として利用者にとって望ましい介護保険サービスを実現できていない可能性もあります。

　このような状況があるにもかかわらず、高齢者に対する社会的な支援のニーズは増加し続けています。昨今では、高齢単身者の看取りをどう支えるかという新しい問題も浮上しています。

今後ますます少子高齢化が進む日本においては、家族のみに限らない社会のつながりによって、一人ひとりの生を支える仕組みをつくることが求められています。民主導のNPOのなかには、介護保険制度の制度外で高齢者の見守りや生活支援、また通院や外出の支援を行っている団体もあります。高齢者の看取りを視野に入れたグループホームやホーム・ホスピスなどの活動も始まっています。制約が多い介護保険制度では満たせない高齢者の望むサービスを提供している団体は全国各地にみられます。ただ民主導のNPOのなかには介護保険事業者としての競争に巻き込まれて、独自の支援事業を縮小させているという現象も一部にみられます。

　自分の力だけで生活することが困難な人々を支えていくためには、確固たる財政の裏づけをもつ国家主体の社会保障制度が根幹にあることがまず必要です。しかしいつの時代にも、大きな制度による支援の網からこぼれ落ちる人たちが存在し、新しいニーズに大きな制度が対応するためには時間がかかるのが現実です。社会保障政策が機能し続けるためには、さまざまな公民の担い手の役割を明確にし、双方が活動できる制度を社会全体で考え構築していくことが今後の重要なテーマになるといえるでしょう。

（金谷信子）

参考文献
金谷信子（2007）『福祉のパブリック・プライベート・パートナーシップ』日本評論社
厚生労働省（2012）『厚生労働白書　平成24年版』
厚生労働省（2013）『厚生労働白書　平成25年版』
内閣府（2013）『高齢社会白書　平成25年版』
宅老所・グループホーム全国ネットワーク（2001）『宅老所・グループホーム白書2001』全国コミュニティライフサポートセンター
全国社会福祉協議会（各年）「住民参加型在宅福祉サービス団体活動実態調査報告書」

第14章

環境問題と公共経営
――持続可能な発展に向けた環境ガバナンス

1 環境分野における公共経営

　私たちが生きる現代社会は、数多くの問題や課題であふれています。またやっかいなことに、その構造は複雑に入り組んでおり、しかも時間とともに変化します。ですから、政府が毎年同じような対策をただ繰り返していたり、対策を実施すること自体が目的になっていたりするようでは、問題は一向に解決しません。それに政府、企業、市民、NPO、国際機関などの各主体がそれぞれバラバラに取り組みを重ねたとしても、解決は遠のくばかりです。

　環境問題はそのような問題の典型であり、したがって公共経営的発想が求められる主要な政策領域の一つということができます。環境問題の解決を図る公共政策は、一般に環境政策と呼ばれていますが、そこに"公共経営"の考え方を取り入れる必要があるわけです。この第14章では、環境分野における公共経営のあり方について考えてみたいと思います。

　しかし、その具体的な中身に入る前に、まず「環境問題とは何か」および「なぜ環境問題は起こるのか」という点について、簡単に見ておきましょう（図1）。そもそも「環境問題とは何か」を知らずして、環境問題への取り組みを論じることはできないからです。それに、環境問題の解決をはかるには、環境問題を引き起こしている社会経済メカニズム、つまり「なぜ環境問題は起こるのか」を理解しておかなくてはなりません。その理解を欠いたまま、具体的な取り組みについて議論したとしても、それらは思いつきの域を出ない、効果の乏しいものになる恐れがあるからです。

環境問題とは何か → なぜ環境問題は起こるのか → 環境分野における公共経営のあり方

図1　本章の内容構成と流れ

2　環境問題の内容と構造

2.1　環境問題とは何か

"自然の恵み"という日本語があることからもわかるように、環境は私たち人間にさまざまな便益をもたらしてくれます。その恵みは、一般的には生態系サービス（ecosystem services）と呼ばれています。環境問題とは、環境破壊によって生態系サービスの質や量が低下し、私たちの生存基盤や社会経済活動基盤が損なわれることにほかなりません。では次に、その環境問題の具体的な内容についてみておきましょう。

1972年6月、人類の有史以来はじめて、環境問題をテーマにした地球規模の国際会議、国連人間環境会議がスウェーデンのストックホルムで開かれました。その会議を機に、環境問題がグローバルレベルで進行しているということ、そしてその解決にはこれまたグローバルレベルでの取り組みが不可欠だということが、各国の共通認識になったのです。そしてそれは、地球環境問題という新たな公共政策課題が誕生した瞬間でもありました。

では、地球環境問題とは一体何でしょうか？『地球環境キーワード事典』（2008）によれば、①地球温暖化、②オゾン層の破壊、③酸性雨、④海洋汚染、⑤有害廃棄物の越境移動、⑥生物多様性の減少、⑦森林の減少、⑧砂漠化、⑨発展途上国等における環境問題という9項目が挙げられています（一部文言を変えています）。

その一方で、環境問題はグローバルレベルだけでなく、ナショナルレベル（国レベル）やローカルレベル（地方レベル）でも起きています。たとえば明

2 環境問題の内容と構造

治時代、足尾銅山（現在の栃木県日光市）からの排煙・排水によって渡良瀬川流域を中心に被害が拡がり、当時の地元選出衆議院議員である田中正造が、農民らとともに反対運動を展開した足尾鉱毒事件は、すでに歴史の授業などで勉強したことがあるのではないでしょうか。

環境問題が全国的に注目されるきっかけとなったのは、高度経済成長期（1950年代半ば～1970年代半ば）に各地で頻発した公害問題です。特に被害が深刻だった水俣病・新潟水俣病（第二水俣病）・イタイイタイ病・四日市ぜんそくは、"4大公害病"と名づけられました。そして、当時政府が定めた公害対策基本法には、①大気汚染、②水質汚濁、③土壌汚染、④騒音、⑤振動、⑥地盤沈下、⑦悪臭が公害として列挙されます（通称"典型7公害"）。ちなみにこの時期の特徴として、企業や工場だけでなく、政府の活動に起因する環境問題も深刻だったことも指摘しておきたいと思います。公共事業による自然破壊は、その代表例といえるでしょう。

また現代の環境問題に目を向けると、たとえば廃棄物問題、景観破壊問題、内分泌かく乱物質（環境ホルモン）問題、遺伝子組み換え作物問題…というように、その問題領域が大きく広がりつつあることがわかります。企業や政

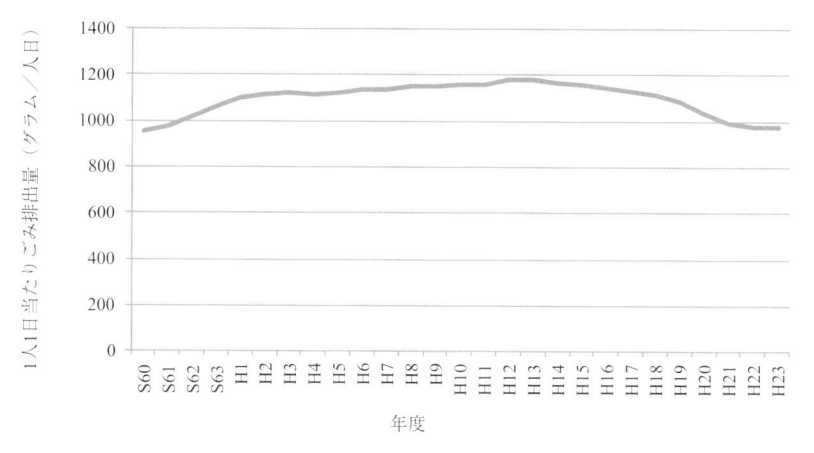

図2 1人1日当たりごみ排出量の推移
出典：『平成25年版環境・循環型社会・生物多様性白書』より筆者作成

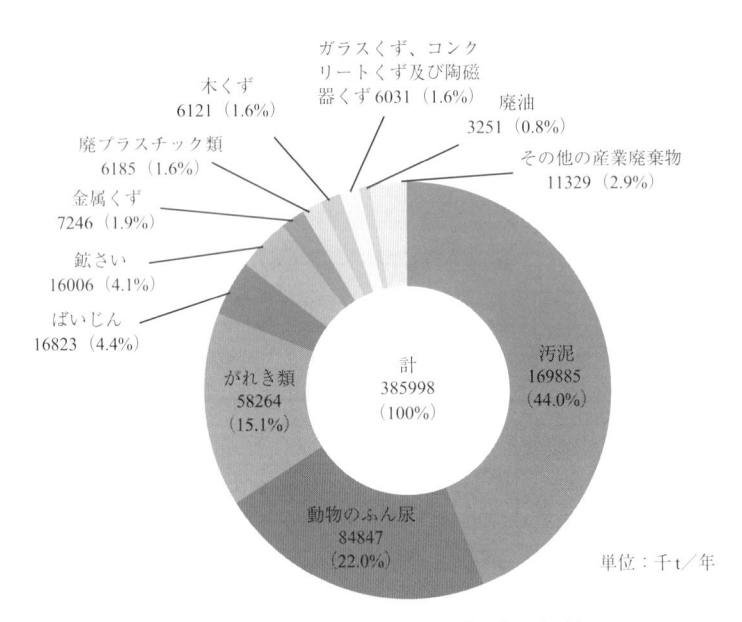

図の凡例・ラベル:
- 木くず 6121（1.6%）
- ガラスくず、コンクリートくず及び陶磁器くず 6031（1.6%）
- 廃油 3251（0.8%）
- 廃プラスチック類 6185（1.6%）
- その他の産業廃棄物 11329（2.9%）
- 金属くず 7246（1.9%）
- 鉱さい 16006（4.1%）
- ばいじん 16823（4.4%）
- がれき類 58264（15.1%）
- 計 385998（100%）
- 汚泥 169885（44.0%）
- 動物のふん尿 84847（22.0%）
- 単位：千t／年

図3 産業廃棄物の種類別排出量（平成22年度）
出典：『産業廃棄物の排出及び処理状況等（平成22年度実績）』

府の活動に加え、市民一人ひとりの日常生活やライフスタイルにも起因する問題がクローズアップされているのが、近年の一つの特徴です。

たとえば一般廃棄物（家庭やオフィスから出されるごみ）について、1人1日当たり排出量の推移をみてみましょう（図2）。ここ数年はやや減ってきているとはいえ、基本的には横ばい傾向であり、廃棄物発生抑制に向けた道のりは険しいといわざるを得ません。他方、産業廃棄物（事業活動に伴って生じる廃棄物など）についても、年間排出量が最も多いのは下水処理場などから出る汚泥なのですが（図3）、それも私たちの日常生活と密接な関わりがあります。確かに、下水道の普及によって家庭からの生活排水処理がすすみ、川や海の水質改善にもつながったのですが、その代わりに汚泥という産業廃棄物が増えた、というわけです。

最後に、かつての公害問題についても、「未だに解決してない問題」「形を変えて続いている問題」「発展途上国に場所を移して発生している問題」な

どが多く残されているということに、注意を促しておきたいと思います。

2.2 なぜ環境問題は起こるのか

　それにしても、なぜ環境問題のような問題が起きてしまうのでしょうか？　もちろん直接的には、たとえばメチル水銀が水俣病の原因となる、あるいは温室効果ガスの大量排出が地球温暖化の原因となる、というように、何かしらの原因物質が環境問題を引き起こします。あるいは、環境を守るための技術はすでに存在しているのに、それが使われないために環境が破壊されてしまうというケースもあります。では、どうして原因物質が排出されたり、環境保全技術が使われなかったりするのでしょうか？　答えを探るには、背後にある社会の仕組みに光を当てる必要があります。

　私たちをとりまく社会経済システムは、無数の意思決定（decision making）から構成されています。たとえば、私たちは買い物をするとき、必要性・品質・価格などを考慮して商品を買うかどうかを決定します。それにたとえば企業であれば、「工場をどこに立地するか」「その工場ではどんな原材料を使い、それはどこから何円で調達するのか」といった意思決定に日々直面します。また政府も、「どのような法律を制定するか」「集めた税金をどういう事業に支出するのか」といったことを、制度やルールに則って意思決定します。こういったさまざまな意思決定の場面で"環境"という要素がきちんと考慮されていれば、その行為は環境破壊を起こさないはずです。しかし、生態系サービスがもつさまざまな価値、それに環境破壊によって被害を受ける人々の声などは、残念ながらそういった意思決定に十分反映されていないのが現状なのです。

　たとえばモルディブやツバルのような島嶼国（とうしょこく）は、地球温暖化に伴う海面上昇によって国土水没の危機に直面していることから、大胆かつ迅速な対策実施を各国に求めています。また、2013年11月の超巨大台風で壊滅的被害を受けたフィリピンの政府交渉官が、ちょうど同じ時期に開催された気候変動枠組条約締約国会議（COP19）の場で温暖化対策の前進を涙ながらに訴えたのは、記憶に新しいところです。しかし、彼らの政治的影響力は先進国など

と比べるとどうしても弱く、彼らの主張が各国政府や国際社会の行動にただちに反映される見通しは暗いといわざるを得ません。それに、地球温暖化による各種被害は、私たち現在世代よりも将来世代においてより一層本格化すると考えられていますが、将来世代はまだこの世に生まれていませんので、そもそも私たちの意思決定の場に参加することすらできません。

　社会経済システムにおける意思決定のうち、とりわけ市場のそれは、環境という要素を無視しがちです。ここで仮に、ある企業の工場が大気汚染物質をそのまま放出しており、その除去のためには新たな設備装置を導入しなければならない、という状況があったとしましょう。しかしその企業にとって、それは設備装置導入に要した費用の分だけ利益が減ってしまうことを意味します。そもそも企業というのは市場で利益を追求する存在ですので、"設備装置を導入する"つまり"利益を減らす"という意思決定を自発的にすすんで下すことは、通常期待できません（政府による規制や補助金があれば別ですが）。しかも、もしライバル企業が設備装置を導入しないのであれば、市場競争上の不利にもなりますので、そのような自発的意思決定はますます期待できなくなってしまいます。

　市場という社会メカニズムには、確かにさまざまな利点や強みがあります。しかし環境問題のような問題を扱うことは基本的に不得意であり、市場というシステムは、何もせずに放っておけば、環境を守らない企業に利益を与え、環境を守る企業に利益を与えないよう機能してしまうのです。このような事態を、市場の失敗と呼びます。この節の冒頭で「どうして原因物質が排出されたり、環境保全技術が使われなかったりするのでしょうか？」と書きましたが、その最も大きな原因は、この市場の失敗に求められます。

　では、企業とならぶ重要な社会主体である政府は、環境問題の発生という現象とどうかかわっているのでしょうか？　政府に期待されているのは、環境政策を実施して市場の失敗を是正すること、言い換えれば、環境問題の発生メカニズムを制御することです。しかし現実には、政府活動の意思決定に環境という要素が反映されず、たとえば公共事業による自然破壊のように、政府自身が環境問題を引き起こす原因となっているケースも少なくありませ

ん（発展途上国ではこうした傾向がより強まります）。それに、仮に環境政策を実施していたとしても、それが思い通りの効果を生まなかったり、あるいは逆に問題をより深刻化させていたりすることもあります。このような状況は、先ほどの市場の失敗にならって、政府の失敗と呼ばれています。

3　持続可能な発展（sustainable development）

　ここまで、環境問題とは何か、そしてなぜ環境問題は起こるのかについてみてきました。では、環境を破壊せず、なおかつ私たち人間が"豊か"になれる社会などというのは、はたして可能なのでしょうか？　そしてそれは、いったいどのような社会なのでしょうか？

　一ついえるのは、これまでの自然環境と人間社会の関係を根底から見直す、全く新しい発展（development）や豊かさのモデルが必要だということです。生態系サービスを悪化させながら発展するのではなく、生態系サービスを保全したり持続可能なかたちで利用したりしながら発展する、新たな社会経済システムの構築です。

　そのような社会ビジョンは持続可能な発展（sustainable development）と呼ばれ、一般に「将来の世代が自らの欲求を充足する能力を損なうことなく、今日の世代が欲求を満たすこと」と定義されています（実は ISO 26000 でも、「社会的責任の目的は持続可能な発展に貢献することである」とされています。第 8 章参照）。

　それでは、従来型の"発展"と、この"持続可能な発展"は、具体的には何が違うのでしょうか？　ここでは、大きく二つのポイントを挙げておきましょう。

　第一に、長期的な視点の強調です。アメリカ先住民（インディアン）の有名なことわざに、「地球は過去からの贈り物ではなく、未来からの借り物である」というものがあります。自然環境や生態系サービスは、われわれ人類の将来的な生存基盤であり社会経済活動基盤でもあるわけですが、近視眼的にそれを食いつぶしながら発展するのと、長期的視点に立ってそれを維持しながら発展するのとでは、同じ"発展"といってもその質や中身は全く異な

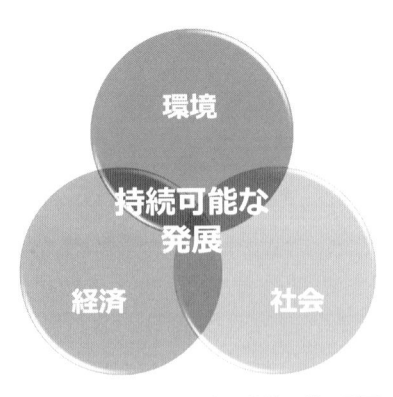

図4　環境・経済・社会と持続可能な発展

るというべきでしょう。

　第二に、総合的な視点の重視です。ある国や地域における発展の成果や豊かさは、経済成長率や所得といった経済指標だけでは測れません。環境が良好に保たれているかを示す環境指標も必要ですし、たとえば治安のよさや自殺率の低さ、基本的人権の尊重度合いといった社会指標も、私たちの社会の健全性を示す重要な指標です。このように、発展には本来、環境・経済・社会という複数の側面があります（図4）。にもかかわらず、先進国か発展途上国かを問わず、一般に発展とは成長（growth）、つまり経済成長や所得の向上のことであるとされてきました。持続可能な発展論はこうした通念や評価尺度のあり方に疑問を投げかけ、そこにより総合的な視点を導入するよう主張したのです。

4　環境問題と公共経営

4.1　はじめに：持続可能な発展に向けた環境ガバナンス

　それではいよいよ、環境分野における公共経営のあり方についてみていきましょう。そのために、まずはこれまでの議論も振り返りつつ、以下の計3点についてみなさんと確認を済ませておきたいと思います。

　第一に、環境分野における公共経営はそもそも何のための取り組みなの

か、という点です。"環境をよくするため"に決まっている、とみなさんは思ったのではないでしょうか。もちろん誤りではないのですが、しかしそれでは十分とはいえません。

残念ながら現代社会は、「経済成長の代償として環境破壊がすすむ」、「環境保全と引き換えに経済が停滞する」、あるいは「環境と経済の両立に気をとられ、発展の社会的側面がおろそかになる」といった状況が支配的です。そうした状況を生むメカニズムにメスを入れられるかどうかがポイントなのであって、環境を経済や社会から切り離し、その改善を試みるというやり方では、実質的な成果をあげることはできません。つまり、環境分野における公共経営を進めるうえで本当に目指すべきは、環境・経済・社会の間のメカニズム構造を変え、持続可能な発展の実現を図ることなのです。

第二に、公共経営という考え方を環境政策に導入することは、具体的にはどういうことを意味しているのか、という点です。

公共経営に関する理論的基礎の1つに、ガバナンス（governance）という考え方があります。政府というのは統治する側であり、社会というのは統治される側である、というのがこれまでの基本的な統治の構図でした。しかし近年は政府と社会の境界があいまいになり、政府以外のさまざまな主体が統治活動に参加するなど、従来の統治主体や統治構造に変化が起きています。環境分野でも同様の変化が起きつつあり、それを表現するのに環境ガバナンス（environmental governance）という言葉が用いられています。

このように、公共経営の考え方を環境政策に導入するとなった場合、まず念頭におくべきは、政策主体の多様化という論点です。具体的には、「社会を構成する各主体は今どんな取り組みをしているのか」、あるいは「今後どんな取り組みをしていくべきなのか」といったテーマを検討する必要があります。

第三に、政策主体の多様化は確かに重要な論点なのですが、それだけでは、環境ガバナンスのあり方に関する議論としては不十分です。というのも、本章冒頭でも述べたように、各主体がバラバラに活動していたのでは効果が薄いからです。つまり「どうすれば主体間の連携はうまくいくのか」といった

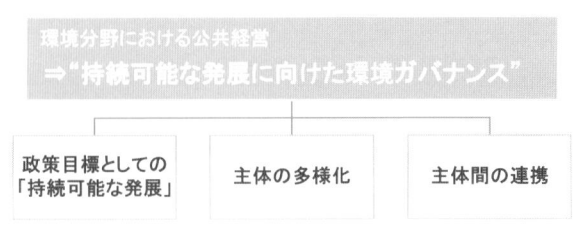

図5 持続可能な発展に向けた環境ガバナンス

テーマも、環境ガバナンスを考える上で大切な視点になってきます。

以上計3点をふまえ、ここからは環境分野における公共経営を"持続可能な発展に向けた環境ガバナンス"ととらえ、その内容に迫ってみることにしましょう（図5）。はじめに、主体ごとの取り組みからみていきます。本章では、「政府」「企業」「コモンズとNPO」という三つをとりあげましょう（4.2〜4.4）。そしてその後に、主体間の連携のあり方へと議論を移します（4.5）。

4.2 環境問題と公共経営：政府

政府という主体は、市場の失敗の是正を期待されていますし、また実際に是正を試みてきました。政策主体の多様化が進みつつあるとはいえ、環境ガバナンスにおいて政府が担うべき役割は、今でも非常に大きいといえます。

政府の基本的な任務の一つ、それは法律をつくることです。日本の環境法は、1970年に一大転機を迎えます。同年11月に開かれた臨時国会で、14もの公害関連法が制定・改正されたのです（通称"公害国会"）。立法府という場で環境というテーマがこれほど取り上げられたのは、それまでなかったことでした。その後、環境基本法（1993）やその他多くの個別法が制定され、現在に至っています。

そして公害国会の翌年（1971年）には、環境庁（現在の環境省）が設立されます。それから現在に至るまで、わずか40数年しか経っていないわけですが、環境問題を専門に扱う官庁の設立は、これでも世界的にはかなり早い方の部類に属します。

ちなみに日本の場合、地方自治体の役割が大きいのが特徴です。国レベルで法律整備が遅れていた時代、自治体が国に先んじて条例を制定し、問題に対応したことがしばしばありました。たとえば日本最大の湖・琵琶湖をかかえる滋賀県は、1979年に「滋賀県琵琶湖の富栄養化の防止に関する条例」（通称"琵琶湖条例"）を制定します。琵琶湖の水質悪化を防ぐため、当時法律で規制対象外だった窒素・リンの排出を新たに規制し、さらにリンを含む合成洗剤の使用・販売なども禁止するという、非常に思い切ったものでした。

　このように、政府はさまざまな役割を担ってきました。しかし近年、環境ガバナンスをとりまく社会状況は大きく変化しており、政府としても新たな対応が迫られています。持続可能な発展を実現していくために、今後政府には何が求められるのでしょうか？　ここではさしあたり、三つのポイントにしぼります。

　第一に、グローバル化への対応です。現代は、ヒト・モノ・カネ、そして企業が簡単に国境を超える時代です。そういう状況で、仮に政府が国内に立地する企業への環境規制を強化すれば、そこで規制を守って操業することよりも、立地自体を規制が緩い国に移すことを選ぶ企業が増えるかもしれません。もし緩い規制をいいことに、その企業が新たな立地先でより激しい環境汚染を引き起こしたならば、地球全体でみると汚染はむしろ悪化してしまうことになります。これはほんの一例にすぎませんが、経済のグローバル化は、政府による市場の失敗の制御をいっそう難しくしているのです。

　第二に、地方分権化に対応できる政策基盤づくりです。地方自治体が直面する環境問題は年々複雑化・高度化しており、テーマとしてもたとえば「廃棄物・資源循環問題」「地球温暖化・エネルギー問題」「生態系・生物多様性問題」というように、拡大していく一方です。しかも今後地方分権化が進んでいけば、自治体はそれらを国任せではなく、自らの力で解決しなければならない局面がますます増えていくことでしょう。しかし他方で、自治体が置かれている状況はなかなか厳しいものがあります。たとえば、財政の逼迫（ひっぱく）もあって自治体の環境関連予算は減らされる傾向にありますし、環境問題に精通した職員の数もまだまだ足りていません。

第三に、市場の失敗に対応すべく環境政策を実施するにしても、政府の失敗が起きてしまうようでは何の意味もありません。つまり、中央政府にせよ地方自治体にせよ、政府の失敗が起きないような環境政策のあり方を考えていく必要があります。

　政府の失敗が起こる要因はさまざまですが、その一つに縦割り行政の問題があります。たとえば、日本の自然保護行政は、これまで中央省庁間の厚い壁に苦しんできました。環境庁設立の際、当時の担当者たちは、自然保護に関する各種規制権限を他の省庁から移し、環境庁へ一元化させようと試みました。しかし、そのうち森林については林野庁から、そして都市市街地については建設省（現在の国土交通省）から猛烈な反対を受けます。これはつまり、国土面積の約3分の2を占める森林、それに当時自然破壊が凄まじかった都市市街地において、総合的な自然保護制度づくりが失敗に終わったことを意味します。こうした経緯を経て、日本の自然保護行政は「環境庁の自然公園制度」「林野庁の保安林制度」「建設省の緑地保全地区制度」などと、省庁ごとのバラバラな対応に委ねられる形で出発することになったのです。

　あるいは地方に目を移すと、最近各地でこんな事態が起きています。日本では林業の担い手減少に歯止めがかからず、山間部を中心に手入れがされず放置された人工林が増えています。もちろん自治体もただ手をこまねいているわけではなく、たとえば間伐や枝打ちといった作業に補助金を出すなど、森林整備に向けた取り組みを続けています。そしてそれは、地面に届く光の量が増えて下草が豊かになるなど、森林植生や森林生態の改善にもつながっています。とここまではよいのですが、現在日本の山林ではシカの増えすぎが問題になっており、せっかく増えた下草がシカによって食べ尽くされるケースもあるといいます（図6）。また増えすぎたシカは、樹木や近隣の農作物への被害も拡大させるなど、大きな問題になっています。しかも、下草が食べ尽くされて地面の土がむき出しになった結果、台風や豪雨がくるとすぐ山崩れが起きてしまうなど、土砂災害による被害も拡大させているといわれています。自治体において森林整備担当部局、自然保護担当部局、農業振興担当部局、防災担当部局がバラバラに仕事をしていたのでは、こうした負

図6 シカの影響が少ない森林（左）と被害にあった森林（右）の例
写真提供：滋賀県森林政策課鳥獣対策室

の連鎖を断ち切ることはできません。

4.3 環境問題と公共経営：企業

　経済のグローバル化とともに、企業のあり方が社会のあり方をますます左右するようになっています。その意味で、現代は"企業の時代"だといえるのかもしれません。企業という主体がいかに環境問題の解決に関与していけるかは、今後の持続可能な発展実現の大きなカギを握っています。

　市場の失敗のところですでに説明したように、企業が自ら進んで利益を犠牲にし、環境保全に取り組むような状況というのは、基本的には起こりません。しかしなかには、いくつか例外も見受けられます。たとえば、日本には公害防止協定という制度があります。これは、地方自治体が原因企業に対して強制力をもって規制するのではなく、両者の自発的な交渉を通じて対応するもので、高度経済成長期の日本で開発された独自の仕組みです。

　そして近年、企業の自発的な取り組みはさらに注目されています。わかりやすいのは、工場やオフィスでの省エネ・省資源の取り組みでしょう。これは、先ほどの大気汚染物質除去設備装置の例（244ページ）とはちがい、企業に利益を生む可能性があるという特徴があります。もし電気代や水道代の節約による利益が、省エネ設備や節水型装置の導入費用を上回ると見込まれれば、企業としても自ら積極的に取り組むというわけです。環境に配慮した

経営システム（環境経営）や会計システム（環境会計）を企業が活用するなどして、エネルギーや資源のムダを"見える化"してあげれば、こうした取り組みはさらに進む可能性があります。

　また企業の間では、製品製造工程における取り組みだけではなく、製品使用時における環境負荷を減らそうという努力も、少しずつ広がっています。これはつまり、環境性能のよい製品をつくろう、ということです。たとえば自動車・冷蔵庫・エアコンといった製品は、"耐久消費財"と呼ばれていることからもわかるように、購入するとその後何年も使用することになります。あるいは住宅に至っては、使用はさらに長期間にわたります。したがって、エネルギー多消費型の家電製品やエネルギー効率の悪い住宅（例：夏暑く冬寒い住宅）がいったん市場に出て販売・使用されると、その影響は長期に及んでしまいます。さらには製品廃棄時の環境負荷も同様で、使用後に解体やリサイクルが容易になるよう組み立てられていなければ、その製品からは廃棄時に大量のごみが出ることになります。製品の開発設計段階から"環境"という要素を考慮し、意思決定に反映させることができれば、このような事態は避けられます。

　上記のような本業の取り組み以外だと、たとえば地元の環境イベントに協力する、従業員の通勤手段をマイカーから公共交通に切り替える、などさまざま事例があります。またなかには、地元産の農産物を使ったメニューを社員食堂に取り入れて地産地消を推進する、といったユニークな取り組みもあります。

　以上紹介してきたような自発的取り組みは、最近ではCSR（第8章を参照）として位置づけられることが多くなってきました（環境分野のCSR、ということで"環境CSR"と呼ばれることもあります）。最近では、多くの企業が環境報告書やCSR報告書をホームページに掲載し、環境への取り組みを紹介していますので、是非一度チェックしてみてください。

4.4　環境問題と公共経営：コモンズとNPO

　本書で学んできたように、私たちをとりまく社会経済システムは、政府

（第1セクター）や企業（第2セクター）に加えて、サードセクターからも構成されています。環境分野における公共経営では、このサードセクターも非常に重要な役割を果たします。つまり、市場とも政府とも異なる第3の社会的メカニズムが、環境問題の解決や持続可能な発展の実現を目指すにあたって注目されているわけです。ここでは、「コモンズ」と「NPO」という二つをとりあげておきましょう。

環境のなかには、政府が直接所有したり管理したりしているわけではなく、かといって企業による所有や管理でもなく、地域コミュニティの自発的な取り組みによって維持されているものが少なくありません。まさにサードセクターによる管理であり、環境が一種の地域共有資源となっているケースです。そのような資源のことを、利用や管理をめぐる制度・ルール・主体といった要素もひっくるめて、コモンズ（commons）といいます。

日本を代表するコモンズとして知られているのが、入会地という地域共有資源管理の仕組みです。その昔は山林を中心に各地で見られたのですが、明治時代の地租改正（1873）以降、その多くは国有化によって解体されてしまいました。また最近だと、たとえば街並みや景観を新たにコモンズとしてとらえよう、という議論もあります。市場の失敗と政府の失敗をともに乗り越える存在として、コモンズが注目されているのです。

またサードセクターということでいえば、NPOという主体の存在も見逃すわけにはいきません。日本の場合、消費者運動・公害反対運動・自然保護運動などを中心に活動がはじまり、最近では環境学習・まちづくり・エネルギーなど多様な分野に広がっています。ちなみに欧米には、数多くの会員と専門的なスタッフを有し、大きな社会的影響力を発揮している組織がたくさんあります。また近年は、深刻な環境汚染に悩む中国での成長が著しいようです。

NPOというのは、第5章で学んだように、自分たちの信念や使命（ミッション）に基礎をおいて活動する主体です。したがって、社会の中では少数派（マイノリティ）になることが常です。ところが、しばしば「社会の変化は多数派からではなく少数派から始まる」と言われるように、その影響力は

決して小さくはありません。彼らは、政府や企業にはない独自のネットワークやノウハウを武器に、課題解決を目指すのです。

ちなみに、公害や地球環境問題の歴史を調べればすぐわかるのですが、環境問題の被害についても、生物的・社会的弱者というこれまた少数派に起こることが実は多いのです。公共経営の世界では、できるだけ多くの市民のニーズを政策に反映させることが基本となりますが、それと同時に、少数派の声に耳を傾けるのも忘れてはならないというわけです。

4.5 環境ガバナンスにおける各主体間の連携

ここまで「政府」「企業」「コモンズとNPO」と、主体ごとに取り組みをみてきました。しかしそれらをよく観察してみると、実は主体同士が連携して実施しているケースが意外と多いことに気づきます。

たとえば企業のCSR活動は、確かに企業単体で実施しているものもあるのですが、地域住民やNPOと連携した活動も少なくありません（第8章で学んだISO26000では「ステイクホルダーの参画」が強調されていたことを思い出しましょう）。それにたとえばコモンズの管理についても、地域コミュニティだけが主体となっていることは稀で、実質的には自治体などとの共同管理（co-management）となっているケースが多いのです。

そこで問題となるのが、どうすれば主体間の連携をよりよいものにし、取り組みの効果を高めることができるのか、という点です。それを考えるため、"連携"という行為について詳しくみておくことにしましょう。

連携は"協働"や"パートナーシップ"とも呼ばれており、さしあたり本章では、いずれもほぼ同じ意味だと見なしておきます。自然保護における連携を分析した海外の研究書によれば、連携には四つくらいポイントがあるとされています（Wondolleck and Yaffe, *Making Collaboration Work*, Island Press, 2000）。ここでは、表現を大胆に簡略化して列挙しておきます。

① 主体間の相互理解の促進
② 主体間の効果的な意思決定の実現

③ 目的達成の手段
④ 主体がもつ能力の向上

　「なぜ連携が必要なのか」と問われた場合、理由として通常挙げられるのは③です。例えば「ごみの発生抑制を図るには、行政の取り組みだけでは限界がある。だから多様な主体との連携が必要だ」という具合に、連携という行為を"目的達成の手段"としてとらえる見方です。確かに環境ガバナンスの世界では、連携によって何を目指すのかという原点が忘れられ、連携すること自体が目的になってしまっているような取り組み事例が散見されます。そうならないためにも、この点は常に意識しておかなくてはなりません。
　しかし先ほどの議論が優れているのは、①や②についても指摘を忘れていないことです。たとえば自治体とNPOが連携するという場面で、意思決定は自治体側が主導し、NPO側は自治体に決められたことをただやるだけ、という関係を時折目にします。そのような"下請け"の関係ではなく、対等なよりよい関係で連携するためには、意思決定の段階から連携を図ること、つまり②が重要になります。しかし、一口に意思決定といっても、立場が異なる主体同士が合意形成を図るのは、決して簡単なことではありません。そこで、さらに浮上するのが①です。主体間の意思決定や合意形成は、主体間の相互理解があってはじめて成功するからです（余談ですが、これは人と人の関係にも当てはまるように思われます）。
　加えて、①〜③を追求するプロセスで得られる効能として④に注目しているのも、先ほどの議論の面白い点です。持続可能な発展という政策目標に向けて各主体が連携していくといっても、それはどうしても長期的な取り組みにならざるをえず、目的達成がただちに実現することはまずないといっていいでしょう。しかしそれは、連携が失敗に終わったとか、取り組みの成果が得られなかったとかいうことを必ずしも意味しません。取り組みのなかでたとえば「新たな主体が連携の輪に加わった」「連携に参加した主体が力量を高めた」「今後のさらなる連携に向けた土台づくりができた」といった状況が生まれたのであれば、それらも連携から生まれた立派な成果とみなすべき

です。言いかえれば、連携を担う主体づくり・人づくりができたかどうか、そしてソーシャル・キャピタル（第9章を参照）が生み出されたかどうかという視点が、連携を考える上で欠かせないということです。

5 持続可能な発展に向けた環境ガバナンス
——まとめと振り返り

これまでの振り返りとして、240ページの図1に本章で学んだトピックを新たに書き加え、図7としてまとめておきます。書かれていることのうち、内容が思い出せないものがあれば、該当する部分をもう一度読み返してみましょう。

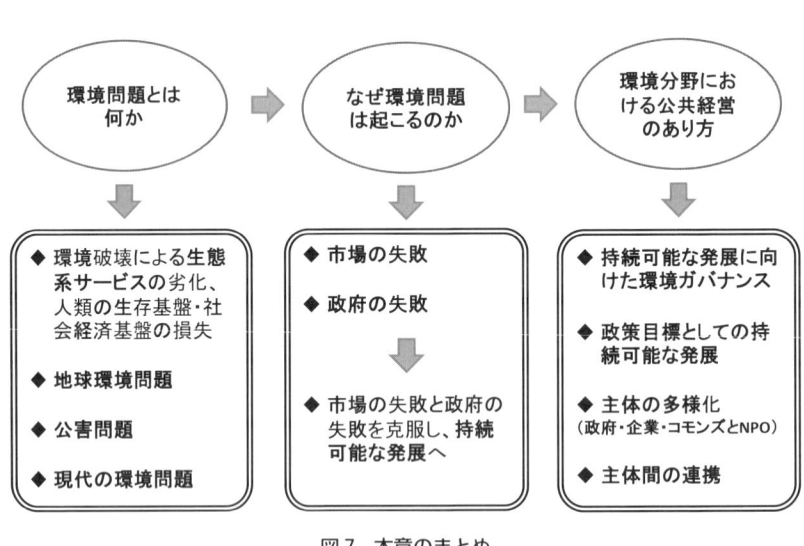

```
┌──────────┐    ┌──────────┐    ┌──────────┐
│環境問題とは│ ⇒ │なぜ環境問題│ ⇒ │環境分野にお│
│   何か    │    │は起こるのか│    │ける公共経営│
│           │    │           │    │ のあり方   │
└─────┬────┘    └─────┬────┘    └─────┬────┘
      ⇩                ⇩                ⇩
```

- ◆ 環境破壊による生態系サービスの劣化、人類の生存基盤・社会経済基盤の損失
- ◆ 地球環境問題
- ◆ 公害問題
- ◆ 現代の環境問題

- ◆ 市場の失敗
- ◆ 政府の失敗

- ◆ 市場の失敗と政府の失敗を克服し、持続可能な発展へ

- ◆ 持続可能な発展に向けた環境ガバナンス
- ◆ 政策目標としての持続可能な発展
- ◆ 主体の多様化（政府・企業・コモンズとNPO）
- ◆ 主体間の連携

図7　本章のまとめ

（宮永健太郎）

第15章

被災地支援の取り組み
―― 阪神・淡路大震災と東日本大震災から学ぶ

1　災害と市民活動

1.1　災害における自助・共助・公助

　1995（平成7）年に発生した阪神・淡路大震災は、数多くのボランティアやNPOが復旧・復興活動に参加して被災地の多様なニーズに応え、政府から独立した市民活動の重要性を広く認識させる契機となりました。また、2011（平成23）年の東日本大震災においても、市町村など自治体が壊滅的な被害を受けているなか、地域団体やNPO、企業などによる緊急・応急対応が行われました。こうした二度にわたる大災害を経験し、防災や災害復興にあたっては、政府、自治体のみならず多様な主体がそれぞれの役割を果たしながら協力して取り組んでいくことの重要性が認識されてきました。政府、自治体による公助の役割とその限界を踏まえつつ、国民一人ひとりや企業が自らの命、安全を守る自助、地域の人々や企業、ボランティア、団体等が地域の安全を守る共助の役割がより重要性を帯びてきています。

　本章では、阪神・淡路大震災と東日本大震災において、公助や自助に限界があるなか、(1)ボランティア、(2)NPO、(3)企業、(4)地域コミュニティなど多様な主体によって行われた共助活動の実際とその発展について、事例を通じて学び、今後の市民活動のあり方について考えます。

1.2　日本の自然災害の歴史と市民活動

　日本の自然災害の歴史を振り返ると、戦後間もない1940年代から50年代

には、1,000人以上の人命が失われる大災害が頻発していました。1959年の伊勢湾台風では死者・行方不明者が5,000人を超す被害をもたらしています。わが国はこうした大災害を受けるごとに、その反省をもとに河川・海岸などの構造物の強化や建物の耐震設計に取り組み、経済の高度成長期を経て、災害で大きな犠牲者が出ることはほとんどなくなっていました。

そうしたなか突如発生した、阪神・淡路大震災と東日本大震災では、災害に対する構造物によるハードの備えの重要性を再認識する一方で、緊急・応急対応時におけるボランティアなどの市民の自発的な支援活動の力や、人と人とのつながり・協力の重要性、災害復興や防災における地域コミュニティの役割などソフトの備えの重要性に気づくことになりました。

わが国は今なお、首都直下地震や南海トラフ地震による差し迫った災害リスクに直面しており、これまでの災害の教訓をもとに、一層の防災対策に取り組み、市民力や地域コミュニティ力を高めることで災害回復力（レジリエンス）の高い地域づくりを目指していくことが求められています。

2 阪神・淡路大震災における市民活動

2.1 阪神・淡路大震災——大都市直下型の地震

1995年1月17日、兵庫県淡路島の北部を震源としたマグニチュード7.3、最大震度7の都市直下型地震が発生しました。この地震は一瞬にして都市基盤を破壊し6,400人を超える尊い人命を奪うこととなりました。兵庫県の神戸市、芦屋市、西宮市、宝塚市など10市10町（当時）の被災地を中心に、住宅やビルが多数倒壊したほか、各地で火災も多発し、道路、鉄道、港湾などの交通網や、水道、電気、ガス等のライフライン網が壊滅的な打撃を受けました。直接被害額は、9.9兆円（兵庫県推計）にも上るなど、戦後の近代化された日本の大都市が経験する初めての大災害となりました。

この地震によって住まいを失い、公園や学校などに避難した被災者は最大で約32万人を数え、食料や水にも事欠く厳しい避難生活を強いられることとなりました。

2.2 震災直後のボランティア活動の展開——ボランティア元年

　政府・自治体は緊急に災害対策本部を設置し対策を行いましたが、被害が膨大で時々刻々と変わる被災地ニーズに十分に対応できませんでした。一方で震災直後から、被災地内はもとより国内外から1年間で延べ138万人ものボランティアが被災地に駆けつけ、救援物資の搬出入、避難所の運営、安否確認、炊き出し、水汲み、医療・看護、介護など多種多様な救援活動や支援活動に参加しました（図1、2）。

　ボランティアやNPOは、被災者の立場に立ったきめ細かい支援活動を行い、法令や平等性の原理にしばられた行政機関のみでは行き届かない部分をカバーしました。刻々と変化する被災者のニーズに柔軟に対応できたのも、こうした個人や組織によるボランタリーな活動に負うところが大きかったといえます。

　全国各地から駆け付けたボランティアの多くは若者たちでした。神戸市（2011）によると、ボランティアの半数以上が、高校生、短大生、大学生などであり、約7割がこれまでにボランティア活動をしたことがなく、被災地以外からのボランティアが4割を占めていました。

　震災当時は、折しもバブル崩壊以降の経済成長の鈍化や、高齢化、国際化、情報化などの時代潮流のなか、住民のニーズは著しく多様化し、「物の豊かさ」から、「心の豊かさ」へと人々の関心が移行し、人や社会のための活動

図1　救援物資の搬入　　　　　図2　炊き出し

に自らの生きがいを見出したいという風潮が全国的に現れ始めた時期でもありました。こうした状況下で、大都市直下の大地震が発生し、隣人同士の救助や避難所の協働生活での助け合いや支えあう被災者の姿に感動を覚えた若者たちが被災地に集まり支援活動を始めたといえます（金川・水本 2010）。

このことから、1995 年は「ボランティア元年」と呼ばれ、後に内閣府が 1 月 17 日を「防災とボランティアの日」、17 日を中心とした前後 3 日の計 7 日間を「防災とボランティア週間」と定めるきっかけにもなりました。

しかし一方で、被災地の状況を理解せず、自らの食料や寝袋などを準備しないで来る自立できていないボランティアも多数いました。被災地での活動に当たっては、被災地に迷惑をかけない「自立したボランティア」としての心構えがまず必要となります。また、ボランティア・コーディネーターの不足など受け入れ態勢の不備といった課題も残りました。災害時のボランティア活動の調整や課題対応などは、被災地の社会福祉協議会や行政が設置する、災害ボランティアセンターが担うこととなります。災害直後から速やかに災害ボランティアセンターを設置できるよう、普段からの備えが必要です。

この震災をきっかけにボランティア活動に対する理解が深まり、災害時の受け入れについて体制づくりが進められることとなりました。

2.3　NPO 活動の発展・多様化――NPO 法の制定

被災地では被災者を支援するためのさまざまなボランティア活動が展開され、数多くのボランティア団体や NPO が生まれました。

大震災を契機としたボランティア活動の全国的な広がりに伴い、ボランティア活動を行う団体の法人化の機運が高まり、震災から 3 年後の 1998 年 3 月、「特定非営利活動促進法（NPO 法）」が制定されました。この法律は、「特定非営利活動を行う団体に法人格を付与すること等により、ボランティア活動をはじめとする市民が行う自由な社会貢献活動としての特定非営利活動の健全な発展を促進し、もって公益の増進に寄与することを目的」（1 条）としています。この法律により小規模の NPO でも容易に法人格を取得でき

るようになり、市民活動が一層促進されることとなりました。被災県である兵庫県でも、その後5年間のあいだに（2003年度まで）、約400のNPO法人が設立されています。

一方で、刻々と変化する被災者ニーズに的確に対応するため、これらの団体の活動を「つなぎ」「まとめる」中間支援組織（インターミディアリー）も設立されました。中間支援組織は、NPO同士あるいはNPOと企業、行政、助成団体等とをつなぎ、コーディネート力を発揮しつつ、NPOに情報提供や相談・アドバイス、助成金提供などを行って、NPOの立ち上げや活動を支援します。

被災地では震災を契機として、コミュニティ・サポートセンター神戸や神戸まちづくり研究所などをはじめとした中間支援組織がつくられました。

2.4 市民活動を支える仕組みが進展——復興基金・助成金

震災以降、NPO法人の法制度化のほかにも、被災地ではNPO支援センターの開設、活動助成基金の設置など、行政によるボランティア活動への支援が定着してきました。

2002年6月には、NPOや地域活動団体の全県的な支援ネットワークの拠点として、「ひょうごボランタリープラザ」が公設民営方式で設置され、県民のボランティア活動への支援の実施と災害時における災害ボランティアセンターの全県組織のまとめ役として機能しています。

また一方で、被災地においては、阪神・淡路大震災復興基金や阪神・淡路コミュニティ基金をはじめとした数多くの復興基金が整備されました。ボランティア活動を支援するための助成金がこれら基金を通じて被災地へ供給されたことも、NPO活動が飛躍的に拡大する要因となった点も見逃すことはできません。しかし、全国的な助成団体による震災特別枠は震災5年目頃を境になくなり、阪神・淡路大震災復興基金による助成も震災後10年で終了したので、この頃を境に被災地のNPO活動は大きな転機を迎えることとなりました（金川・水本 2010）。

各種団体の活動基盤の整備が進められたとはいうものの、資金や人材を確

保する仕組みなど、活動基盤の一層の充実は、今後の残された課題となりました。また、企業や市民が市民活動を支えていくための寄付文化の浸透も今後の課題となります。

■ 2.5 地元企業等の貢献——地域とのパートナーシップ

大震災では地元の民間企業も大きな貢献をしています。震災後、社員への安否確認や支援だけでなく、多くの被災者に食料や生活必需品を供給したり、社員によるボランティア活動を展開したりと、復旧・復興の過程で大きな役割を果たしました。

また、地域の一員として、震災直後から自衛消防隊による消火活動や敷地内の井戸水の提供などを行うところや、基金を創設して、震災遺児への奨学金や教育機関への寄付を行う事例もあるなど、地元企業の貢献が被災者支援の大きな力となりました。

震災を契機に、企業の社会貢献活動への意識が一層高まり、ボランティア休暇・休職制度の導入が進んだほか、CSR（企業の社会的責任）活動という形で、利益を追求するだけでなく、企業活動が社会に与える影響に責任をもち、行政や地域社会からの要求に対して適切な役割を果たすべきという考え方が広がりました。

地元大学も同様に被災地の復旧・復興に重要な役割を果たしました。震災直後は校舎を一時的に避難所として開放したり、学生たちのボランティア活動を後押ししたほか、復興計画づくりや地域の活性化事業などにも、多くの大学教員や学生が参画しました。大学は、震災復興に大きくかかわったことをきっかけに、その後も地域貢献の取り組みを充実させ、自治体との間で防災協定を結んで緊急物資の備蓄に取り組んだり、地域のまちづくりを継続的に支援しています。

■ 2.6 地域コミュニティの参画——まちづくり協議会

阪神・淡路大震災では、倒壊家屋の瓦礫のなかから救出された人のうち、約8割は近隣住民によって救出されたといわれています（河田 1997）。こう

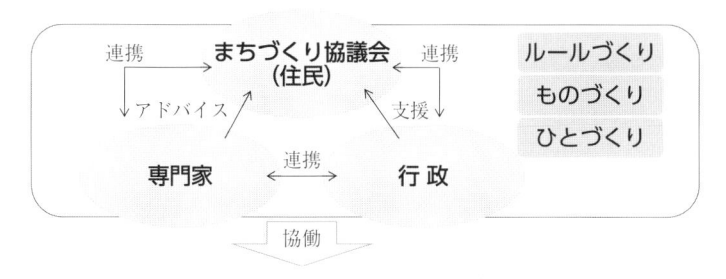

図3 まちづくりのフレーム
出典：兵庫県（2009）をもとに筆者作成

した事実によって、防災における地域コミュニティの重要性がクローズアップされました。

　その後の復旧・復興過程においても、地域コミュニティや地域住民の協力が、共同住宅の建て替えや区画整理などのまちの再建には不可欠となります。神戸市では、「まちづくり協議会」を通して、地域住民が復興まちづくりにかかわっていく仕組みがつくられました。「まちづくり協議会」は「神戸市まちづくり条例」に基づき設立された地域住民による任意団体で、多くは既存の町内会、自治会などの地域団体を核としています。震災後、被害の大きかった復興プロジェクト実施区域を中心に組織され、地域住民が地域の将来像を話し合い、住民意向を集約する場として機能しました。それぞれのまちづくり協議会にはコンサルタントが派遣され、都市計画に関する専門的アドバイスが提供されるとともに、まちづくり協議会を通して住民と市の行政当局との調整が図られました（図3）。被災地には震災3年後の1997年12月時点で、98のまちづくり協議会が発足していました。

事例：神戸真野地区の復興まちづくり

　真野地区は神戸市の中心地から5kmほど西に立地する人口約5,500人程度の下町で、工場、住宅、小店舗などが混在する地区です。住民は高度経済成長時代に地区内の工場から出る環境汚染に対する住民運動を

展開してきており、1960年代にさかのぼる長いまちづくり運動の歴史をもっています。

　震災直後、行政機能や消防体制が麻痺しているなか、神戸市内では各地で大きな火災が発生しましたが、真野地区の人々は、バケツリレーによって火の延焼を食い止めました。その後も住民自らが、食料提供、夜警の配備、ニューズレターの発行、避難所運営、被災建物の補修など多くの活動を行いました。復旧・復興段階でも、まちづくりセンターの設立、公営住宅建設への署名運動、高齢者のための共同住宅の建設運動、デイケアセンターの運営などめざましい活動を行っています。

　こうした多様な活動の背景には、地域住民のまとまりのよさや、優れた地域リーダーの存在などが指摘されています。

（出典：神戸市（2011）等をもとに筆者作成）

　このように阪神・淡路大震災からの復興過程では、被災者個人の自助努力や行政からの公助に加え、まちづくり協議会を通じた地域コミュニティの活動やボランティア・NPO活動、地元企業の貢献など市民相互の協力（共助）が相まって、被災者の生活再建やまちの再建が進められたといえます。

3　東日本大震災における市民活動

3.1　東日本大震災——広域に及ぶ複合的大災害

　阪神・淡路大震災から17年目のこと、日本は再び大きな地震災害「東日本大震災」に見舞われることになりました。2011年3月11日に発生した東北地方太平洋沖の地震は、マグニチュード9.0というわが国観測史上最大の地震であり、世界でも1900年以降4番目の巨大地震でした。この地震により、東日本の広範囲に強い「揺れ」が観測され、日本各地の沿岸部で大きな「津波」が発生し、加えて、「原子力発電施設の事故」が重なるという、未曽有の複合的な大災害となりました。

　東日本大震災は、死者1万5,884人、行方不明者2,636人（2014年2月末、

警察庁発表）という多大な犠牲者と、16.9兆円（内閣府推計）という世界史上最大の経済被害をもたらすことになりました。被災地は10都県の241市区町村に及び、きわめて広範囲で、なかでも津波による浸水被害を受けた岩手県、宮城県、福島県の沿岸部は、多くのまちや集落が津波で流されるなど深刻な被害を受けました。被災地の農漁村ではもともと人口減少と高齢化が進展していましたが、今回の震災がその流れを加速させてしまいました。また福島県の原子力発電施設周辺の避難指示区域では居住が制限され、避難が長期化し、元の地域への帰還が困難な人たちも多数存在するなど住民生活に大きな困難をもたらしています。

3.2 災害ボランティア活動の展開——多様な人々の参加

　震災発生後、日本全国あるいは海外から、多くのボランティアが被災地に駆けつけ、救援・支援活動を展開しました。阪神・淡路大震災を機に注目を浴びたボランティア活動が、東日本大震災の発生によって、再び大きな注目を集めることになりました。津波被害にあった家屋の泥出しや家屋の撤去、炊き出し、避難所や仮設住宅でのケアなど、多様な取り組みが多くのボランティアによって行われました。

　ボランティア活動者数は、2012年3月（震災後1年）には、岩手、宮城、福島3県の災害ボランティアセンターを経由した者だけでも延べ100万人を超えました。災害ボランティアセンターを経由しないで、NPO・NGO等で活動した者も加えれば、さらに多くのボランティアが活動に参加したものと考えられます。

　阪神・淡路大震災では、最初の1、2カ月間に、非常に多くのボランティアが被災地に駆けつけ、3カ月を過ぎた頃からその数が頭打ちになったのに対し、東日本大震災では、最初の1カ月間は比較的ボランティア活動者数が少ないものの、震災後8カ月頃（2011年11月）まで多くのボランティアが被災地を訪れています（図4）。

　その理由として、東日本大震災では、被災地が大都市から遠隔地で、被害が広範囲に広がっており、交通アクセスも良くなかったことが挙げられま

図4のグラフ

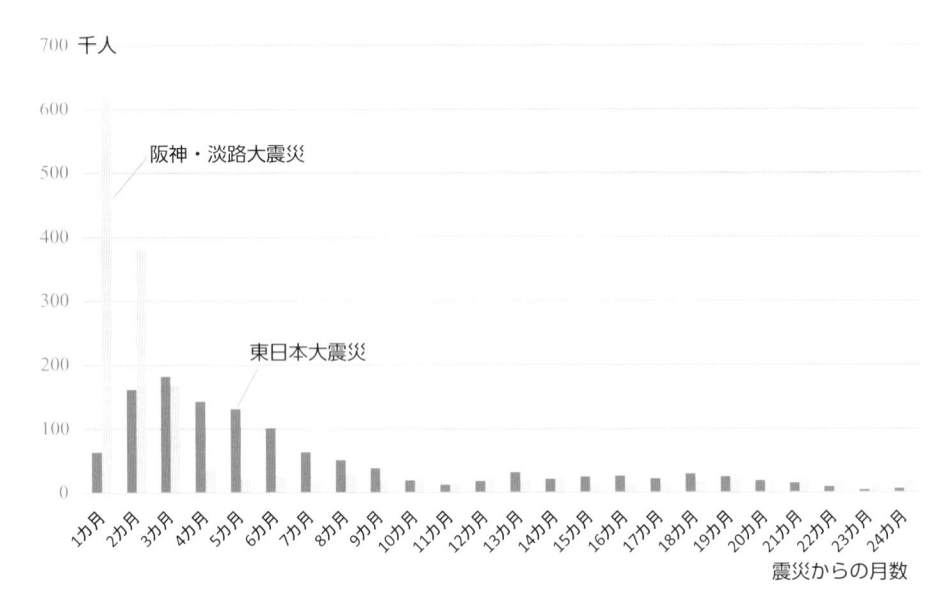

注：東日本大震災におけるボランティア活動者数は、各市町村に設置された災害ボランティアセンターを経由して集計されたものであり、災害ボランティアセンターを経由せず、NPOなどを通じて活動した人も多数に上ると考えられるが、これらは計上されていない。
資料：「災害ボランティアセンターで受け付けたボランティア活動者数の推移」全国社会福祉協議会、「阪神・淡路大震災一般ボランティア活動者数推計」兵庫県県民生活部をもとに筆者作成

図4 東日本大震災と阪神・淡路大震災のボランティア活動者数（月間延べ人数）

す。また、原発事故の発生が人々をボランティア活動から遠ざけたことや、地元の自治体をはじめあらゆる機関が被災しており、ボランティアコーディネートの準備態勢が間に合わなかったことなども要因として指摘されています。

　ボランティア活動に参加した人たちは阪神・淡路大震災では、大学生など若者たちが中心でしたが、東日本大震災では比較的年齢層が高く、かつさまざまな年代の人たちが参加しました。職業別では、高賃金・長時間労働の就業者たちも会社のボランティア休暇などの制度を活用して参加したと予想されています（山本・坂本 2012）。

3.3 NPOによる被災地支援——NPOネットワークの発展

東日本大震災においては、全国規模のNPOネットワークが構築されるとともに、被災3県にそれぞれ地元のNPOネットワークが構築され、NPO同士が連携して、被災者支援および復興支援を担っているのも特筆すべき点です。

さらにはNPOと行政との連携も深まっており、NPO、社会福祉協議会、国、地方自治体等による連絡会議が開催され、具体的課題について連携したり、地元のNPOネットワークが県の委託を受けて応急仮設住宅の生活環境調査を実施するなど、官民の協働による取り組みが進められています（防災白書 2012）。

また、NPOの支援活動や組織間の連携が、インターネットを通じて幅広く展開されたことも今回の支援の特徴でした。インターネット黎明期であった阪神・淡路大震災発生時は、ML（メーリングリスト）が主要な活用手段であったのに対し、高度にICTが発達した東日本大震災では、ツイッターやフェイスブックといったSNS（Social Network Services）の活用が図られました（桜井 2013）。また、被災地やボランティア活動情報をホームページやツイッターで発信する情報ボランティア活動も広がりをみせました。

> 事例：東日本大震災支援全国ネットワーク（JCN）
>
> 東日本大震災後、防災ボランティアの団体、活動者及び学識者が中心となり、全国のNPO等による広域連携のネットワークづくりが始まり、2011年3月30日「東日本大震災支援全国ネットワーク」（JCN）が設立されました（2011年12月時点で約700団体が参加）。
>
> 大きな災害においては、ボランティア団体ごとに個別の活動を展開しても、支援が行き届かない被災地が生じるおそれがあること等から、JCN加盟団体の間で、物資・情報の交換を行う「横の連携」が図られました。
>
> こうした連携を支える情報インフラとして、ホームページを立ち上げ

るとともに、
- 全国の団体とメールで情報共有する「メーリングリスト」
- 全国の団体の活動状況を地域別・支援内容別に紹介する「全国支援状況」
- 支援活動を続けていくための工夫と指針を情報提供する「活動ガイドライン集」
- 広域避難者を支援する「広域避難者支援」
- 各団体の支援事業等を紹介する「活動事例集」
- 各府省庁との連絡会議等、国とボランティアとの連携を図る「政府との連携」

などの整備・推進が図られました。

　JCN は、防災活動を行うボランティア団体が「全国規模の受援側と支援側のネットワークづくり」のために自ら立ち上げた組織であり、今後の広域連携のあり方を探る重要な試みとなりました。

(出典：防災白書 2012、JCN ホームページ)

3.4　被災地支援を行う NPO への支援——支援金・寄付税制

　東日本大震災では被災地が遠方であるなどさまざまな要因が重なり、初期段階のボランティア活動者数は、阪神・淡路大震災に比べて少なかったといえます。このため震災直後、寄付という行為が被災地に寄せる支援の実行手段として強く認識されたと考えられます（寄付白書 2012）。この震災を受けて、今までにない巨額の寄付金が、国内の市民・企業・団体はもちろん、国外からも多く寄せられました。

　そのうち被災者への直接の資金的支援となる「義援金」については震災 3 年後の 2014 年 2 月末時点で、3,718 億円が日本赤十字社、中央共同募金会、日本放送協会、NHK 厚生文化事業団の 4 団体に寄せられました（内閣府ホームページ）。阪神・淡路大震災では、震災 4 年後の額が 1,791 億円だったことと比較しても 2 倍以上に上っています。

加えて被災地支援活動を行うNPO・ボランティア団体への資金的支援である「支援金」の寄付も活発に行われました。主だった支援金の仲介組織（ジャパン・プラットフォーム、日本財団、中央共同募金会など）に寄せられた支援金の総額は、およそ260億円であったと推定されています（寄付白書2012）。こうした支援金の寄付活動は、阪神・淡路大震災では大々的に行われておらず、今後のNPO活動の持続的な発展にも大きな役割を果たしうるものといえます。

　一方、政府も今までにない大胆な寄付税制をスタートさせました。2011年3月15日、財務省は中央共同募金会が実施する「災害ボランティア・NPO活動サポート募金（通称ボラサポ）」を指定寄付金に指定し、本募金への寄付は、個人の場合は所得税の寄付金控除対象、法人の場合は全額損金算入可能として、支援金寄付活動をサポートしました。また、2011年4月には、これと同様の指定寄付金制度が、被災者支援活動を行う認定NPO法人にも適用され、5月には被災者支援活動を行う公益社団・財団法人にも適用が始まるなど、NPO・ボランティア活動を資金面でサポートする仕組みが充実してきました。

3.5　企業の社会貢献活動——本業を生かした被災地支援

　東日本大震災においては、企業からもさまざまな被災者・被災地支援活動が行われました。日本経済団体連合会（経団連）が2012年3月にまとめた「東日本大震災における経済界の被災者・被災地支援活動に関する報告書」によると、企業・団体から直接又は社員や消費者・顧客への呼びかけによって提供された資金は、総額で約1,224億円に上るとされます。

　このほか、企業の本業を生かし、人材・技術・ノウハウ等のさまざまな要素を組み合わせて、被災地ニーズに即した独自の支援活動が行われました。たとえば、宅急便事業を営むヤマト運輸㈱では、社員たちがボランティアで救援物資の仕分けや在庫管理、配送を支援したり、「宅急便1個につき10円の寄付」という支援事業を行っています。また、グーグル日本法人は、震災直後から「パーソンファインダー」というウェブサイトを通じた人の安否確

認のためのサービスを始めています。

　また、多くの企業は社員のボランティア活動を支援するため、企業自らによるボランティアプログラムを企画したり、労働組合と連携した社員へのボランティア参加の呼びかけや、震災を契機としたボランティア休暇制度の拡充・新設、さらには業務扱いによるボランティア派遣等の様々な被災者・被災地支援を行いました。

3.6　地域コミュニティの取り組み──地域住民組織の活躍

　東日本大震災の死者数は大きいものの、それでもその数を減らした要因として、長年にわたり災害に備えてきた、地域社会に根ざした住民組織の存在が挙げられます。

　まず今回の震災では、各地の消防団員が自らの命を危険にさらして救援活動を行ったことが特筆されます。消防団員は普段は定職をもっているが、ひとたび災害が発生すれば自分の地域の防災活動に参加する非常勤の地方公務員で、2013年現在、日本全国で約87万人が活動しています（消防職員の数の5～6倍に相当）。

　東日本大震災では、各地の消防団員は住民を避難所に誘導し、身障者や高齢者の避難を手助けしました。また、多くの地域で津波防御の水門やゲートが停電のために自動作動しなくなり、団員が手動で閉門した事例が報告されています（宮古市、大船渡市、釜石市、大槌町、石巻市など）。しかし、その結果、約250人の団員が死亡・行方不明となりました（ラジブ・ショウ他2012）。

> 事例：釜石の出来事
> 　東日本大震災の大津波が東北地方沿岸部で多数の犠牲者をもたらすなか、岩手県釜石市内の児童・生徒の多くは無事でした。この事実は『釜石の出来事』と呼ばれ、大きな反響を呼んでいます。なかでも、海からわずか500m足らずの近距離に位置しているにもかかわらず、釜石市立釜石東中学校と鵜住居（うのすまい）小学校の児童・生徒、約570名

3 東日本大震災における市民活動

は、地震発生と同時に全員が迅速に避難し、押し寄せる津波から無事生き延びることができました（図5）。事前に積み重ねられてきた防災教育が実を結び、震災発生時に学校にいた児童・生徒全員の命を大津波から守りました。

図5 東日本大震災当日一緒に避難する釜石東中学校生徒と鵜住居小学校の児童たち

（出典：内閣府ホームページ）

また、緊急避難後の応急対応においても、地震・津波によって一部の市町村の行政機能が麻痺したため、地域住民による共助活動が避難所運営等において重要な役割を果たしました。多くの避難所では当初、施設運営は地域の教職員、ボランティアおよび市民グループが行っていましたが、避難期間が長くなるに伴い、次第に被災者自身がさまざまな活動を自主的に運営するようになりました。多くの施設で、各種委員会の委員やリーダーを被災者から選んだ運営組織が発足しています（図6）。

復旧・復興段階においても、安全な高台への集落の集団移転など復興計画づくりには、地域住民の協力や合意形成が不可欠となります。数多くの地区

図6 避難所（宮城県南三陸町）　　図7 コミュニティミーティング（宮崎県南三陸町）

で住民会合が行われ、地域住民が協力してまちづくりに取り組んでいます（図7）。しかし一方で、世代や職業などさまざまな違いを超えての合意形成は容易ではなく、また、防潮堤建設や地域の将来像を巡って行政と対立する地区も存在します。地域住民の参加と協力が復興推進を左右する重要な要因となっています。

4　大震災の教訓と今後の防災に向けた市民活動

4.1　大災害の教訓と市民活動

　阪神・淡路震災では、被災地内外から年間138万人ものボランティアが駆け付け、被災者に寄り添ったきめ細かな支援を行いました。また、震災時の被災地支援活動を通じて、ボランティア団体やNPOなどが発展・多様化する一方で、地域の既存組織も活性化しました。

　さらに、震災時のボランティアの活躍が契機となり、NPO法が成立したり、民間の助成機関や中間支援組織によるNPOへの支援が展開されるようになり、ボランティアやNPOは、成熟社会における市民セクターの担い手として発展していくこととなりました。

　こうして発展してきたボランティア活動やNPO活動は、東日本大震災を経て、寄付税制の改正や支援金の寄付が行われるなど、制度が充実されたほか、被災地支援に向け全国的なNPOのネットワークが設立されるなど、より豊かな展開をみせつつあります。

　また一方で、市民活動はそれぞれの災害における被害の程度や被災地の状況などを受け、都市部・農村部などの地域的な違いや、高齢化、情報化などの時代背景に即した独自の展開をみせています（表1）。

　このような市民活動の高まりと、それを支える諸制度の整備が行われて来た背景には、災害対応においては、政府・自治体など行政による対応だけでは限界があり、住民、企業、ボランティア等の民間主体と行政が連携していく必要があるとの認識が、国民全体に共有されつつあるためといえます。

　2013年に内閣府が実施した「防災に関する世論調査」では、国民が重点

4 大震災の教訓と今後の防災に向けた市民活動

表1 二つの大災害における市民活動の特徴の比較

	阪神・淡路大震災（1995年）	東日本大震災（2011年）
ボランティア活動	・1年間に138万人、活動者数は震災直後の1、2カ月がピーク ・学生など若者中心 ・「ボランティア元年」	・活動者数は当初伸び悩んだが、震災後8カ月くらいまでなだらかなピーク ・正社員、中高年が相対的に多い
NPO活動	・多種多様なNPOが設立され発展 ・NPOをつなぎ、まとめる中間支援組織が出現	・全国的なNPOネットワークの形成 ・Twitter、FacebookなどICTの活用
ボランティア・NPOへの支援制度	・NPO法成立（1998） （NPOの法人格取得が容易に） ・復興基金等からの活動助成金	・支援金の寄付 （NPO活動への資金的支援） ・寄付税制改正（2011） （認定NPO等への寄付の税控除）
義援金	・1,793億円	・3,718億円（2014.2末時点）
企業の活動	・地元企業などによる被災地支援活動	・企業の本業を活かした支援活動 ・社員によるボランティア活動の充実
地域コミュニティの活動	・近隣の人によって多くの人が瓦礫の中から救出された （コミュニティの重要性を認識） ・まちづくり協議会を通じた住民参画	・地元消防団による避難・救助活動 ・住民自らの避難所運営 ・自治会等による高台移転に向けたまちづくり協議

出典：筆者作成

を置くべきだと考えている防災政策に関する質問で、「公助に重点を置くべき」という回答が8.3％と大幅に減少し（2002年比16.6ポイント減）、「公助、共助、自助のバランスが取れた対応をすべき」という回答が56.3％と大幅に増加しています（同18.9ポイント増）（図8）。

今後は、災害時には、地域で市民同士が助け合い、行政と連携しつつ市民

	0%	20%	40%	60%	80%	100%
2013年	8.3%	10.6% 21.7%		56.3%		3.2%
2002年	24.9%	14.0%	18.6%	37.4%		5.1%

凡例：公助に重点を置くべき／共助に重点を置くべき／自助に重点を置くべき／公助・共助・自助のバランスをとるべき／わからない・その他

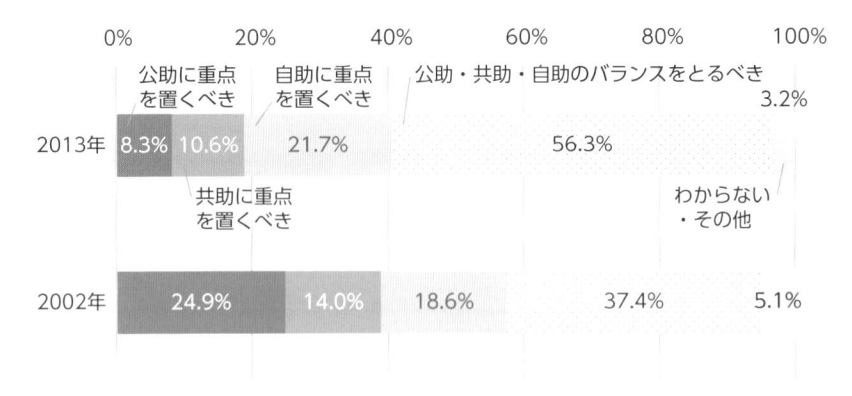

図8　国民が重点を置くべきだと考えている防災政策

出典：内閣府「防災に関する世論調査」（2013年12月調査）

の協働による組織・団体が積極的・主体的に地域を守るような社会づくりを進めていく必要があります。

　特に、首都直下地震や南海トラフの巨大地震の発生が懸念されるなか、これらの大規模災害への備えを強化・促進するためにも、これまでの大震災を教訓としつつ、ハード対策とソフト対策を組み合わせ、地域社会の特性に応じた効果的できめ細やかな防災体制を構築する必要があります。このためには、企業やボランティア、地域団体等が連携し、地域コミュニティレベルの防災力を向上させていくことが重要となります。

4.2　市民活動のさらなる発展に向けて

　二つの大災害を経て、いまや災害時にボランティアが救援・支援活動に参加する姿は、珍しいものではなくなりました。しかしボランティア活動も、メディアでの取り上げられ方などに強く影響されるため、災害発生後数カ月は爆発的に増えるが、それ以降は急速に減少するというのがこれまでしばしみられたパターンでした。

　三谷（2013）は、災害ボランティア活動はマクロな規模のボランティア人口の拡大にほとんど寄与しない可能性があると指摘しています。阪神・淡路大震災や東日本大震災を経ても、1980年代から2010年代にかけて、日本全

体のボランティア活動の参加者率はほとんど変化していませんでした。局所的には、目を見張るほどの多数のボランティアが活躍しているように見えていても、日本社会全体のボランティア活動の参加者率を押し上げるほどのものではありませんでした。大震災によって、ボランティア人口全体が拡大するという現象は、現実には起こりにくいと考えられます。

では、大災害における緊急対応や安全な地域づくりにも不可欠なボランティアやNPOなどの市民活動を、今後も持続的に活性化させていくことはできないのでしょうか。東日本大震災の復興過程では、ボランティアやNPO活動を支援する支援金という寄付金が数多く集められました。民間主体の復興支援を充実させていくためには、こうした支援金などを充実させ、必要な活動をサポートする長期、安定的な資金供給が欠かせません。より一層の制度的な改善が望まれます。

また、2011年度から2012年度にかけて、大幅な寄付税制の改正・NPO法の改正が行われ、認定NPO法人等へ寄付した金額の最大約半額が減税されることとなりました。これは、日本の今後の寄付市場の成長にとって非常に大きな出来事です。これまで寄付税制が立ち遅れていた日本において、寄付市場が拡大していく意味で、今後の発展に期待したいものです。

（川脇康生）

参考文献
東日本大震災支援全国ネットワーク（JCN）（http://www.jpn-civil.net/）2014.4.27
兵庫県（2009）『伝える——阪神・淡路大震災の教訓』ぎょうせい
金川幸司・水本有香（2010）「第6章 阪神・淡路：復興過程における中間支援組織の活動」国際復興支援プラットフォーム『復興過程におけるコミュニティの役割に関する報告書——国際事例から』pp. 50-70
河田惠昭（1997）「大規模地震災害による人的被害の予測」『自然災害科学』16-1. pp. 3-13
神戸市（2011）『阪神・淡路大震災の概要及び復興』
三谷はるよ（2013）「第4章 ボランティア活動者の動向——阪神・淡路大震災と東日本大震災の比較から」桜井政成編著『東日本大震災とNPO・ボランティア』ミネルヴァ書房 pp. 69-88
内閣府（2012）『平成24年度版防災白書』

内閣府（http://www.bousai.go.jp/2011daishinsai/pdf/gienkin_260228.pdf）2014.4.27
内閣府（http://www.bousai.go.jp/kohou/kouhoubousai/h23/64/special_01.html）2014.4.27
日本ファンドレイジング協会（2012）『寄付白書2012』経国連出版
日本経済団体連合会（2012）『東日本大震災における経済界の被災者・被災地支援活動に関する報告書——経済界による共助の取組み』
桜井政成（2013）「第1章 東日本大震災とNPO——救援期の動向と議論」桜井政成編著『東日本大震災とNPO・ボランティア』ミネルヴァ書房 pp.1-20
ショウ・ラジブ・石渡幹夫・Arnold, Margaret（2012）『教訓ノート2-1 非構造物対策コミュニティ防災』世界銀行
山本勲・坂本和靖（2012）「第7章 震災ボランティア活動参加の決定メカニズム」瀬古美喜・照山博司・山本勲・樋口美雄編『日本の家計行動のダイナミズムⅧ 東日本大震災が家計に与えた影響』pp.205-232

索　引

ア行

アウトカム（成果）　84，100，101，103，105，109，130
アカウンタビリティー（説明責任）　37
アドボカシー　88，122，131
アベノミクス　76，79
インパクト・インベストメント　139
インパクト評価　101，103，107，115
インフレーション（インフレ）　20，75
近江商人　9
大きな政府から小さな政府へ　30
おまかせ民主主義（顧客民主主義）　38
温室効果ガス　175

カ行

介護保険制度　226-229，233，234，237，238
介護の社会化　227，235，237
外部環境　92，96
価値財　79，82，84，87，89，99，101
ガバナンス　247
官　3，6，9，16，82，97，219，231
観客民主主義（おまかせ民主主義）　38
環境ガバナンス　247，248
環境報告書　252
官選知事　29
官民協働（PPP：Public Private Partnership）　40，82
――社会　31

官僚→官
義援金　268
機会（Opportunity）　92，96
機関委任事務　28
企業の社会的責任（CSR）　11，61，83，134，137，140，141，148，160，220，252，262
気候変動に関する国際連合枠組条約　178
気候変動に関する政府間パネル（IPCC）　179
基礎自治体　27
基礎的財政収支→プライマリーバランス
規範　162，163
寄付　14
脅威（Treat）　92，96
共助　39，156，257，264，271，273
――型社会　41
行政評価法　100
業績・成果主義　84
協働　68，123
グローバル化　22，175，249
経済格差　54，58，60，66，67，69
経済成長率　48，73，224，246
芸術・文化助成財団　199，200
公　4
広域自治体　27
合意形成　159，271，272
公益　10，12，118
公害問題　241
公共　4，6
――経営学　3，16
――経営戦略　90

277

——財　78
　　　——の福祉　162
合計特殊出生率　21
公債金　81
公助　257, 264, 273
構造的ソーシャル・キャピタル　164
行動規範　140, 146
公民　8, 13
効率性の評価　101, 103, 104, 109
効率値　112
高齢社会　116, 221, 224, 232, 237
コーポレート・ガバナンス（企業統治）　61
国内総生産（GDP）　48, 65, 72
国民　8
国立社会保障・人口問題研究所　21
国連グローバル・コンパクト　135, 136, 182
互酬性　164
コミュニティの維持　168
コミュニティの希薄化　167
コミュニティビジネス　43, 121
コモンズ　253
コンプライアンス　137

サ行

災害ボランティアセンター　260, 261, 265
財政赤字　63, 65, 67
財政的格差　58
再生可能エネルギー　24
三方よし　10, 135, 219
私益　10
支援金　269, 272, 273, 275
自助　39, 257, 264, 273
市場の失敗　67, 244

市場メカニズム　85, 234, 237
事前評価　102
持続可能な発展　245, 246
自治会　159, 263, 273
自治事務　28
実質経済成長率　73
実質国内総生産（実質GDP）　73
実質賃金　75
指定管理者制度　197, 214
私的財　68, 75, 79
児童労働　135, 145
資本の倫理　180
市民　8
　　　——参加　163
　　　——社会　34, 161
　　　——主導型　83, 86
使命（ミッション）　87, 90, 128, 131, 196, 253
社会インパクト　126, 128
社会関係資本→ソーシャル・キャピタル
社会貢献　134, 137
社会資本　20
社会的インフラ整備　56
社会的企業（ソーシャル・エンタープライズ）　83, 120, 121
社会的責任　134, 138, 143, 144
社会保障費　22
集合問題　156
終身雇用制度　24
首長制（二元代表制）　25
準公共財　78, 84, 89, 99
純粋公共財　78
生涯スポーツ　210
少子化　21
消費税　80, 226
情報公開条例　37

消滅可能性自治体　23
将来像（ビジョン）　90
所得の再分配　21
新公共経営論（NPM：New Public
　　　Management）　72, 82, 83, 231
人民　8
信頼　157, 162
ステークホルダー（利害関係者）→利害
　　　関係者（ステークホルダー）
スポーツ基本法　208
スポーツ立国　210, 215
成果→アウトカム
生活保護制度　21
政策　6, 19, 26
　──評価　99
　政策・施策・事務事業　26, 115
生産可能フロンティア直線　110
生態系サービス　240
政府　18
　──業績結果法（GPRA）　100
　──の失敗　67, 245
セオリー評価　102, 114
責任投資原則　138
説明責任（アカウンタビリティー）
　　　37
全国総合開発計画　157
選択と集中　68, 82
総合型地域スポーツクラブ　212, 215
ソーシャル・キャピタル（社会関係資本）
　　　35, 190, 256
　──の指標　166
ソーシャルビジネス　118

タ行

縦割り行政　250
男女雇用機会均等法　183
地域資源　170
地域の選択と責任　157, 158
地球温暖化　175, 178
地球環境問題　240
地方自治体（地方政府、地方公共団体）
　　　25, 26, 36
地方分権一括法　28, 31
地方分権化　249
中位投票者理論　67
中央集権体制　29
中央政府　18, 19
中間支援組織（インターミディアリー）
　　　261, 272, 273
強み（Strength）　92, 96
デフレーション（デフレ）　20, 75,
　　　81
東京オリンピック　207
特定非営利活動促進法→NPO法
共　5
トリプルボトムライン　135, 136

ナ行

内部環境　92, 96
日本創生会議　23
日本体育協会　210, 215
認知的ソーシャル・キャピタル　164
ネットワーク　161

ハ行

ハイブリッドな組織　120
パブリック・コメント　37
パブリックマインド　35
阪神・淡路大震災　156, 168, 257
非営利組織
　　　→NPO（Nonprofit Organization）
東日本大震災　24, 156, 257, 258,

279

　　　　　　264
非競合性　78
ビジョン（将来像）　90
非正規雇用制度　24
非正規労働者　22
非政府組織　7
非排除性　78
費用・効果分析　104
費用・便益分析　104
評価（Check）　92, 98, 100
福祉国家　30
プライマリーバランス（基礎的財政収支）
　　　　　81
フリーライダー　78
ブリッジング型ソーシャル・キャピタル
　　　　　164, 171
ブルジョアジー　34
プログラム評価　99, 100, 102, 114
文化芸術振興基本法　197
米国会計検査院（GAO）　99
ベスト・プラクティス　109
ヘルスプロモーション　206
法廷受託事務　28
補完性の原理　39, 156
ポスト2015開発アジェンダ　151
ボランティア　14
　——元年　86, 259
ポリス　34
ボンディング型ソーシャル・キャピタル
　　　　　164, 171

マ行

まちづくり協議会　263, 264, 273
マルチステークホルダー・プロセス
　　　　　142, 152
ミッション→使命

民　　　7
　——ができることは民に　30
民間委託　82, 92, 100
名目経済成長率　73
名目国内総生産　73
名目賃金　75
メガコンペティション　23, 180
メセナ　198, 199
メリット財→価値財

ヤ行

弱い紐帯　164
弱み（Weakness）　92, 96

ラ行

リーマンショック　175
利害関係者（ステークホルダー）　61,
　　　　　63, 120, 134, 137
利潤の非分配制約　87
リデュース、リユース、リサイクル
　　　　　179
リンキング型ソーシャル・キャピタル
　　　　　163

A–Z

Action（改善に向けた行動）　92, 109
BOP（Base of Pyramid）ビジネス　125
Check（評価）　83, 92, 98, 100
CSR→企業の社会的責任
　——報告書　252
Do（行動）　92, 109
GAO（米国会計検査院）　99
GDP→国内総生産
GPRA（政府業績結果法）　100
IEA（国際エネルギー機関）　176
ILO（国際労働機関）　183

IPCC（Intergovernmental Panel on Climate Change） 179
ISO（国際標準化機構） 143, 183
Naschold 83
NGO 7
NPM →新公共経営論
NPO（非営利組織） 7, 14, 36, 41, 253, 260, 261, 267
　――元年　86
　――法　87, 117, 233, 260, 272, 275
　――法人（特定非営利活動法人）　86
OECD（経済協力開発機構） 141, 182
Opportunity（機会） 92, 96
PDCAサイクル 92
Plan（計画） 92, 103
Public Private Partnership（PPP） →官民協働
Strength（強み） 92, 96
SWOT 92
　――分析　92
　――マトリックス　94
Threat（脅威） 92, 96
VFM（Value for Money） 99
Weakness（弱み） 92, 96
WTO（国際貿易機関） 182
3R（Reduce, Reuse, Recycle） 179

執筆者一覧

松永佳甫（まつなが・よしほ）【編者】［はじめに・第1章・第5章・第6章］
　大阪商業大学　公共学部　公共学科　教授
　大阪商業大学大学院　地域政策学研究科　教授

山内直人（やまうち・なおと）［第1章］
　大阪大学大学院　国際公共政策研究科　元教授
　日本社会関係学会　会長

宇都弘道（うと・ひろみち）［第2章・第3章・第10章］
　大阪商業大学　総合経営学部　公共経営学科　元教授

奥山尚子（おくやま・なおこ）［第4章］
　横浜国立大学大学院　環境情報研究院　准教授

服部篤子（はっとり・あつこ）［第7章］
　同志社大学　政策学部　教授
　一般社団法人DSIA　代表理事

黒田かをり（くろだ・かをり）［第8章］
　一般財団法人CSOネットワーク　顧問
　企業と社会フォーラム　理事

石田　祐（いしだ・ゆう）［第9章］
　宮城大学　事業構想学群　教授

伊木　稔（いき・みのる）［第11章］
　大阪商業大学　名誉教授
　大阪商業大学　商業史博物館　元館長

宇部　一（うべ・まこと）［第12章］
　大阪商業大学　公共学部　公共学科　教授

金谷信子（かなや・のぶこ）［第13章］
　広島市立大学　国際学部　教授

宮永健太郎（みやなが・けんたろう）［第14章］
　京都産業大学　経営学部　准教授

川脇康生（かわわき・やすお）［第15章］
　関西国際大学　経営学部　経営学科　教授
　関西国際大学　グローバル教育センター長

■編者紹介

松永佳甫（まつなが・よしほ）

1968年熊本県生まれ。大阪大学大学院国際公共政策研究科博士後期課程修了（国際公共政策博士）。ボストン大学大学院修士課程修了（経済学修士）。九州大学大学院経済学府助手、総合研究開発機構（NIRA）研究員を経て、大阪商業大学公共学部教授／大阪商業大学大学院地域政策学研究科教授。日本社会関係学会理事（設立発起人）兼学会誌社会関係研究編集委員。著書に『新しい公共と市民社会の定量分析』大阪大学出版会（日本NPO学会林雄二郎賞受賞）。「第1章　なぜ貧困はみんなを苦しめるのか」『コトラー　ソーシャル・マーケティング─貧困に克つ7つの視点と10の戦略的取組み』（F. コトラー、N. R. リー著、塚本一郎監訳）丸善株式会社。「第5章　非営利セクターの商業化とソーシャル・エンタープライズ」『ソーシャル・エンタープライズ　社会貢献をビジネスにする』丸善株式会社。論文に、「Salary Commensurate with Social Capital」『Routledge：Taylor & Francis』Applied Economics Letters 2015.「What Determines the Size of the Nonprofit Sector?: A Cross-country Analysis of the Government Failure Theory」（共）『Springer』Voluntas 2010.「Is the Government Failure Theory Still Relevant? A Panel Analysis using the USA State Level Date」（共）『Blackwell Publishing』Annals of Public and Cooperative Economicas 2004.

公共経営学入門

2015年4月1日　初版第1刷発行　　　　　　［検印廃止］
2017年4月1日　初版第2刷発行
2022年11月1日　初版第3刷発行

編　者　　松永　佳甫

発行所　　大阪大学出版会
　　　　　代表者　三成　賢次

〒565-0871
大阪府吹田市山田丘2-7
大阪大学ウエストフロント
TEL 06-6877-1614
FAX 06-6877-1617
URL：http://www.osaka-up.or.jp

印刷・製本　　尼崎印刷株式会社

ISBN 978-4-87259-505-5　C3033
Ⓒ Yoshiho MATSUNAGA et al. 2015　　　　　　Printed in Japan

Ⓡ〈日本複製権センター委託出版物〉
本書を無断で複写複製（コピー）することは、著作権法上の例外を除き、禁じられています。本書をコピーされる場合は、事前に日本複製権センター（JRRC）の許諾を受けてください。